철학자
아빠의
인문육아

기르기만 하는 육아에서 생각하는 육아로
철학자 아빠의 인문 육아

1판 1쇄 인쇄 2013년 7월 19일
1판 1쇄 발행 2013년 7월 25일

지은이 | 권영민
펴낸이 | 고영수
편집이사 | 조병철
기획 · 편집 | 노종한, 최원준, 박나래
경영기획 | 고병욱
외서기획 | 우정민
마케팅 | 유경민, 김재욱
제작 | 김기창
총무 | 문준기, 노재경, 조은진, 송민진
관리 | 주동은, 조재언, 신현민
펴낸곳 | 추수밭
등록 | 제406-2006-00061호(2005. 11. 11)
주소 | 135-816 서울시 강남구 논현동 63번지 청림출판 추수밭
　　　413-756 경기도 파주시 교하읍 문발리 파주출판도시 518-6번지 청림아트스페이스
전화 | 02)546-4341 팩스 | 02)546-8053
www.chungrim.com cr2@chungrim.com

ⓒ권영민 2013
ISBN 979-11-5540-002-9　(13190)

• 잘못된 책은 바꿔 드립니다.

철학자 아빠의 인문육아

기르기만 하는 육아에서
생각하는 육아로

권영민 지음

추수밭

아빠에게 이 책을 바칩니다.

어떻게 자아는 자신에게 타자가 될 수 있는가?
아버지가 되는 길 외에는 다른 길이 없다.

– 레비나스

|프롤로그|
아빠는 불안하다

"안녕, 곧 만나."

아이 엄마가 자고 있는 아이를 살포시 안고는 속삭인다. 파트너*는 지금 야반도주 중이다. "곧"이라고는 했지만, 미국으로 공부하러 가는 입장에서 당치도 않은 말이다. 발길이 떨어지지 않는지 좀처럼 일어설 기미가 없다. 나는 그런 파트너의 손을 잡고 조용히 집을 나선다. 그렇게 아이 엄마는 미국으로 떠났다. 아이는 끝내 엄마에게 작별 인사를 하지 못했다.

내 입장에서는, 불손하게도, 파트너의 장기 부재가 은근히 기대되기도 했다. 적어도 공항에 파트너를 배웅하고 돌아오기 전까지는 그랬다. 다시 결혼 전처럼 자유로운 생활을 누릴 시간이 생길 것 같았다. 둘이 함께 있어서 하지 못했던 일들을 이제야 할 수 있을 것 같았다. 그런 생각에 파트너

---

* 나는 아내를 이 책에서 모두 파트너로 썼다. 파트너가 보다 부부 상호 간의 지위를 평등하게 해 주는 말이라는 평소 소신 때문이다.

가 떠날 날을 기다리고 있었는지도 모른다. 하지만 그런 기대가 완전히 잘못된 것이었다는 사실을 깨닫기까지는 그리 오래 걸리지 않았다. 파트너는 출국장으로 나서며 내게 손을 흔들었고, 자유를 갈망하던 내 심보에 한 마디 말로 쐐기를 박았다.

"아이 잘 부탁해."

공항에서 집으로 돌아오는 길이 너무 멀고 힘들게 느껴졌다. 갑자기 외로움이 밀려 왔다. 울컥했다. 하염없이 눈물이 흘렀다. 하도 울어 버스에 함께 탄 다른 승객이 손수건을 건넸다. 파트너와의 예고된 잠깐의 헤어짐이 이토록 힘들 줄은 미처 몰랐다.

집에 돌아와 보니 아이는 할머니와 외출 중이었다. 아이가 괜찮은가 싶어 내 어머께 전화를 드렸더니 "잘 논다"면서 염려치 마라 하셨다. 다행이다 싶었다. 아이는 집에 돌아와서도 엄마를 찾지 않았다. 두 돌이 지나는 동안 엄마와 떨어져 본 적이 없어서인지 아이는 지금 엄마의 부재를 대수롭지 않게 여기는 듯 보였다. 당연하게도 아이의 인지 수준에서 엄마는 지금 당장 눈에 보이지 않더라도 곧 돌아올 것이라 믿을 수밖에 없었을 것이다. 그 때문일까. 며칠이 지나도록 아이는 엄마를 찾지도 부르지도 않았다. 나도 아이가 혹시나 엄마 생각이 날까 해서 아이 앞에서 엄마라는 말은 입 밖에 내지 않았다.

아이 엄마가 미국 뉴욕에 도착하고도 열흘이 지나서야 영상통화를 할 수 있게 되었다. 아이는 컴퓨터 화면 너머에 있는 엄마를 보더니 의아한 듯 묻는다.

"엄마, 거기서 뭐해?"

파트너는 늘 아이에게 하던 대로 대답한다.

"응, 엄마는 여기서 공부하고 있지"

그러자 아이는 갑자기 "엄마, 공부하지 마" 하더니 내 가슴에 안긴다. "엄마, 공부하지 마." "엄마, 공부 싫어, 싫어." 아이는 하염없이 울음을 터뜨렸고, 나는 이 갑작스런 상황에 당황했다. 열흘이 지나도록 엄마를 찾지 않던 아이가 화면 속에 있는 엄마를 보고서 울 것이라고는 미처 생각하지 못했다. 아이의 울음에 파트너도 눈시울이 붉어졌다.

"엄마, 빨리 갈게. 곧 만나."

어른인 나도 파트너와의 예고된 잠깐의 헤어짐조차 예상보다 훨씬 고통스러웠다. 그런데도 갑작스러운 엄마의 부재가 아이에게 얼마나 가혹할 것인지 엄마가 출국한 후 한참 동안이나 깨닫지 못했다. 아이는 그저 자신의 인지 수준에서 엄마가 집에 돌아오지 않는 이유를 추리하고 불안과 스트레스를 자신의 온몸으로 견뎌야만 했다. 내가 그 사실을 깨달은 것은 불과 얼마 전이다.

파트너가 출국하고 나서 얼마 지나지 않아 파트너가 있는 곳으로 두 주 정도 다녀올 일이 생겼다. 아이는 할머니께 맡겨 둘 수밖에 없었다. 아침 비행기를 타야 하기도 했고, 또 아빠가 집을 떠나는 것을 보면 아이가 힘들어 할까봐 나 또한 엄마처럼 야반도주 하듯 집을 나서야 했다. 나와 파트너는 지금도 그 일요일 아침, 뉴욕의 작은 스튜디오에서 컴퓨터 화면을 통해 본 아이의 얼굴과 눈빛을 잊지 못한다. '왜 나만 여기 있는 거야?'라고 묻고 있는 것 같았다.

아이는 별 말 없이 화면만 물끄러미 바라보았다. 우리가 불러도 대답하지 않았다. 그저 할머니 품에 안겨 있기만 했다. 할머니께서는 아이가 잘 논다고 걱정하지 말라고 하셨지만, 그때 아이의 눈빛은 아이가 강하고 아빠와 며칠 정도 떨어져 있는 것은 상관없다는 식의 막연한 생각이 얼마나 잘못된 것인지 깨닫게 했다. 아이의 눈빛이 묻고 있는 질문, 바로 그 질문에 모든 것이 불안해지기 시작했다.

미국에서 돌아와서 보니 아이가 달라 보였다. 파트너가 떠나면 자유로운 시간을 보내겠다는 기대는 송두리째 사라지고 불안만이 남아 무수한 질문들을 쏟아 내기 시작했다. "나를 이토록 불안하게 만드는 이 아이는 누구인가?" "아이를 올바르게 키운다는 것은 무엇인가?" "아빠란 어떤 존재인가?" 철학적인 의미에서 인식론적, 윤리학적, 존재론적 물음에 대한 답을 찾는 것이 절실하게 여겨졌다. 나의 인문 육아 일기는 그렇게 시작되었다. 그러면서 그동안 내가 알고 있다고 믿고 있던 앎의 지반이 매우 약한 것이었다는 사실까지 깨닫게 되었다. 따라서 이 책은 엄마의 부재 기간 동안 아이를 키우는 과정에서 드러난 내 무지함에 대한 기록이며, 아빠가 느낀 불안의 흔적이자, 아이를 기르면서 묻게 되는 여하한 질문들에 대한 성찰의 기록이다.

아이는 엄마의 부재를 나름의 추리로, 또 온몸으로 견디려 했다면, 나는 이 책에 모여 있는 일기를 쓰면서 육아가 주는 불안을 견디려 했다. 육아에 대한 조금의 식견도 없는 나는 파트너가 없는 동안 아이를 잘 키울 수 있을까 하는 불안이 폭풍우처럼 몰아쳐 와서 이리저리 흔들리며 지낼 수밖에 없었다. 시중의 육아서들을 찾아봤지만 오히려 불안감을 더 크게 만들 뿐이었다. 그때마다 나는 흔들리는 마음을 다잡기 위해서 인문학을 골재로 기초 공사를 하고 몇몇 철학적 개념과 통찰을 단단한 벽돌로 삼아 하나씩 쌓아 올려 집을 만들었다. 그 집이 이 책이다.

아이를 집에 두고 아빠 혼자 미국에 다녀온 후 아이가 뭔가 달라 보였다(1장~4장). 중간에 파트너가 집에 잠시 다녀가느라 엄마와의 두 번째 이별을 경험해야 했던 아이는 몹시 힘들어 보였다(20장~22장). 이럴 때면 집을 짓는 속도가 빨라졌고, 불안을 이기기 위해 감정을 배제해야 했다. 그래서인지 집은 좋게 말해 견고해지고 나쁘게 말해 딱딱해졌다. 또 아이가 나와 더 깊이 상호작용하거나(5장~14장) 엄마를 만나고 돌아왔을 때(15장~19장)는 한

결 편안해 보였다. 그럴 때면 공기(工期)는 늘어났지만 아이의 더 많은 면을 볼 수 있는 기회가 된 덕분인지 집 외벽에 색이 덧입혀져 한결 부드럽게 되었다. 이 책을 처음부터 읽어나가는 독자는 아마도 주제나 문체에서 이 같은 변화를 쉽게 눈치 챌 것이다.

이 책은 불안의 폭풍우 속에서 부모들이 안심하고 쉴 만한 집이 될 수 있을까? 그것을 판단하는 것은 이 집에 들어오는 사람들의 몫이리라. 다만, 엄마의 부재 기간 동안 육아에 대한 불안을 견디기 위해 인문학이라는 축조술을 이용해 지은 이 집이 아직 완성태가 아닌 것만은 분명하다. 부디 이 책의 사색과 성찰을 디딤판으로 삼아 아이 키우는 것이 갖는 더 깊은 의미를 묻는 질문들이 많아졌으면 하고 바랄 뿐이다.

사람됨은 가장 불확실한 상황이다.

—아브라함 요수아 헤셀, 《누가 사람이냐》 중에서

아이의 눈빛을 기대로 충만하게 하는 집. 아빠가 마음을 놓는 집. 이 책이 그런 집일 수 있을까. 우리 집에 오신 여러분을 환영합니다.

철학하는 아빠
권영민

● 차례

|프롤로그| 아빠는 불안하다 · 006

1 | '싫어, 싫어' 노래하는 아이 · 017
'예스맨'에서 '반항아'로 | 아이의 모든 언어는 '싫어, 싫어'로 통한다 | 규칙과 현실 사이에서 | 누구를 위한 규칙인가 | 아빠가 미안하다

2 | 아이가 집에 없는 날 · 025
분리 불안이라는 것 | '부모형 분리 불안' | '내 것'을 잃을 것 같은 느낌 | "부모는 육신의 부모이자 아이를 맡은 자에 불과하다"

3 | 중국집 치킨 사건의 전말 · 034
중국집에서 치킨을 요구하는 아이 | 아름다운 복종은 가능한가 | 어머니, 기계 | 기계를 만족시키는 기계 | 자유로운 아빠가 아이도 자유롭게 한다

4 | 아이와 함께 피아노 두들겨 패기 · 043
아이와 노는 게 말처럼 쉬운가 | 호이징하의 일침, "모든 것이 노는 것" | 재미는 필수, 효과는 부대 | 세상에서 가장 스펙터클한 게임

5 | 낙동강변에서 춤을, 토이저러스에서 울음을 · · · · · · · · · · · 052
아이와 '공간'을 방랑한다는 것 | 프로이트의 '여기-저기' 게임 | 타인의 욕망은 어떻게 나의 욕망이 되는가 | 아이만의 '볼레로'를 위하여

6 | 아이가 '언어라는 아름다운 사슬'에 묶일 때 · · · · · · · · · 062
말이 빠른 아이가 똑똑하다? | 아이의 언어생활 : 랑그와 파롤 | 시인은 태어나는가? | 아이여, 언어 제국의 난민으로 살라

7 | 마더(mother)가 될 것인가, '마더(murder)'가 될 것인가 · · · · · · · · 071
두 유형의 엄마들 | 육아의 주인공은 누구인가 | 아우구스티누스의 경우 | 사무엘 베케트의 경우 | 자기화와 동일시 사이에서 | 마더(mother) vs '마더(murder)'

8 | '싫어, 싫어'에서 '안아, 안아'로 · · · · · · · · · · · · · · 080
독립심이라는 신화 | '안아, 안아'는 아직 덜 안겼다는 신호 | 엄마의 품 vs 아빠의 품 | 품의 박탈 사회

9 | 칼에 베여 손금이 하나 더 생기면 운명도 바뀌나 · · · · · · · · 090
상처와 흠집과 걱정 | 아이폰은 왜 그렇게 흠집이 잘 날까? | 예수의 옆구리 상처가 주는 교훈 | 아이의 상처를 관용하고 견디는 부모

10 | 신난다, 신난다! · 099
딱히 신날 게 없는데도 신난다는 아이 | 고흐의 그림에서도 감동을 못 느끼는 아빠 | 새로움이란 무엇인가 | '판단 중지'가 경이를 체험하게 한다

11 | 우리 아이가 망가뜨렸으니 물어내라고? · · · · · · · · · · · 108
책임 전가 | 그래도 아빠는 억울하다 | 책임질 사람이 사라진 이유 | 숙명적 사랑의 책임 | 아이는 자신의 존재 자체로 책임진다

12 두 할머니께 부치는 반성문 · 119
　　외할머니 품이 더 친숙한 이유 | 할머니들과 아빠의 육아 신경전 | 아이에게는 스스로 융합하는 힘이
　　있다 | 할머니들께 부치는 반성문

13 아이의 폭력에는 이유가 있다! · 128
　　데카르트의 아이들 | 아이는 꼬마 실험가 | 무반응, 또 하나의 폭력 | 예술로 승화된 폭력들 | 신적 폭력
　　으로 신화적 폭력 중지시키기

14 말만 많은 아이, 말이 남다른 아이 · 138
　　모든 것을 기억하지만 아무것도 이해하지 못하는 남자 | 헬렌 켈러가 언어를 배운 방법 | 아이들이
　　언어를 습득하는 순서 | 조기 영어 교육의 허실 | 기다렸다가 정확히 반응하라 | 아이마다 고유한 언
　　어 리듬이 있다

15 뉴욕으로 가는 비행 · 151
　　너와 나를 나누는 출국 심사 | 뉴욕행 비행기, 아이는 없다 | 아이라도 수상하다? | 드디어, 엄마를 만나다

16 헬로 키티 마니아가 사는 법 · 160
　　헬로 키티, 할렐루야 | 신앙이 된 키티 | 키티 목욕하는 날에 있었던 일 | 키티 존재론 | 우스워 보인다
　　고 업신여기지 마라

17 아래층이 수상하다 · 173
　　아랫집은 왜 이사 갔을까? | 층간 소음의 에티카 | 우정의 윤리가 필요하다

18 TV에 홀린 아이, 혹은 부모 · 182
   TV가 나쁜 100가지 이유 중 4가지 | 영상통화와 영상 메시지는 어떤가 | 책임을 회피하게 하는 구조적 장치 | 사실과 사실 아닌 것 사이 | 안녕! 뽀로로, 폴리, 타요…

19 이야기에 갇힌 아이, 이야기로 해방되는 아이 · · · · · · · · · · · · · 191
   '할머니'의 이야기 | 노예의 이야기, 이야기의 노예 | 이야기는 혁명이다 | 아빠의 이야기, 아이의 이야기

20 엄마를 기다리는 시간, 2시 · 200
   첫 번째 헤어짐 | 두 번째 헤어짐 | 세 번째 헤어짐 | '2시'에서 '열 밤'으로 | 선 vs 원 | 시간관을 넘어 시간 지평으로 | 폭과 서사의 문제 | 간절한 기다림

21 눈 깜박임, 틱, 그리고 스트레스 · 213
   아, 나는 얼마나 나쁜 아빠인가 | 엄마! 어디 가? | 스트레스 유발 사회 | 좌뇌-우뇌의 불균형 | 아이의 스트레스 해소에 둔감한 사회

22 아이의 가위 바위 보 · 227
   아버지와의 권투 시합 | 지는 법을 배우지 못한 탓 | '지더라도 잘한 것'의 가능성 | 은폐된 미래 혹은 은폐시킨 미래 | '적극적 패배자' 예수의 급진성 | 불가능성의 가능성을 위해, "번개 파워!"

| 에필로그 | 일출봉 오르는 길 · 241

| 부록 |
1. 아빠와 아들의 변증법 · 244
2. 아빠와 엄마가 뽑은 '생각하는 육아 추천 도서' 베스트 6 · · · · · · · · 259

1

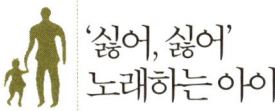

'싫어, 싫어' 노래하는 아이

현재 아이는 만 26개월 남아. 키 96센티미터에 몸무게 16킬로그램. 건강하고 사랑스러운, 아직은 영아다. 요즘엔 밤에 자다가도 한 시간씩이나 깨서 기침을 한다. 눈곱도 많이 낀다. 전형적인 감기 증상이다. 다행히 약 먹기를 좋아한다.

최근 아이가 가장 자주하는 말은 '싫어, 싫어'이다. 아이는 모든 일에 대해서 반항적이다. 밥 먹기도 싫고, 놀기도 싫고, 자는 것도 싫다. 그런데 놀랍게도 밥도 먹고 놀기도 하고 자기도 한다. 그러다 어제는 아이와 기 싸움을 했다. 옷 입기 싫다며 도망 다니는 아이를 기다리다 지친 어머니 모습을 보고 나는 화가 났다. 더 이상은 안 되겠다 싶어 케이블 TV 방송에 나온 슈

퍼 내니(Super Nanny)가 알려 준 방법대로 아이를 일으켜 세워 손을 잡고 단호하게 야단을 쳤다. 하지만 예전의 아이가 아니다.

"할머니한테 그러면 안 되지?"

예전이라면 금방 "네" 하고 안겼을 아이다. 하지만 지금은 "싫어, 싫어" 하며 울며 떼를 쓴다. 나에게 자꾸 안기려고 하지만 내가 다시 아이 손을 붙잡고 혼을 낸다.

"할머니한테 그러면 안 되지? 알았으면 '네'라고 대답해! '네' 하면 안아 줄 거야."

작지만 단호한 목소리로 말했다. 우는 아이는 자꾸 손을 뿌리치고 아빠에게 안기려고만 한다. 거의 30분이 지났지만 끝까지 '네'라고 대답하지 않는다. 옆에서 지켜보시던 할머니는 내게 "제발 좀 그만해라"고 하신다. 할머니 눈시울도 붉어졌다. 나도 눈을 감고 우는 아이의 모습에 가슴이 터질 것 같다.

아이는 왜 자꾸 '싫어, 싫어' 노래를 부를까? 나는 두 가지를 생각해 보고 있다.

'예스맨'에서 '반항아'로

하나는 아이의 독립심이 자라나는 시기에 자연스럽게 나타나는 현상으로 이해해 보는 것이다. 아이는 지금 어휘가 폭발하듯 주체성과 독립심이 폭발적으로 성장하는 시기를 보내고 있는 것이 아닐까. 부정적인 어휘를 사용해 자신의 존재를 정립해 나가고 있는 것이지 않을까. 마치 독일 관념론자 셸

링이 자유를 "어떤 무엇을 철저히 배제하고 타자로부터 전적으로 독립하는 것"으로 이해했던 것처럼, 아이는 '싫어, 싫어'를 통해 자신이 아닌 것을 배제함으로써 자기 자신을 정립해 나가고 있다고도 할 수 있을 것이다.

두 돌이 지나기 전의 아이는 '예스맨'이었다. 무슨 심부름이든 잘했고, 앉히면 앉히는 대로 눕히면 눕히는 대로 있었다. 그러던 아이가 지금은 변증법의 정립-반정립-종합의 과정 중 반정립의 시기라고 해야 할 만큼이나 모든 것에 대해서 '싫어, 싫어'로 일관한다. 아이는 이런 부정적 어휘를 통해 부모와 자신을 분리시키고 있을 것이다.

하지만 셸링이 미처 생각하지 못한 것이 있다. "전적인 독립"을 통해 "자유"로운 주체가 탄생하려면 그 전제로 "전적인 의존"이 있어야 한다는 것을 말이다. 아이의 발달 과정을 볼 때 전적인 독립은 전적인 의존 시기 다음에 온다. 따라서 완전히 의존적이지 못하다면 결코 완전히 독립적일 수 없다.

'싫어, 싫어' 노래를 부르는 단계는 애착의 다음 시기에 온다. 아이가 아빠와 엄마, 할머니들과 좋은 애착 관계를 형성했기에 비로소 가능한 일이다. 질 좋은 애착이 있었기에 아이는 자신의 부정(否定), 즉 '싫어, 싫어'가 양육자들에게 즉각적으로 거부되거나 무시되지 않을 것임을 학습할 수 있었던 것이다. 아이는 자신이 '싫어, 싫어'를 남발하더라도 부모와 양육자가 결국 자신을 받아 주리라 믿고 있을 것이다.

우리 아이는 내가 장시간 집을 비우거나 떨어져 있다가 만나더라도 금방 내게 안긴 채 잠시 편안함을 느낀 후 곧장 놀잇거리를 찾는다. 이 과정이 끝나면 아이는 하나의 독립적 존재로 서게 되어 사회로 나갈 준비를 하게 될 것이다. 물론 이 생각이 자기 위안에 불과할지도 모른다. 내가 아이로부터 좀 더 자유로워지고 파트너가 직장 생활을 지속하려면 우리 아이가 일단은 질 좋은 애착 형성을 해냈다고 믿는 것이 더 편한 면도 있기 때문이다.

아이의 모든 언어는 '싫어, 싫어'로 통한다

'싫어, 싫어' 노래의 또 다른 이유로 아이가 아직은 어휘 폭발 시기에 놓여 있다는 점을 들 수도 있겠다. 즉, 아이는 불쾌나 짜증, 피곤 등 부정적인 감정을 표현할, 또 자신의 의사를 표현할 언어를 아직 충분히 알고 있지 못하기에 '싫어, 싫어' 외에는 달리 부를 노래가 없다. 내가 아무리 "왜?"라고 물어도, 설령 그 말의 의미를 이해했더라도, 아이는 어떻게 대답해야 할지 알지 못한다.

더욱이 아이는 아빠가 가진 계획을 모른다. 오늘은 일과에 따라 정확히 8시 30분에 아이와 애니메이션〈꼬마 버스 타요〉를 봤다. 아침 먹을 시간이 되어 TV를 껐더니 떼를 쓰기 시작했다. 아이와 함께 시작한 기분 좋은 아침은 이내 아이의 짜증 섞인 울음소리와 끝간 데 없는 '싫어, 싫어' 노래로 엉망진창이 되고 말았다.

파트너가 미국으로 떠나고 육아를 본격적으로 시작하며 나름대로 육아 원칙을 세우고 일과표를 작성했다. 그 원칙과 일과에 따라 잘 해 봐야겠다는 나의 패기에 찬 도전은 시작도 하기 전에 큰 시련을 맞았다. 아침 식탁을 차리고 있으니 아이가 반찬통을 들고 도망가기 시작한다. 아이는 이내 유리 용기로 된 반찬통을 바닥에 떨어뜨려 깨고 말았다. 계란말이에 유리 조각이 박힌 새로운 음식이 탄생했다. 깜짝 놀란 아이는 울기 시작하고, 나는 아이가 다칠까봐, 그리고 이 상황을 어쩌나 해서 혼비백산된다.

문제는 내가 세운 계획이 대체로 언어적인 형태라는 것이다. 아이의 언어 수준에서 아빠의 계획을 이해하기는 어렵다. 그렇다고 내가 최선을 다해 아이에게 계획을 설명해 줘도 잘 이해하지 못할 것이다. 이해하더라도 왜 계획과 일정을 따라야 하는지 모를 것이다. 아이는 의식과 무의식의 중간 영역 어딘가에 있다. 전혀 알아듣지 못하는 것도 아니면서 그렇다고 조금이나마 잘 알아듣는 것도 아니다.

한 마디로 아이에게는 규범이 없다. 노모스(nomos, 자연을 의미하는 퓌지스 Physis와 대비되는 말로 폴리스 내에서의 규칙, 사회, 제도와 도덕 등을 의미한다.)가 없다. 아이에게는 오로지 자신이 하고 싶은 일을 하고 싶어 하는 마음만 있다. 아이는 밥보다는 초코 케이크가 먹고 싶다. 아빠가 일하는 것을 싫어하고 자신과 계속 놀아 주기만을 바란다. 아무리 이것은 규칙이라고, 그렇게 해야 한다고 명령하고 부탁해도 언어가 없는 아이는 알아듣지 못한다.

규칙과 현실 사이에서

아이에게 언어가 없다는 것은, 아빠가 만든 육아 원칙이 뭐든 혹은 있든 없든, 아이에게는 원칙도 규칙도 적용될 수 없다는 말이다. 아빠의 딜레마는 말이 통하지 않는 아이에게, 어떤 규칙도 공유하고 있지 않은 아이에게, 그런데도 규범과 규칙을 따르도록 훈육해야 한다는 것에 있다. 그렇다면 이것이 어떻게 가능할까.

어머니는 내게 아이를 잘 달래야 한다고 말씀하신다. 물론 맞는 말씀이다. 하지만 아이를 달래서 밥을 먹이려면 아이는 내가 달래서 밥을 먹는 게 아니라 점심때가 되어 배가 고파진 이후에야 먹게 된다. 그만큼 시간이 오래 걸린다는 말이다.

아이에게는 아직 충분한 어휘력과 표현력이 없기 때문에 아빠와 다른 양육자의 규칙, '해야 한다'를 이해하지 못할 것이다. 이때 '해야 한다'를 달래는 것, 예를 들면 "이것을 하면 사탕을 주겠다"든가 "이것을 해야 예쁜 아가지?" 정도로 바꾸면 아이는 규칙을 그저 자신의 '동의' 여부에 따라 하기 싫으면 하지 않아도 되는 것쯤으로 받아들이지는 않을까? 그렇다고 '해야 한다'를 강제하면, 즉 "하지 않으면 때리겠다"든가 "잔말 말고 무조건 해"라고 하면 아이는 자율성이 없는 타율적이고 자칫 반항기 가득한 문제 행동을 일으키는 아이가 되어 버리지는 않을까? 어떤 육아서는 달래는 쪽이라 지나치게 수용적이고, 어떤 육아서는 강제하는 쪽이라 지나치게 규제적이다. 도대체 어떻게 해야 하는 걸까?

누구를 위한 규칙인가

나는 아이의 '싫어, 싫어'에 대한 좋은 대처 방안을 알지 못한다. 다만 '싫어, 싫어' 노래를 부르는 이유는 아이가 무언가를 '스스로 하고 싶다', '자신이 결정하고 싶다'처럼 자신도 의식하지 못하는 내적인 의지가 자라는 신호일 것이라 생각해 본다. 아빠는 아이가 지금 무엇을 스스로 하고 싶은지, 어떤 결정을 내리고 싶어 하는지를 읽어 주려 노력해야 한다. 그리고 그 결정과 행동이 역시 규칙에 부합하는 것인지 판단해야 한다. 그 결과, 규칙에 부합하는 것이라면 수용해야 한다.

대개 부모나 양육자가 아이 요구를 허용할 것인지 말 것인지를 결정하는 것은 규칙에 따른 것이라기보다는 '귀찮음' 내지 '효율적이지 못함'에서 연유하는 듯하다. 부모가 아이에게 규칙을 부여하면서 정작 부모 자신은 규칙과는 무관한 의도가, 즉 자신의 편의와 같은 이기심을 채우려는 부모의 권력이 아이에게 은연중에 작동하는 것일 수도 있음을 명심해야 한다.

그것은 바로 나에게 해당하는 것이다. 귀찮아서 규칙을 무시하는 것도 잘못된 것이지만, 또한 규칙이 아빠의 편의를 위해서만 존재하는 것도 잘못된 것이다. 몸무게가 많이 나가는 뚱뚱한 아빠인 나는 대체로 행동이 느리고 움직이는 것을 귀찮아해서 내게 편리한 규칙을 세워 아이에게 따르도록 하고 있을 수도 있다. 하지만 아이는 아빠가 더 부지런하게 움직일 것을, 자신의 의도를 읽어 줄 것을, 자신이 결정한 것을 함께 해 주기를 기대한다. 그리고 그것에 부합해야 '아빠의 육아'가 성립한다고 할 수 있을 것이다.

아빠가 미안하다

최근에 꽤 긴 여행을 다녀오면서 나는 아이와 떨어져 있었고 아이는 할머니와 시간을 보냈다. 아이가 자고 있을 때 나갔다가 2주 후에 집으로 돌아왔다. 아이에게 미안했다. 혼낸 것도 미안했다. 제대로 돌보지 못하고 있는 것 같아 자격지심이 생겼다. 아이가 울면서 끝까지 아빠에게 '네'라고 대답하지 않은 날, 육아는 책으로 공부한다고 되는 것이 아니며, 의지만으로도 되지 않으며, 마음만으로도 되지 않는다는 것을 깨달았다.

아이를 돌보는 것은 궁극적으로 세계이며 나를 넘어서 있는 힘이지 결코 내가 아니다. 생명은 내가 있게 하거나 자라게 하는 것이 아니기에. 따라서 생명을 있게 하는, 자라게 하는 궁극적인 원천의 힘에게 맡길 수 있어야 행복한 육아, 자유로운 육아가 될 수 있고, 아이도 비로소 행복해질 수 있을 것이다. 이런 깨달음이 어쩌면 이기심에서 비롯한 것인지도 모르겠지만, 나는 이것을 육아하는 동안 가장 좌절하고 마음 아파한 날에야 알았다.

사랑하는 나의 베이비, 아빠가 미안하다.

2

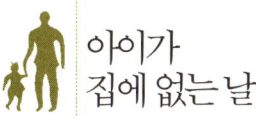 아이가
집에 없는 날

오늘은 아이가 집에 없는 날이다. 장모님께서 댁으로 아이를 데리고 가서 자겠다고 하셨다. 집이 조용하다. 컴퓨터 앞에 앉아 있거나 소파에 기대 있어도 보채는 사람이 없다. 밥을 먹으면서 아이와 실랑이를 하지 않아도 된다. 오늘은 '싫어, 싫어' 노래가 없는 날이다.

그런데 왠지 하루 종일 마음이 불편하다. 아이를 두고 두 주 동안 미국에 다녀오느라 아이와 함께 있어 주지 못했기에 미안한 마음이 들었는지도 모른다. 아이가 없는 조용한 시간이 조금도 조용하지 않다. 오히려 마음속은 시끄럽다. 아이를 내가 더 안아 줘야 하는데 하는 부채감과 불안감이 섞여 있다. 아이가 외가에 가 있는 동안 가까운 후배와 좋은 곳에서 식사도 하고 아름다운 시골 풍경을 바라보며 행복한 대화도 나눈 하루였지만 이상하게도 마음이 편치 못했다.

아이의 엄마가 미국으로 간 지 두 달이 되었다. 내가 잠깐 파트너가 있는 곳으로 간 것도 일 때문이어서 아이를 데려갈 수 없었다. 우리 부부는 아이가 잘 견뎌 줄 것이라 믿기로 했다. 그리고 아이가 할머니 두 분을 잘 따르는 만큼 큰 문제는 없을 것이라 믿었다. 실제로 아이는 크게 달라진 것이 없는 듯했다. 아빠에게 와서 안기고 사다 준 선물을 잘 가지고 논다. 아이는 아무렇지도 않아 보이는데 나는 불안하다. 아이가 불안할까봐 아빠가 불안하다.

분리 불안이라는 것

분리 불안은 본래 의존하는 대상, 예컨대 엄마로부터 분리되는 것과 관련되어 있다. 프로이트는 엄마가 아이에게 잘 대해 줄수록 아이가 엄마로부터 분리될 때 불안 증세가 더 강하게 나타난다고 한다. 반면, 라캉은 분리 불안이 분리 자체가 아니라 분리의 실패에서 비롯하는 것이라고 생각한다.

우리는 나의 것이라고 믿는 것이 더 이상 내게 남아 있지 않게 될 수도 있다는 것을 인지할 때 대개 불안감을 느끼게 된다. 죽음에 대한 불안은 내 생명이 더 이상 내게 남아 있지 않게 된다는 것에 대한 불안이다. 범죄에 대한 불안 역시 내 소유가 더 이상 내게 남아 있지 않게 된다는 것에 대한 불안이다.

환각통이나 망상도 그 연장선에서 생각해 볼 수 있다. 자신의 신체 중 일부가 절단되어 없는데도 그 부위에서 어떤 감각이나 통증을 느끼는 사람이 있다. 이는 자신의 신체라고 믿었던 것이 더 이상 내 것이 아니게 된 사실을 받아들일 수 없었기 때문일 것이다. 사랑하는 사람이 죽으면 우리는 내 존재의 일부와도 같았던 사람의 부재를 받아들이기 쉽지 않다. 하여 어떤 사람은 이미 죽고 사라진 그 사람이 여전히 그 자리에 있는 것으로 믿고 행동하며 심지어 대화까지 한다. 이처럼 환각통과 망상은 자신의 것이라 믿고 있던 것이 사라졌지만 여전히 그 자리에 있다고 믿기 때문에 생겨나는 병리적 증상들이다.

불안도 환각통이나 망상을 닮았다. 우리는 내 것이라 믿고 있는 대상을 상실할 수도 있다는 것을 인지할 때 분리 불안을 느낀다. 그리고 실제로 분리되었을 때 현실을 제대로 받아들이지 못하면, 즉 분리되었지만 심리적으로 완전히 분리해 내지 못하면, 환각통 환자나 망상증 환자처럼 망상을 겪게 된다.

그렇기에 대상과 내가 맺고 있는 관계가 친밀할 때 분리 불안이 생긴다는 프로이트의 설명은 참이다. 다만 친밀한 관계로부터 분리되는 것이 불안의 조건이라고 말해서는 안 된다. 오히려 내가 친밀하다고 여기던 것, 내 것으로 여기던 것이 사라질 수도 있다는 가능성을 인지할 때 우리는 누구나 분리 불안을 경험한다고 해야 한다. 다른 한편, 분리의 실패에서 분리 불안이 온다고 본 라캉의 설명도 부분적으로만 참이다. 정확히 말해서 분리의 실패가 불러오는 것은 없는 것을 있는 것으로 여기고 있는 것을 없는 것으로 여기게 하는 망상이다.

상상하기 싫은 예를 들어 보겠다. 나는 파트너가 언젠가는 죽을 것이라 생각한다. 그 가능성을 생각하면 나는 지금부터 몹시 불안해진다. 하지만 만일 파트너가 실제로 나보다 먼저 죽었다면 나는 더 이상 불안하지는 않을 것이다. 다만 상실로 인해 매우 슬플 것이며, 내가 그 슬픔을 이겨내기 위해서 나의 환상 속에서 이미 죽고 사라진 파트너를 다시 불러와 대화하게 될 수는 있을 것이다. 그러니 분리 불안은 분리나 분리의 실패로부터 오는 게 아니다. 분리 불안은 분리될 수도 있다는 미래의 가능성을 생각할 때만 생겨나는 것이다.

'부모형 분리 불안'

나는 돌팔이 심리술사로서 나 자신이 분리 불안을 겪고 있는 것은 아닌가 생각해 보았다. 내가 이토록 불안감을 느끼는 이유는 무엇일까? 아이가 가장 좋아하는 외할머니와 좋은 시간을 보내고 있는데도 왜 이렇게 마음이 불편할까? 지금 나는 하루 종일 초조해하고 있다. 심호흡을 하고 정신을 가다듬어 보지만 잘 되지 않는다.

지금 나의 에너지, 나의 사랑은 아이에게 집중되어 있다. 그래서인지 아이가 내게서 잠시라도 떨어지는 것이 쉽게 받아들여지지 않는다. 아이로부터의 자유를 간절히 원하면서도 한편으로는 아이에게 내 자유가 구속되기를 바라고 있었던 걸까?

사르트르는 《존재와 무》에서 두 가지 중요한 통찰을 제시한다. 하나는 인간은 어떻게 할 수 없을 만큼 자유롭다는 것이고, 둘은 자유가 타인의 것이건 자신의 것이건 우리는 그 자유를 견디지 못한다는 것이다. 자유는 무(無)

이기 때문에 우리는 그 무가 주는 두려움과 현기증을 피하고 싶어 하는 것이다.

사르트르의 설명이 얼마나 타당성이 있는지 모르겠지만, 나는 아이로부터 분리되고 싶지 않고 버림받고 싶지 않다. 만 두 살인 아이는 나의 것, 아니 '나'이다. '나'의 존재가 나로부터 분리되는 것이 싫다. 이런 말이 있는지 모르겠지만, 나는 나 자신이 '부모형 분리 불안'에 시달리고 있음을 절감하고 있다.

그렇다. 나는 부모형 분리 불안에 시달리고 있다. 그래서 어떤 경우에도 아이가 더 이상 내게 안기려 하지 않는다든지 아빠를 밀어내게 되는 일이 생기면 견디지 못할 것 같다. 아이가 잠깐 아빠를 떠나 친가나 외가에 가서 지내게 되면 이런 생각들이 스쳐 간다.

우리 아이는 특별한 아이라는 믿음, 이것은 일종의 과대망상이다. 그리고 특별했던 아이가 양육자들의 소홀함이나 아빠와의 분리로 인해 잘못되어 가고 있다는 믿음, 이것은 하나의 피해망상이다. 아이는 조금도 이런 논리를 만들어 내지 못할 것이다. 그리고 나 역시 냉정하게 이러한 논리가 완전히 망상 논리라는 것을 안다. 하지만 망상 논리는 내가 분리에 대해 불안감을 느끼는 한 항상 유동하고, 내가 아무리 논리와 사실을 가지고 깨려고 해도 잘 깨지지 않는다.

'내 것'을 잃을 것 같은 느낌

푸치니의 오페라 〈나비부인〉에서 나가사키에 남은 쵸쵸는 떠나간 해군 장교 핑커톤을 삼 년이나 오매불망 기다린다. 영사 샤플리스와 하녀 스즈키가 아무리 그는 사기꾼이며 돌아오지 않을 것이라고 해도 쵸쵸는 한결같이 그가 반드시 돌아올 것이라고 믿는다. 쵸쵸는 핑커톤과 이별한(분리된) 상태에 있다. 그녀는 핑커톤이 돌아오지 않을 수도 있다는 사실에 불안해하고 있다.

쵸쵸는 돌아오겠다고 한 핑커톤의 헛된 약속을 붙들고 있지만, 둘은 사실상 이별한 상태와 다름없다. 하지만 쵸쵸에게 이것은 이별(분리)이 아니다. 그녀는 핑커톤이 돌아오지 않는 다른 해군 장교들과 다르다는 망상 논리에 빠져 있다. 하지만 마침내 핑커톤이 미국에서 본처를 데려오자, 즉 자신의 믿음이 망상이었음을 알자 쵸쵸는 자결하고 만다.

쵸쵸는 분리를 예감하고 불안해했다. 내가 느끼는 분리 불안도 아이와의 분리를 예감했기 때문에 생겨난 것인지도 모른다. 미국에서 돌아온 후 아이와 충분히 함께하기도 전에 또다시 며칠을 떨어져 있게 되자 아이가 돌아오지 않는 핑커톤처럼 나를 밀어내면 어떻게 하나, 아이가 잘못되면 어떻게 하나 하는 생각이 밀려들어 참을 수가 없다.

쵸쵸는 또 핑커톤과의 이별(분리)을 인정하지 못하고 망상에 빠져 지냈다. 어쩌면 나도 아이가 나로부터 독립적인 존재라는 사실을, '나'이지만 '나'를 넘어서 있는 존재임을 인정하지 못하기 때문에 내 아이가 특별한 아이이며, 이 아이가 나로 인해 잘못되어 가고 있다는 망상을 품게 된 것인지도 모른다.

그렇다. 불안이든 망상이든 그것은 아이가 '내 것'이라는 생각에서 비롯한 것이다.

"부모는 육신의 부모이자 아이를 맡은 자에 불과하다"

아이는 내 것일까? 레비나스는 출산의 경험을 초월의 경험이라 부른다. 나를 넘어서는 '나'를 만나는 경험이라고 한다. 나를 넘어선 '나', 그것은 바로 아이다. 아이는 또 다른 '나'이지만 결코 내가 아니다. 레비나스에 따르면 아이는 나인 동시에 타자이며, 나의 분신이지만 결코 내가 지배하거나 내가 쓴 시나 물건처럼 소유할 수 있는 존재가 아니다. 그렇다고 아이가 아빠인 나와 전혀 무관한 존재인 것도 아니다. 아이는 부모가 살 수 없는 미래의 시간을 살아갈 존재라는 점에서 타인이지만, 아이는 바로 '나'이기도 하다는 점에서 미래의 시간은 여전히 나의 모험이기도 하기 때문이다.

나도 아니고 타자도 아닌 존재. 이 긴장이 중요하고도 어려운 것이다. 나는 한 아이를 완전한 '나'로 여기는 그 아이의 엄마를 알고 있고, 동시에 한 아이를 완전한 '남'으로 여기는 그 아이의 아빠를 알고 있다. 부모로서는 어느 한 길이 편할지도 모른다. 아이를 '나'로 여기면 망상 속에서 헤어 나오기 어려울 것이며, '남'으로 여기면 더 이상의 초월은 없다.*

출산이 초월이라면, 이는 '나'라는 독자적인 자아를 전제로 나 아닌 '타자'를 낳았다는 의미에서 그러할 것이다. 이 경우 독자적인 자아인 '나'와 연관될 수 있다는 점에서 '초월'은 실존적인 의미를 갖는 것이다. 하지만 '나'의 초월은 나의 '초월'이라는 점에서 나에게 머물러 있다면 그것은 초월

---

* 더 큰 문제는 그 과정에서 아이는 전형적인 '프로이트 아기'가 된다. 엄마는 양육 기계가 되며, 아빠는 사회와 문명의 요구를 상징하는 이미지를 갖게 된다. 어느 경우에나 아이와 부모 간의 인격적 관계란 존재하지 않게 된다.

이 될 수 없다. 초월은 그래서 이중적이다. 나와 관련되어 있어야 하지만 나와 관련되어 있는 것만으로 끝나서는 안 된다.

출산도 마찬가지다. 출산은 나와 관련된 활동이지만 나와 무관하게 독자적으로 운동이 일어나기 시작하는 순간이기도 하다. 내가 독자적인 자아인 것처럼 아이는 독자적인 자아이다. 부모는 그것을 받아들여야 한다. 동시에 아이는 내가 나를 넘어서서 사랑하는 존재인 만큼 내가 전적으로 돌보아야 할 존재이다. 이 긴장을 이해하고 유지해야 한다.

"아이는 신의 선물이며 부모는 육신의 부모이자 아이를 맡은 자(청지기)에 불과하다"는 성서의 가르침은 이러한 긴장을 표현하고 있다. 아이는 신으로부터 왔다는 점에서 나와 동등하며, 나와 같은 아버지인 신을 두고 있다는 점에서 아이와 나는 넓은 의미에서 한 '형제'이다. 하지만 나는 아이를 돌보아야 할 책임을 신으로부터 부여받았다는 점에서 그 책임과 관련한 일정한 권위를 지닌 채 아이를 사랑하는 마음을 갖게 된다.

아이의 어휘가 폭발하고 독립심이 강화되는 시기에 아이의 독립 의지를 따라가지 못하는 아빠는 부모형 분리 불안을 앓는 중이다. 부디 성서의 이 지혜로운 가르침이 내 양육 과정 전체에 근원적인 토대가 되길.

· · ·

부모의 양육 태도가 아이의 인성에 어느 정도 영향을 미칠까? 수많은 연구는 유전적 요인이 인성에 미치는 영향이 50퍼센트 이상 된다고 보고한다. 그럼 나머지는 아마도 후천적 요인, 그중에서도 부모의 양육 방식이나 태도가 영향을 미칠 것이다.

그러나 주디스 리치 해리스는 1998년에 쓴 《후천성에 대한 가정》에서 부모들이 강박적으로 자녀 양육에 집중하는 것과는 별개로 부모가 아이의 성격 형성에 거의 영향을 미치지 못한다고 주장한다. 해리스에 따르면, 아이의 인성에 부모가 미치는 영향이 크다는 믿음은 '문화가 만들어 내는 허상'에 불과하다. 콜도라도 입양 프로젝트 연구가 시사하는 바도 해리스의 견해를 지지한다. 이 연구는 입양된 아기 245명의 삶을 추적해 아이의 성격과 수양부모의 성격이 아무 연관도 없다는 것을 밝혀냈다.

해리스의 이 같은 주장과 앞서의 연구가 얼마만큼 참인지와는 별개로, 아이는 부모 마음대로 되지 않는, 부모와 독자적인, 그래서 부모에게 있어서 '타자'적인 존재다. 결코 아이들은 부모가 원하는 방식대로 성장하지 않기 때문이다.

그럼 부모의 인성이 아이에게 미치는 영향이 거의 없으니 형편없는 육아를 해도 될까? 설령 그렇다고 해도 멋대로 아이를 키울 부모는 거의 없을 것이다. 이는 결국 부모와 아이가 완전히 별개일 수 없다는 사실을 보여 주는 것이 아닌가.

3
 중국집
치킨 사건의 전말

아이는 이틀 간 함께 지낸 외할머니에게 안겨서 떨어지지 않는다. 외할머니를 보내지 않으려는 아이의 전략이다. 외할머니가 가셔야 한다고 말하니 통곡을 한다. 그래도 외할머니와 돌아온 아이 얼굴은 반짝반짝 윤이 난다. 아이는 평화롭고 차분해 보인다.

중국집에서 치킨을 요구하는 아이

아이가 무언가를 스스로 하겠다고 하면 부모 입장에서 조금 귀찮을 수 있다. 하지만 이는 아이의 의지가 자라나고 있다는 것을 의미하기에 부모는 아이의 선택에 적극적으로 반응해야 한다. 하지만 아이가 규칙대로 하지 않거나 규칙을 어기려 하면 부모는 지칠 수밖에 없다. 이를테면 중국요리 음식점에서 치킨을 사 달라고 하는 경우이다.

아이가 집에 돌아온 날 오후에 존경하는 선생님과 함께 점심을 먹었다. 그 자리에는 나의 어머니와 아이도 있었다. 중국요리 음식점에서 탕수육과 짬뽕, 볶음밥을 주문했다. 그런데 아이가 치킨을 요구하고 나선 것이다. 이런 난감한 상황에서 유용한 팁을 여동생이 알려 준 적이 있다. 아이에게 규칙을 일방적으로 강요하지 않으면서도 따르게 할 수 있는 방법이다. 바로 아이에게 '선택권'을 주는 것이다.

동생은 아이가 규칙을 따르게 하려면 아이에게 규칙 내에서 선택권을 주면 된다고 알려 줬다. 부모가 아이에게 한 가지 선택지만 제공하는 경우 아이가 그 선택지를 거부하면 부모는 아이가 반항하거나 자신을 거절한다고 느끼기 쉽다. 이때 아이에게 다양한 선택지를 제공하면 아이의 거절로 부모가 겪을 심리적 좌절감을 최소화하고 아이의 선택을 존중하면서 동시에 아이 스스로 의지를 발휘하게 할 수 있다. 예를 들면 아이에게 "짜장면 먹자"라고 하기보다 "짬뽕 먹고 싶어, 짜장면 먹고 싶어?"라고 묻는 것이다. 우리 아이는 예외 없이 "짜장면!"을 외친다.

하지만 아이에게 '규칙 내에서' 선택할 자유를 준다는 것 역시 아이의 자유를 제한하고 창의성이 자라나는 것을 막는 일은 아닐까? 아이는 어떤 선택을 하든 규칙 내부에 있는 선택만 하게 되기 때문이다. 규칙 내에서는 자유롭지만 '규칙 외부'는 없다. 오지선다형에 익숙해진 학생들이 보기 외의 답을 생각하지 못하는 것에서 우리 교육의 폐쇄성의 원인을 찾는 것이 타당하다면, 아이가 만 세 살이 되기 전부터 부모가 정해 준 보기에서만, 즉 한정된 범위에서만 생각하도록 길러지고 있음을 걱정하는 것도 타당하다.

아름다운 복종은 가능한가

그럼에도 아이는 규칙 내부로 들어와야 한다는 것이 내 생각이다. 진정한 창의성은 결코 규칙 외부에서 비롯하지 않는다. 규칙을 벗어난 새로운 것은 '돌발적인 것'에 불과하다. 규칙 외부에서는 만남의 가능성, 소통의 가능성이 사라진다. 규칙 외부는 자유로운 것 같아 보이지만 거기에서는 다른 사람과의 만남이 없다. 물론 철저하게 규칙에 복종만 해야 한다는 것도 아니다. 규칙 외의 것을 모르는 자는 노예이다.

그렇다면 아이의 자유는 어디에 있는 것일까? 진정한 자유는 규칙에 대한 존중, 자유를 넘어선 자유이다. 규칙 외부의 존재는 누구와도 만날 수 없다는 점에서 자유로운 존재라 할 수 없고, 규칙 내부의 존재는 규칙에 대해 수동적이기만 하다는 점에서 자유로운 존재라 할 수 없다. 한용운의 〈복종〉은 그런 의미에서 복종에 대한 찬가, 자유를 넘어선 자유에 대한 노래이다.

> 남들은 자유를 사랑한다지마는, 나는 복종을 좋아하여요.
> 자유를 모르는 것은 아니지만, 당신에게는 복종만 하고 싶어요.
> 복종하고 싶은데 복종하는 것은 아름다운 자유보다도 달콤합니다, 그것이 나의 행복입니다.
>
> —한용운, 〈복종〉 중에서

규칙은 해야 할 것과 할 수 있는 것과 하지 말아야 할 것으로 구성되어 있다. 이 규칙에 대한 복종이 아름다운 자유보다 더 달콤케 되는 방법은 무엇일까? 어떻게 하면 복종일지라도 아름다운 것이 될까?《부모와 아이 사이》에서 하임 기너트는 부모가 아이에게 규칙을 제공해 주지 않으면 아이는 부모를 존경하지 않게 되며 자신의 충동을 억누르는 데 어려움을 겪게 된다고 말한다.

실제로 아이는 자신의 충동을 억제하는 데 부모의 도움, 즉 규칙을 필요로 한다. 아이는 규칙 외부에 머물러 있기보다 규칙 내부에 들어오길 희망한다. 이 과정에서 부모는 아이에게 해야 할 것과 하지 말아야 할 것을 알려주되 아이가 해야 할 것을 하지 못했기 때문에 혹은 하지 말아야 할 것을 했기 때문에 생길 수 있는 아이의 좌절감을 돌볼 수 있어야 한다. 이때 복종은 아름다운 것이 된다. 자유보다 달콤한 것이 된다. 아이는 다시 시도해 볼 수 있는 자유를 얻게 된다.

어머니, 기계

나는 성년이 되기 전까지 어머니가 내게 공격적이고 나를 부정적으로 생각한다고 여겼었다. 오늘 선생님과 식사하는 자리에서도 그 비슷한 경험을 한 탓에 기분이 좀 상하고 말았다. 어머니는 내가 존경하는 선생님 앞에서 내가 아이와 많이 놀아 주지 않는다고 하셨다. 심지어 평소에 공부도 많이 하지 않는다고 하셨다.

나는 곧 예민해졌다. 왜 이런 자리에서 이런 말씀을 하실까? 더욱이 아이와 많이 놀아 주지 않는다는 말씀은 받아들일 수 없다. 내가 충분히 공부한다고 생각하지는 않지만 그렇다고 결코 적게 한다고도 생각하지 않는다. 왜 어머니는 나를 공격할까? 왜 나를 비난할까? 왜 항상 나에 대해 부정적일까? 내가 지나치게 예민한 것일까?

먼저 내가 아이와 정말 많이 놀아 주지 않는지부터 생각해 보자. 돌이켜 보면 맞는 말이다. 지난 해 파트너가 직장에 있는 시간 동안 아이와 신나게 놀아 주지는 못했던 것 같다. 많은 시간을 함께 보내기는 했지만 리듬이 아이와 달라 질 좋은 시간을 보내지는 못했다. 그렇게 된 데는 몇 시간 잠을 못자서 너무 피곤했던 탓이 크다. 최근에는 아이와 더 놀아 주려고 했다. 시간을 내서 오전에 책을 읽고 노래도 부른다. 잠시 아이를 두고 먼 여행을 다녀오는 동안, 그리고 돌아와서도 시차 적응으로 힘이 들어 충분히 하지는 못했지만 최선을 다했다고 생각했다. 그런데 어머니는 그것이 최선이 아니라고 여기셨던 것 같다.

내가 공부를 제대로 하고 있지 않은지도 생각해 보자. 요즘 내 일과를 보면 낮에는 육아, 저녁에는 주로 일을 한다. 솔직히 육아와 일에 비하면 공부는 이제 선택에 더 가까운 것이 되었다. 그렇다. 어머니의 지적이 맞았다! 그래도 뭔가 억울하다. 지금도 하루에 200페이지 정도의 책을 읽는 내가 공부를 안 한다고? 육아도 하고 일도 해야 하는데… 그럼 하루에 몇 페이지를 읽으라는 거야? 나는 최선을 다했다고 생각했는데, 어머니는 이것 역시 최선이 아니라고 여기셨던 것 같다.

내게 어머니의 이미지는 '기계'이다. 어머니는 감정이 없고 만족을 모르는 기계라고 오랫동안 생각해 왔다. 내가 아무리 괜찮은 성취를 해내더라도 어머니에게 그것은 대단한 일이 아니다. 나보다 더 대단한 성취를 이룬 사람은 이 세상에 많이 있다. 내가 보통의 아빠들에 비해서 아무리 아이와 더 많은 시간을 보내고 양육에 참가하더라도 어머니의 관점에서 그것은 여전히 충분한 것이 되지 못한다. 내가 나의 직업을 유지하기 위해 드는 노력이 생각보다 크지만 어머니는 나의 공부가 부족하다고 생각하신다.

기계를 만족시키는 기계

그런데 그런 와중에 나도 기계가 되고 있다. 어머니가 만족을 모르는 기계라면, 나는 만족할 수 없는 기계를 만족시키려는 기계이다. 이것은 악무한이다. 어머니로부터 인정을 받겠다는, 결코 종결될 수 없는 투쟁을 나는 지금도 계속하고 있다. 어머니가 부여하는 규칙의 노예가 되었다. 나는 어머니로부터의 인정 외에 어떤 다른 인정도 충분하지 않다. 어머니의 규칙에 도달할 수 없었을 때도, 어느 정도 도달했을 때도, 나는 어머니로부터 감정적 위로나 격려를 받은 적이 없다. 대학 다닐 때 우등생으로 선발되었어도 어머니는 "너 말고 다른 아이들도 다 받는 거겠지. 더 열심히 해라"고 하셨다. 나의 복종은 아름답거나 달콤하지 않다.

어머니는 내가 더 많은 돈을 벌고, 더 많은 자식을 낳고, 더 많은 공부를 하고, 더 많이 육아에 참가하고, 뭐든지 더 많이 해내길 원하신다. 어머니가 원하는 내가 되면 나는 괴물이 될 것이다. 형체를 알아볼 수 없는 기괴한 이미지를 가진 사람이 될 것이다. 그것은 모든 것을 엄청난 크기로 해냈기 때문에 대단한 일이 될 수도 있다. 하지만 결코 자유로운 사람이 이룩해 낸 위대한 일은 아니다. 어머니는 내가 위대한 사람이 되기를 원하지 않는다. 아이 낳고 돈 버는 역할을 누구보다 잘 해내길 바라시는 듯하다. 나 역시 어머니의 인정을 받기 위해 연착륙 중이다. 그러면서 나도 만족할 줄 모르는 기계가 되어 가고 있다.

자유로운 삶은 더 많은 것을 바라는 사회의 요구로부터 벗어나 자신이 진정으로 원하는 것을 추구하며 살아가는 삶이다. 자유로운 사람은 자신이 하고 싶은 일을 하는 사람이다. 《자유로부터의 도피》에서 에리히 프롬은 오늘날 사람들은 자신의 진정한 요구를 상실한 채 자본주의 사회가 요구하는 명령에 따라서만 살아간다고 한다. 더 풍요로워졌지만 자유는 잃고 말았다. 《피로사회》에서 한병철은 우리는 겉으로만 자유로울 뿐 더 많은 생산을 위해 실제로 자기 자신을 끊임없이 착취하며 살아가고 있다고 한다.

나는 나 자신의 필요가 아닌 어머니의 요구에 따라 나 자신을 끊임없이 착취하는 기계가 된 것 같다. 어머니가 요구하는 모든 페르소나를 다 뒤집어쓰면 나는 형체를 알아볼 수 없는 괴물이 될 것이다. 마치 영화 〈센과 치히로의 행방불명〉에 나오는, 모든 것을 집어삼키고 또 삼키는 오물신처럼 말이다.

그렇다. 나는 어머니의 규칙을 존중했지만 어머니의 이상에 도달할 수 없었다. 그러나 나는 어머니가 나를 비난하거나 내가 어머니를 만족시킬 수 없었기 때문에 힘든 것이 아니다. 나의 성공과 실패에 대한 어머니의 인격적 존중이 필요했다. 인정할 것은 인정하겠다. 나는 공부도, 육아도 제대로 해내지 못하고 있다. 그러나 그 때문에 힘들고 다시 노력하고 있다는 것을 어머니가 알아 주셨으면, 어머니가 격려와 위로를 해 주신다면, 그렇게 된다면 나는 어머니의 규칙에 대한 좀 더 달콤한 복종, 진정한 자유를 누릴 수 있을 것만 같다.

자유로운 아빠가 아이도 자유롭게 한다

이것은 지금도 계속되는 나의 성장통이다. 나는 아이에게 '더 많은' 것을 요구하고 있다. 더 많은 어휘량, 더 많은 재능, 더 큰 키… 아이는 나의 모든 요구를 다 충족시킬 수 있을까? 내가 그러지 못했던 것처럼 아마 할 수 없거니와, 설령 다 충족한다고 하더라도 그때는 인간이 아닌 '베이비 몬스터'가 되어 있을 것이다.

나는 방송국에서 운영하는 문화센터에서 내 아이가 다른 아이들이 노는 것을 우두커니 서서 바라보기만 하는 것을 보고 아이에게 화를 냈고 속상해하며 하루 종일 잠만 잔 적이 있다. 어릴 적 내 어머니가 내게 한 그대로 내 아이에게 했다. 더 많은 것을 만들어 낼 때 칭찬받는 존재는 노예이다. 자유로운 사람은 더 많은 것보다는 더 위대한 일을, 진정으로 의미 있는 일을 선택한다. 규칙을 주되 위로하고 격려하기. 아이에게 덜 요구하기. 이것은 내가 나 자신에게 하는 말이기도 하다.

"이봐, 나는 나에게 그렇게 많은 것을 요구하지 않아."
"나는 나 자신을 학대하지 않아."

나는 여기에서 내 어머니를 비난하거나 원망하려는 것이 아니다. 어머니께서야 그럴 만한 이유가 있었을 것이다. 나의 성숙은 어디까지나 내게 달려 있는 것이다. 요컨대 나 자신에 대한 확신을 갖는다면 어머니의 인정은 부차적인 문제이듯이, 내가 어머니의 비난, 공격, 부정적 피드백으로부터 자유로워질 수 있어야 나 자신에 대해서도 덜 요구할 수 있게 된다. 그래야 이 악무한으로부터 벗어날 수 있을 것이다. 하지만 이 인정 투쟁으로부터 진정한 자유를 얻는 길은 무엇보다 어머니의 말이 담고 있는 '진실'을 겸허하게 인정하는 것일 테다.

자유로운 아빠가 아이도 자유롭게 한다. 아이에게 선택의 자유를 주고, 어떤 선택이든 존중한다. 아이는 그 선택하는 의지를 키우고 있는 중이다. 즉 지금 아이는 자유를 배워가는 중이다. 아이가 아빠가 제공하는 선택지에 갇히지 않기를. 아빠의 '더 많은 요구'를 보게 된다면 이해해 줄 수 있기를. 짬뽕이냐 탕수육이냐 하는 딜레마 앞에서 지금처럼 당당하고 자유롭게 선택할 수 있기를.

4

 아이와 함께
피아노 두들겨 패기

어린이날이지만 우리 아이는 아직 어린이가 아니라 조용하게 보내는 중이다. 감기인지 알레르기성인지 기침이 좀처럼 그치질 않아 마음이 편치 않다. 오후에는 내가 일이 있어 오전 동안만 아이와 함께 시간을 보냈다. 하지만 아이는 무료했을 것 같다. 아이를 누군가와 함께 보면 그렇지 않은데, 혼자서 보면 몸이 몹시 무거워진다. 아이와 활기차게 놀지 못한다. 왜 그런지 모르겠다. 특히 아이는 자기가 좋아하는 책 몇 권을 집중해서 읽고 나면 블록 놀이도 싫고 놀이터도 싫다고 한다. 그나마 재밌어 하는 놀이는 피아노 연주, 아니 피아노 두들겨 패기이다. 건반을 두드리는 게 아니라 때린다.

이 글을 쓰고 있는 동안 아이가 서재로 들어왔다. "아빠, 자동차 놀이 하자." 아이는 조심스럽게 문 사이로 들어온다. "아빠 지금 일하는 중인데, 조금 있다 하면 안 될까? 아빠가 비행기도 태워 줄게." 아이가 허락할 리 없다. "안 해. 지금, 지금 하자." 그러고는 내 의자로 다가와 다짜고짜 매달리며 "아빠, 안아, 안아" 그런다. "아빠가 지금은 좀 바쁘고 힘든데… 아빠 피곤하게 안 할 거지? 조금 있다 놀아 줄게." 달래고 달래도 안 되어 할 수 없이 몇 분 놀아 주고 다시 서재로 돌아왔다.

아이와 노는 게 말처럼 쉬운가

아이와 놀아 주기가 아이에게는 의미 있는 일임은 분명하다. 아이는 놀이가 공부이다. 놀이를 하면서 배운다. 거기에는 책을 읽고 아빠와 스킨십을 하고 피아노를 두들겨 패는 것 등이 포함될 것이다. 《0-3세, 아빠 육아가 아이 미래를 결정한다》의 저자 리처드 플레처는 아이가 세 살이 되기 전 아빠와의 거친 몸 놀이를 통해 두뇌가 자극되고 부모와 자녀의 관계가 돈독해지며 사회성도 더 발달하게 된다고 조언한다.

아이와 잘 놀아 주는 것이 중요하다는 것은 알겠는데, 사실 쉬운 일은 아니다. 엄마나 아빠, 할머니 편에서는 아이와 놀아 주는 것에서 의미를 찾기가 쉽지 않다. 단지 아이와 노는 일이 의미 있기 때문에 의미 있는 것이다. 더욱이 노는 것보다 일하는 것이 중요하다고 배워 왔기 때문인지 만사를 제쳐 두고 아이와 '노는' 데는 큰 용기가 필요하다. 아이와 놀아 주려고 하면, 스마트폰 문자 메시지에 답을 해야 할 일이 생기고, 이메일을 체크하고 답신을 해야 할 상황에 처하며, 미처 다 보지 못하고 덮어 버린 책이 생각난다. 그리고 발바닥에 들러붙는 집 안 먼지와 부스러기가 신경을 날카롭게 하여 금세 예민해진다.

이러한 것들이 내 피곤의 가장 큰 이유일 것이다. 어른들의 놀이가 일에서 벗어나 쉼을 목표로 하지만 아이와의 놀이에는 보통의 놀이가 주는 쉼이 없다. 그저 아빠 편에서는 또 다른 일로만 여겨진다. 나는 대부분의 아빠들이 아이들과 노는 일을 중요하게 여긴다고 생각한다. 그저 힘들 뿐이다. 엄마들 편에서도 마찬가지겠지만 말이다.

아이와 놀아 주기 그 자체는 분명히 의미 있는 일이다. 아이 편에서는 놀이이지만 아빠 편에서는 교육 행위이니까. 교육은 당연한 것이고 꼭 해야 하는 것이니까.

대개 부모들은 아이와 놀아 주는 것을 하나의 교육 행위로써 중요하다고 생각하지만, 실제로는 그 중요도에 비해 우선순위에서 뒤로 미뤄 두고 있는 것 같다. 아이와 잘 놀아 주는 것이야말로 아이에게는 더할 나위 없이 좋은 교육이라는 사실을 일부러 다짐하거나 상기하지 않으면, 부지불식간에 누구든 시간이 남는 사람이 해야 하는 아이의 뒤치다꺼리로 인식해 버리게 된다. 어쩌면, '왜 아이와 놀아 주는 일을 꼭 내가 해야 하나?' 혹은 '이 일을 하지 않는다면 더 효율적인 시간을 보낼 수도 있지 않을까?' 하는 생각, 더 나아가 아이의 교육은 청소년과 어린이를 대상으로 하는 교육과는 다르기 때문에 가시적인 성과나 효과가 즉각 드러나지도 않는다는 사실이 아이와의 놀이를 무의미한 시간 죽이기로 이해하게 되는 가장 큰 이유가 아닐까 싶다.

아이는 아빠와 놀면서 더 깊은 관계를 형성하고 아빠를 더 신뢰하게 된다. 또 놀이는 언어를 가르치고, 사회성을 기르며, 규칙을 부여하는 중요한 통로이다. 하지만 반복하거니와 이런 앎은 그저 앎일 뿐이다. 소크라테스는 "아는 것이 덕이다"라고 했던가. 나는 아이와 함께 노는 것이 얼마나 중요한지 진정으로 아는 것이 아니기 때문에 아이와 놀아 주는 것이 힘든 것일까? 그런 것 같지는 않다.

나는 아이가 아빠와 질 좋은 시간을 보냈을 때 아이의 태도와 얼굴이 달라진다는 것을 느낀다. 그리고 이런 경험이 반복되면 아이는 더 잘 성장할 것이라고 확신한다. 그러나 그보다 더 많은 경우는 아이는 혼자 놀고 나는 심드렁하게 드러누워 있기 일쑤이며, 스마트폰을 만지작거리는 것을 육아 자체보다 더 급선무로 여길 때가 많다. 나는 알고 있는데, 왜 제대로 하지 않는 것일까? 나는 왜 아이와 놀아 주기가 이토록 힘든 것일까?

호이징하의 일침, "모든 것이 노는 것"

호이징하의 《호모 루덴스》에서는 인간을 놀이하는 존재라고 정식화한다. 모든 문화 현상의 기원이자 인간 행위의 원형이 그에 따르면 놀이이다. 놀이가 문화의 한 요소가 아니라 문화 자체가 놀이의 형식을 지니고 있다. 그에 따르면 시 쓰기나 전쟁도 놀이를 원형으로 가지고 있으며, 수수께끼와 같은 놀이는 인식과 지식의 수단이 되기도 한다. 나는 합리적인 생각을 하는 사람이라는 뜻의 호모 사피엔스, 물건을 만들어 내는 사람이라는 뜻의 호모 파베르라는 규정보다 호모 루덴스가 인간에 대한 더 정확한 규정이라고 생각한다.

아빠가 아이와 노는 것이 힘든 이유는 무엇일까? 그것은 아마도 내가 아이에 대한 교육 행위를 '놀이 형식'으로 이해하지 못하기 때문일 것이다. 아빠가 아이와의 놀이를 '놀이하기'가 아닌 '놀아 주기'로 이해하면 아빠는 놀이에 함께 하는 자가 아닌 그저 관리하는 자가 되고 만다. 관리, 그것은 일의 다른 이름이다. 놀아 주기 패러다임에서 놀이는 아이 뒤치다꺼리, 즉 아빠 편에서는 재미없고 의미 없는 일이 된다.

나는 아이 뒤치다꺼리나 아이를 위해 봉사하는 것이 잘못되었다고 말하는 것이 아니다. 놀아 주기 패러다임에서는 아이와 놀이를 통해 진정으로 만날 수 없고 지속적으로 놀기 힘들다는 이야기를 하고 있는 것이다. 아빠가 놀아 주기 자세를 가지고 있는 한 놀이에 진정으로 참여하기란 어려울 것이다. 놀이가 중요하다는 것은 알아서 함께 놀아 주기는 하지만 실제로는 매우 피곤한 일이 된다. 놀이에 참여할 수 없으면 놀이가 주는 흥분, 즉 정서적 매료 상태에 들어갈 수 없게 되기에 이것은 당연하다.

아이의 놀이가 넓은 의미의 배우는 과정이라면 부모의 교육 역시 넓은 의미의 놀이라고 해야 할 것이다. 아이와 잘 놀기 위해서는 기본적으로 부모가 잘 놀 수 있어야 한다. 노는 것이 노는 것이라면, 교육도 노는 것이고, 밥 먹는 것도 노는 것이고, 정치도 노는 것이며, 모든 것이 노는 것이라는 게 호이징하의 아이디어이다. 호이징하의 관점에서 내가 아이와의 놀이가 힘에 겨운 이유는 아이 양육을, 아이와의 놀이를 말 그대로의 놀이하기로 승화시키지 못하기 때문이라고 분석할 수 있을 것이다.

재미는 필수, 효과는 부대

사실 아이와의 놀이가 힘든 이유가 아이 교육도 알고 보면 놀이라는 사실을 제대로 인지하지 못하고 있기 때문만은 아니다. 아빠가 놀이를 그 자체에 참여하지 않은 채 단지 교육을 위한 수단으로서만 이해하는 것도 중요한 이유 중 하나다. 아이는 놀이에 매료되지만 아빠는 놀이에 몰입되지 않는다. 이때 아빠의 놀이는 교육적 목표를 달성하기 위해 놀아 줘야 한다는 의무감과 목적에 종속된 수단에 불과하다.

나는 아이와 잘 놀아 주면 아이의 창의성이 발달한다는 식의 말을 좋아하지 않는다. 놀이의 효과는 어디까지나 사후에 나타나는 것일 뿐이며 놀이의 목적은 단순한 의미에서 놀이 그 자체임을 분명히 해야 한다. 즉 놀이는 즐겁기 위한 것이다. 아이와의 놀이를 교육의 하나로서만 이해한다면 아빠는 결코 놀이에 참가할 수 없고 놀이를 통해 아이와 진정으로 만날 수도 없다. 설령 어떤 효과를 얻기 위한 놀이라 할지라도 놀이 그 자체는 수단이 아닌 목적이 되어야 한다.

《급변하는 흐름 속의 문화》에서 반 퍼슨은 지식을 제공하고 사물의 본질에 다가서려는 노력의 일환인 존재론적 사고가 타락하면 실체론적 사고가 된다고 한다. 실체론적 사고는 인간, 사물, 세계를 홀로 존재하는 원자적인 것으로 보게 해서 모든 것을 경직되게 만든다. 여기에는 어떠한 초월적인 것도 들어설 여지가 없고, 모든 것은 논리적 추론이라는 미명 하에 기능화되고 만다.

반 퍼슨의 통찰을 빌리자면 수단이 된 놀이는 실체적인 것이 될 수밖에 없다. 숨바꼭질을 재밌게 하다 보면 건강해지고 교우 관계가 형성되고 전략이 개발되는 것이다. 그렇지 않고 건강, 사회성, 지능 개발을 위해 숨바꼭질을 한다면 그건 이내 재미없는 임무가 되고 말 것이다. 그런 효과는 언제나 사후적이다. 놀이는 그저 즐겁기만 하면 된다. 효과는 부대적이다. 가장 즐거운 놀이가 가장 많은 효과를 낸다. 아빠와 아이는 그저 놀이 자체에 매료되기만 하면 된다. 그리고 바로 그때 놀이하는 사람이 아닌 놀이 자체로부터 무엇인가가 생기(生起, ereignis)하게 되면, 우리는 그것을 놀이가 가져다 준 효과, 즉 놀이의 초월적인 것이라고 말할 수 있을 것이다.

가장 좋은 비올레타는 비올레타(베르디의 오페라 〈라 트라비아타〉의 여주인공 이름) 역을 맡아 노래를 대신하는 소프라노가 아니라 '비올레타로서 노래하는 소프라노'일 것이다. 가장 프로페셔널한 사람은 자신의 직업 영역이 자신에게 있어서 그저 하나의 놀이에 불과한 사람일 것이다.

경제적 보상과 인기는 어디까지나 사후적인 것일 뿐이라는 원칙적 자세를 갖는 것이 부모에게도 요구된다. 뭔가를 교육하려고 의도하려고 하지 말고 아이와 그저 가장 재밌는 놀이와 게임에 참여하는 것이 중요하다. 놀이는 놀이 당사자들 간의 간단한 규칙이 필요하고, 그것을 기초로 조금씩 복잡성이 더해져 갈 뿐이다. 놀이하는 사람이 놀이를 하는 것이 아니라 놀이에 놀이하는 사람이 참여하는 것이다. 우리가 만나는 모든 활동이 사실상 게임이고 놀이 아닌가. 아이와 내가 동시에 가장 재밌는 일을 찾고, 교육의 형식을 벗어 버리고, 호이징하 표현대로, '존재로서의 놀이 그 자체'로 진입할 수 있어야 한다.

세상에서 가장 스펙터클한 게임

아이와의 놀이가 즐거운가? 지금은 '아니다'가 솔직한 대답이다. 아이에게 자꾸 뭔가를 가르치고 주입해야 한다는 생각이 있으니 아이가 따라오지 않으면 즐겁지가 않다. 하지만 놀이는 말 그대로 놀이일 뿐 억지로 하는 일이 아니다. 목적과 이해관계를 떠나면 청소기를 돌리더라도 이것이 놀이가 될 수 있음을 잊지 말아야 한다. 놀이는 재밌는 것이다. 그래서 아이와의 놀이는 신나는 것이다. 육아 행위는 가장 어렵지만 가장 스펙터클한 실제 게임이다.

최근 아이는 '아빠, 자동차 놀이 하자'고 자주 졸라 댄다. 장난감 버스 두 대를 서로 이리저리 밀고 다니며 세차를 하고 여행을 떠나고 충돌해서 사고가 나고 펑크가 나서 수리한다. 아이는 자동차 놀이에서 일어나는 가상 상황에 완전히 몰입한다. 아이는 어쩌면 자기 식의 연극을 하고 있는지도 모른다. 그래서 나도 제대로 연기하는 것처럼 해 보았다. 목소리도 바꾸고, 자동차 사고도 되도록 리얼하게 나게 하고, 스토리도 짜고, 함께 환상의 세계로 떠나는 여행도 했다. 아이와 나 둘뿐이니 부끄러워할 필요도 없다. 내 연기가 생각보다 나쁘지 않다. 이거 재밌다.

스케치북에 그림 그리기도 마찬가지다. 아이는 크레파스를 들고 동그라미만 그린다. 나는 아이 그림을 유심히 보다가 아이 얼굴도 그리고 손도 그린다. 어! 이것도 생각보다 재밌다. 블록 놀이를 하면 아이와 함께 거의 작품이라 할 만한 수준의 집도 만드는데, 아이도 좋아하지만 그게 뭐라고 이

상한 성취감이 생긴다. 기념으로 사진도 찍어 둔다.

아이와 하는 보물찾기는 더 재밌다. 집 안 구석구석에 할머니가 접은 종이 딱지를 숨겨 두고 아이에게 찾게 한다. 아이가 찾지 못해도 재밌고 아이가 찾아서 좋아하는 것을 봐도 재밌다. 아이가 딱지를 찾아 보물 찾았다고 고함을 치며 발을 구르는 것을 보면 나는 배꼽을 잡고 웃게 된다. 어머니는 아이보다 아빠가 더 좋아한다며 정도껏 하라고 말리신다.

아이와 놀면서 아빠는 연극배우가 되고 화가가 되고 가수가 되고 조각가가 된다. 아빠는 예술가가 된다. 그렇다. 예술도 그러고 보면 별 것 아니다. 어떻게 보면 예술도 잘 논 것에 따른 결과물인지도 모른다. 마지막으로 다음은 놀이의 본질을 통찰한 가다머의 말이다.

> 이 운동은 목적이나 의도가 없을 뿐 아니라, 또한 긴장 없이 일어난다는 것이 놀이의 본질이다. 놀이는 그 자체로부터 발생한다. (중략) 그래서 슐레겔은 다음과 같이 서술한다. "예술의 모든 성스러운 놀이는 다만 세계의 무한한 놀이, 즉 영원히 자신을 창조하는 예술작품의 먼 모조품일 뿐이다." (중략) 놀이의 원래 주체는 놀이하는 사람이 아니라 놀이 자체이다. 놀이하는 사람을 사로잡는 것, 그를 놀이로 끌어들여 놀이에 붙잡아매는 것은 놀이다.
>
> —한스 게오르그 가다머, 《진리와 방법》 중에서

아이는 지금 외할머니와 함께 행복한 시간을 보내고 있다. 내 방 밖의 아기 장군과 다시 놀이하러 나가 보자.

5

 낙동강변에서 춤을,
토이저러스에서 울음을

몸 상태가 좋지 않다. 유행하는 감기가 온 것 같다. 게다가 빈속에 감기약을 먹는 바람에 속도 쓰리다. 그런데도 오늘은 나의 아빠와 나의 아들에게 잘하고자 최선을 다한 하루였다.

낙동강 철교가 보이고 강바람이 선선하게 부는 횟집에 나의 할아버지 식구가 모두 모였다. 곧 어버이날이라 휴일을 맞아 아버지의 형제들이 모처럼 모여 나의 조부모님과 함께 식사하는 시간을 가진 것이다. 아이와 나는 어르신들이 드시는 민물회가 맞지 않아 금세 자리에서 일어나 낙동강이 보이는 멋진 테라스에서 즐거운 시간을 보냈다.

이곳에는 아이를 위한 놀잇감이 아무것도 없다. 그저 자기를 좋아하는 식구들, 그중에서도 아빠와 기분 좋은 바람을 온몸으로 맞을 수 있는 테라스가 있을 뿐이다. 그래도 아이는 기분이 최고다. 낮잠 시간이 훨씬 지나도 잘 생각이 없다. 테라스 주변 30여 미터를 연신 이리저리 뛰어다니며 아빠에게, 할아버지에게, 할머니에게, 왕할아버지에게, 삼촌에게 하이파이브를 하고 뽀뽀도 선물하며 '신난다'고 고함을 친다. 바람 탓일까, 강이 주는 여유로움 때문일까, 오늘 아이에게 '싫어, 싫어'는 없다. 만사를 긍정하는 디오니소스처럼 '하하하' 웃으며 달나라까지 뛰어 갈 기세다.

근처에는 산책할 곳도 있다. 여동생과 여동생의 사랑스러운 아이와 함께 동네 어귀를 걸었다. 그곳에는 오래된 일본식 가옥이 세월을 견디며 서 있고, 가장 저렴한 벽돌로 만들어진 회색빛 담 밑에는 촌스러운 빛깔의 꽃들이 피어 있다. 나비도 날아다니고 푸들 한 마리가 우릴 보고 앙증맞게도 짖는다. 촌스럽지만 낭만적인 낙동강의 강둑 마을이다. 아이가 업어 달라 하도 졸라 대서 업었더니 이내 잠이 들었다.

아버지의 차를 타고 돌아오는 길에 청도 소싸움 경기장을 들렀다. 생각보다 재밌었다. 하지만 예전에 들은 검투사들의 비극적인 생애가 생각이 나서 마음이 편하지만은 않다.

커피 한 잔을 위해 평소에 즐겨 가던 이슬미로라는 아름다운 이름을 가진 촌길의 한 쪽에 있는 찻집에 들렀다. 차를 대려니 젊은 사장님이 달려 나와 "어린이 손님은 받지 않습니다"라고 한다. 어린이를 받았다가 가게에서 사고가 난 적이 있단다. 오 마이 갓! 어린이 손님을 받지 않는 가게라니. 가게 정책이니 어쩔 수 없이 돌아서기는 하지만, 수십 개의 반대 논거가 머릿속을 휩쓸고 지나간다. 이건 어른들의 아이들에 대한 간접 차별이다. 그것도 어린이날 다음날에 말이다. 만일 가게에서 어른이 사고를 났다면 어른도 받지 않아야 할 것이다. 그러면 그 가게는 외계인이나 동네를 떠도는 고양이나 멍청한 개들에게나 커피를 팔아야겠지! 속이 상한다.

어린이날 기념 선물을 사 주시겠다는 아이의 할아버지와 할머니의 뜻으로 장난감 전문점 토이저러스를 방문했다. 말 그대로 장난감 백화점이다. 최신 유행하는 장난감이 총망라된 곳이다. 여기저기에서 아이들의 울음소리가 들린다. 아마도 장난감을 두고 벌이는 아이들과 부모의 실랑이일 터이다. 어린이날 이벤트로 북새통인 토이저러스. 아이들의 울음이 욕망을 실현시키려는 충동이 발현된 것이라고 하면 다소 지나친 과장일지도 모르겠다. 시끄러워서 부모님이 레고를 사 오시는 동안 매장 입구 벤치에 앉아 있었다.

아이와 '공간'을 방랑한다는 것

인간의 자기 이해는 인간이 만나는 공간과 불가분한 관계에 있다. 역으로 인간의 공간 이해 역시 인간의 자기 이해의 산물일 수밖에 없다. 여기서 자기 이해란 인간이 스스로를 어떤 존재로 여기느냐, 즉 존재의 의미를 묻는 물음에 대한 답을 의미한다. 이것은 내가 어떤 역할을 하는 사람인가, 어떤 직업적 특수성을 가진 사람인가를 묻는 게 아니다. 하이데거가 통찰한 바대로 인간은 이 같은 '존재 물음'에 대한 일정한 '답'을 갖고 살아가기 마련이다.

하이데거에 따르면 중세에서 존재자가 존재한다는 것은 '신의 피조물로서 존재한다'는 것을 의미하고, 현대의 과학기술 시대에서 존재자가 존재한다는 것은 '인간이 그것의 작용 법칙을 냉철히 파악하는 것을 통해서 지배할 수 있는 에너지들의 집합체로서 존재한다'는 것을 의미한다. 존재 물음에 대해 어떤 답을 갖고 있는가, 즉 어떤 자기 이해를 가지고 있는가 하는 것이 구체적 인간의 삶의 범주들을 구성하게 되는 것이다.

나는 여기에 덧붙여 그러한 자기 이해가 인간이 어떠한 공간에 거주하고 관계를 가지느냐와도 밀접하게 연관되어 있다고 생각한다. 하이데거가 "인간이란 존재는 땅 위에 정주하면서 비로소 이루어진다"고 했던 것 역시 공간 이해와 자기 이해의 불가분한 관계를 표현한 말이 아닐까. 인간이 공간 속에 사는 이상 반드시 특수한 공간 이해를 갖게 되며, 이것이 자기 이해와 연결될 것임은 필연적일 것이다. 요컨대 중동 지역에서 유일신 사상이 생겨난 것은 우연이 아니다. 예측 불가능한 자연, 환경, 공간의 변화가 변하지 않는 것에 대한 열망을 낳아 생겨난 것이 이스라엘인들의 자기 이해 방식, 즉 야훼-사상으로 볼 수 있다.

오늘 아이는 여러 공간을 두루 다니며 어떤 자기 이해를 형성했을까. 더 나아가 아이는 이 집에 거주하면서 어떤 자기 이해를 형성하고 있을까? 거칠지만 두 공간의 대비가 의미 있을 듯하다. 우리 아이는 장난감 천국 토이저러스에서 놀 생각을 하지 않는다. 사람도 많거니와 신경이 예민해져 할 아버지에게 무조건 "안아"라고 한다. 이것은 하나의 대비를 이룬다. 아이는 낙동강 강둑 마을 횟집에서 더할 나위 없을 만큼 신나게 논다. 나의 삼촌이나 숙모 들께서 또는 내가 안아 볼라 치면 무조건 "내려"라고 한다.

자연은 좋고 인공은 나쁘다는 오래된 도식을 말하려는 게 아니다. 하지만 아이가 강둑 테라스라는 공간에서 행복한 자아를 형성하고 있는 것은 분명해 보인다. 아이는 아무런 놀잇감이 없는 상황에서 스스로 놀이를 찾고 규칙을 만들고 그 규칙을 준수한다. 그 과정은 행복해 보인다. 여기에는 어떠한 강요도 존재하지 않는다.

프로이트의 '여기-저기' 게임

이것은 프로이트가 자신의 손자가 하는 게임을 본 것과 비슷하다. 일명 '여기-저기(fort-da)' 게임이다. 아이는 "저기(fort)"라고 외치면서 실에 달린 물건을 던진다. 그리고 "여기(da)"라고 외치면서 실을 당긴다. 실에 달린 물건을 멀리 던지고 가까이로 가져오는 놀이를 하는 손자를 보고 프로이트는 아이의 분리 불안과 독립심을 연결한다. 부모가 '멀리' 그리고 '가까이' 오는 것을 연습하는 것이라는 통찰이다.

    이 분석의 타당성과 무관하게 나는 이것이 아이 편에서 만든 하나의 게임이자 규칙이라고 생각한다. 아이는 아직 사회적 놀이를 할 수 없는 이 단계에서는 혼자 놀기 마련이다. 규칙을 만들더라도 전달, 공유할 방법은 없다. 아이의 규칙은 아이 내부에만 있다. 오늘 아이도 일종의 '여기-저기' 게임을 한 것이다. 이리저리 왔다 갔다 하며 아빠와 가족으로부터 20미터 정도 멀어졌다가 다시 돌아오는 것을 규칙으로 하는 게임. 그것을 아이는 한 번에 20여 차례씩 반복했다(엄청난 운동량이다!).

    비트겐슈타인의 통찰처럼 언어가 규칙 준수 게임이라면 언어 이전에 규칙이 있는 것이고 아이는 스스로 규칙을 만든다. 아이는 왜 규칙을 형성할까? 규칙을 알기도 전에 말이다. 그것은 생물종 일반이 갖는 내적 리듬의 발현이 아닐까. 아이는 가장 단순한 리듬인 2/4박자부터 시작해서 아마 커 가면서, 사회성을 형성하고 또래들과 교류하면서 그리고 스스로 생각해 가면서 이 단순한 리듬을 복잡화시켜 나갈 것이다. 마치 새들이 가장 단순한 리듬을 가지고 노래하듯이 아이는 자신의 고유한 리듬을 이 단순한 게임으로 표현하고 있는 것은 아닐까.

만일 이런 통찰이 조금이라도 일리가 있다면 아이에게 스스로 규칙을 부여하고 고유한 리듬을 만들도록 하는 것은 매우 권장할 만한 일일 것이다. 그리고 아마 그것이 진정한 의미의 창의성이라고 부를 만한 것일 터이다. 낙동강 강둑 횟집 테라스라는 공간은 아이에게 스스로 규칙을 만들어 놀이를 하도록 하는 공간이다. 그것이 꼭 자연이 아니라도 좋다. 아이 자신만의 고유한 리듬, 고유한 걸음, 고유한 웃음소리가 발현되는 공간이 필요하다.

우리 아이에게는 아니지만, 토이저러스도 누군가에게는 그러한 공간일 것이다. 하지만 자본주의 기업들은 그 특징상 우리가 고유한 놀이 규칙과 리듬을 독자적으로 만들어 내는 것을 환영하지 않을 것이다. 이유는 아주 간단하다. 아이들의 독자적 규칙과 리듬이 권장된다면 더 이상 공산품인 장난감은 대량 생산될 수 없다. 독자적인 욕망의 흐름과 리듬을 통제하고 TV 캐릭터와 달콤한 색깔로 현혹하여 아이의 정신을 혼미하게 해야만 생산된 장난감을 판매할 수 있다.

아이들은 장난감을 갖기 전 이 장난감으로 무엇을 할 수 있을까 상상하고 그 장난감을 가지고 노는 자신의 모습을 그려 보기 마련이다. 부모 역시 내 아이가 이 장난감을 어떻게 갖고 놀 수 있을지, 교육상 얼마나 도움이 될지 상상한다. 그러나 우리는 무의식적으로 자본주의 기업이 가진 의도에 따르게 된다. TV 광고와 애니메이션 등으로 누군가가 만들어 놓은 규칙을 학습하게 된다. 규칙을 창조하는 것이 아니다. 내적 리듬을 발현하는 것이 아니다. 규칙을 학습하고 리듬을 억제하고 애니메이션 주인공과 하나가 된 자신의 모습을 상상하는 것이다.

레디메이드(ready-made) 장난감 이전에 레디메이드 규칙이 있다. 레디메이드 규칙에 따라 아이들은 자본주의 기업의 키즈(kids)로 자라게 되며, 자본가라는 꿈을 갖게 된다. 컴퓨터 게임이 규칙을 학습하는 과정임을 잊지 말자. 이는 바둑이나 체스가 가진 규칙과 다른 것이다. 독자적 리듬이 발현되기에 사이버 공간은 너무나 좁다.

타인의 욕망은 어떻게 나의 욕망이 되는가

이런 논의가 다소 거칠고 일방적인 대비였음을 안다. 토이저러스라고 해서 모두가 만들어진 규칙에 종속된다고 할 수도 없고, 낙동강이 내려다보이는 마을이라고 해서 모두가 규칙을 스스로 만드는 것도 아니다. 더구나 인간은 규칙을 형성해 나가는 것만큼이나 규칙을 준수할 필요도 있다. 만일 모든 규칙을 거부한다면 반사회적인 존재가 될 것이다. 반대로 모든 규칙을 수용한다면 노예가 될 것이다. 그렇더라도 자본주의 기업, 자본주의 사회가 만들어 놓은 규칙, 어른들이 만들어 놓은 규칙은 트라시마코스의 통찰대로 정의가 아니라 이익을 위한 것이며, 여기에는 권력이 반영되어 있다는 점은 기억해야 한다.

> 모든 통치자는 자기 이익을 위해 법을 만듭니다. 한마디로 정의란 강자에
> 게 이익이 되는 것입니다.
>
> —트라시마코스, 《국가》 1권 중에서

만일 부모가 인내 있고 지혜롭다면 아이들에게 사회가 정해 놓은 규범과 초자아적인 명령들을 무조건적으로 따르라고 명시적으로나 암묵적으로나 강요하지는 않을 것이다. 여기서 암묵적 강요는 별 생각 없이 어린이날에 장난감을 사 주는 행위나 TV 애니메이션을 시청하게 하는 것을 말한다.

물론 아이에게 꼭 필요한 규칙도 있을 것이다. 한 예로 언어 규칙을 거부하면 문명에서 벗어난 존재가 된다. 그리고 사회가 높은 수준에서 요구하는 '옳음'의 규칙도 있다. 그것이 무엇인지는 부모마다 의견이 다르겠지만, 부모 입장에서 아이에게 규범과 규칙을 제시하고 교육하기 전에 그것에 대한 반성적 고찰이 필요하다.

하지만 그 외의 규칙은? 예를 들어 '이 장난감을 갖는다면, 나는 애니메이션의 주인공처럼 멋있게 될 거야!'라는 생각을 갖게 하는 것은 바로 자본주의 기업이 우리에게 부여하는 인과 규칙이다. 이러한 규칙이 아이의 성숙에 필수적인 것일까? 무엇을 '가진다면', '어떤 긍정적 결과'를 가져올 거라는 믿음은 구매 행위를 통해 효용을 얻는 소비자의 생활 방식이다. 아이는 이러한 규칙을 하나의 법칙으로 이해하자마자 자신의 욕망과 타인의 욕망을 구분하지 못하는 단계로 진입하게 된다. 자신의 규칙을 사회의 규칙으로 잠식시켜 버리는 것이다.

아이만의 '볼레로'를 위하여

나는 소유의 기원이 어디에 있는지 알지 못한다. 아마 많은 학설이 존재할 것이다. 내 아이와 18개월 된 조카 녀석도 "내 거, 내 거"라고 하며 자신의 소유와 남의 소유를 구분한다. 내가 보기에 이것은 진화상 인류가 수천 년 동안 발전시켜 온 유전자에 기입된 하나의 본능적인 관념이다. 나는 소유를 무시하거나 거부하지 않는다. 다만 나는 아이가 무엇을 소유하되, 소유하기 전에 작동하는 규칙이 남의 것이 아닌 자기 자신의 고유한 것이기를 바란다.

본능을 고려하면 소유를 거부할 수는 없다. 하지만 내가 어떤 것을 소유해야 하는 까닭(규칙)이 사회나 타인의 요구에 의한 것인가, 혹은 자기 자신의 진정한 필요와 독자적 리듬으로부터 비롯되는 것인가에 대해서 아이가 판단할 수 있도록 성장해야 자본주의 사회와 기업의 노예가 아닌 자유민으로 살아갈 수 있을 것이다. 새로운 게임의 규칙을 만드는 사람. 그리고 그것을 누구에게든지 강요하지 않는 사람이 비로소 자유로운 사람이다.

그런 의미에서 고흐를 생각한다. 그의 그림 1,500점 중 평생 〈붉은 포도밭〉 단 한 점만 판매된다. 이는 그의 작품들이 독자적인 자신의 리듬이 표현된 것이었음을 보여 주는 방증인지도 모른다. 당시 사람들의 기준에서 고흐는 아마추어 미술가에 불과했다. 고흐는 미대 출신도 아니었으며 살롱에서 입상도 하지 못했다. 더욱이 당시 프랑스 화단이 요구했던 화법과 특징을 공유하지도 않았다. 그래서 그는 스스로 아를 지방의 정신병원으로 들어갔는지도 모른다.

하지만 역설적이게도 프랑스 화단의 규칙이 고흐를 지배하지 못했기 때문에 아마추어 미술가는 진정한 승리를 거둘 수 있었다. 예술다운 예술은 내적 리듬이 독자적으로 존재할 때 성립한다. 진정한 예술가들은 자신의 리듬, 자신의 규칙을 표현한다. 자신의 리듬을 표현하지 않은 예술은 진정한 예술이 아니며, 표현되지 못한 리듬 역시 예술이 될 수 없다. 리듬을 통해 작품은 예술성을 부여받고, 표현을 통해 리듬은 작품이 된다. 예술가들은 이 리듬, 규칙을 언어로, 회화로, 음악으로, 조각으로 그리고 내가 상상할 수 없을 정도의 표상으로 표현해 왔다.

아이의 리듬, 아이가 자신의 내적 규칙을 발전시키고 변주해 나가는 것을 보자. 마치 라벨의 〈볼레로〉가 단순한 계에서 복잡한 계로, 웅장하지만 같은 리듬이 강박적으로 반복되듯이, 나는 아이에게 규칙을 부여하고 장난감을 사 주는 것이 아니라 아이의 독자적 규칙을 존중하고 그것이 더 심화-발전-변주되도록 돕는 민감함을 지녀야 한다.

아이야. 누군가가 정해 놓은 규칙의 노예가 되지 말고 창제자가 되어라. 규범을 깨고 권위를 비웃어라. 아빠가 아직은 좁지만 기꺼이 그 공간이 되어 주마.

사람 말이에요? 6, 7명이 몰려다니면서 살 거예요. 몇 년 전에 그들을 본 일이 있어요. 하지만 어디서 만나게 될지 알 수 없지요. 사람들은 바람에 밀려 다니니까요. 그들은 뿌리가 없기 때문에 살아가기가 무척 힘이 들 거예요.

—생텍쥐페리, 《어린 왕자》 중에서

6

 아이가 '언어라는
아름다운 사슬'에 묶일 때

만 24개월이 지나자 아이의 말에 큰 변화가 나타났다. 아이는 발레리의 표현대로 하자면 "언어라는 아름다운 사슬"에 묶이고 있는 중이다. 어쩌면 그보다는 "무의식의 독재로부터 벗어나게 하는 도구를 획득하는 중"이라는 말이 더 맞는지도 모르겠다. 아이가 새로운 말을 배워 사용하는 것은 하나의 경이이다. 아빠는 아이가 어디에서 그런 말을 배웠는지, 어떻게 그런 방법으로 표현하는지 알지 못한다. 그저 경이로울 뿐이다.

말이 빠른 아이가 똑똑하다?

우리 아이는 남자아이라서 그런지 말이 늦는 편이다. 심지어 남자 아이들 중에서도 말을 빨리 하게 된 편은 아니다. 옹알이도 많지 않았고, 아빠라고 부르게 된 것도 돌이 훨씬 지나서였던 것으로 기억한다. 놀이터에서 18개월 된 딸아이를 가진 엄마들이 못하는 말이 없다고 딸아이를 치켜세우면 우리 아이는 언제쯤 못하는 말이 없어질까 싶은 마음이 들고, 아줌마들 앞에서도, 아이 앞에서도 내색할 수 없는 질투감이 솟아난다. 특히 우리 아이와 비슷한 월령의 남자아이가 말을 유창하게 하는 모습을 보면 내가 뭔가 잘못하고 있는 것은 아닐까 하는 생각에 마음이 복잡해질 때도 간혹 있다.

남자아이보다 여자아이의 언어 습득이 빠른 것은 생물학적 요인이 크다는 것이 학계의 보고이다. 언어 부분을 담당하고 있는 뇌의 특정 부분이 여아에게서 통상적으로 더 빨리 분화된다는 것이다. 더 빠른 생물학적 분화가 더 빠른 언어 학습 능력을 길렀다는 이야기이다. 그럼 같은 남자아이들 사이의 언어 습득 속도를 결정하는 요인은 무엇일까? 여기에는 아마 다양한 사회적, 경제적 요인이 있을 것이다.

통상 부모가 경제적으로 풍요로울수록, 부모의 사회적 관계가 다양할수록 아이가 더 빨리 언어를 습득한다고 한다. 하지만 이것은 어디까지나 상관관계일 뿐 생물학적 분화와 언어 습득 속도 사이에 존재하는 인과관계는 아니다. '대체로' 그러하다는 것인데, 양육자가 아이를 의사소통 과정에 더 적극적으로 초대하고 아이의 표현을 잘 이해하려는 경우 아이는 더 성공적으로 언어를 학습해 나가게 된다고 한다.

아이의 언어 습득 속도와 아이의 지능 사이에도 별다른 상관관계는 없다는 것이 정설이다. 이것이 사실임을 밝히는 데는 단순한 논증만으로도 충분하다. 만일 언어 습득 속도가 지능과 관련되어 있다면 모든 여자가 모든 남자에 비해 지능이 높아야 하지만, 현실은 그렇지 않다. 뿐만 아니라 네 살이 다 될 때까지도 말하기에 어려움을 겪는 아이들조차 지능에는 별다른 문제가 없다. 이것은 언어 능력과 지능은 다른 영역에 해당하는 것이며 양자를 결정하는 각기 다른 요인이 있다는 것을 내포하는 것이리라.

그저 말을 할 수 있는 정도가 되는 것을 언어 능력을 갖춘 것이라 본다면 대체로 지적 능력은 더 나은 언어 능력을 의미한다. 따라서 지적 능력은 언어를 더 빨리 습득하는 능력이라기보다 더 훌륭한 언어생활을 하는 능력과 관련되었다고 보는 편이 맞을 것이다. 지능, 곧 지적 능력도 많은 부분 후천적인 영향을 받기에 부모의 도움이나 교육이 중요하다는 것은 아무리 강조해도 지나치지 않을 것이다.

아이의 언어생활 : 랑그와 파롤

나는 그동안 아이가 말이 늦된 것을 걱정해 왔다. 주 양육자로서 아이에게 충분한 자극을 주지 못한 것은 아닐까? 아이에게 말을 거는 것에 소홀하지는 않았나? 이제와 돌이켜보면 이런 자책을 할 만큼 분명히 부족한 부분도 있었다. 아이에게 책을 읽어 주는 것은 만만한 일이 아니다. 아이의 질문에 응대하는 것도 내게는 많은 인내를 요구한다. 이상하게도 아이와 있으면 몸이 코끼리처럼 무거워지고 극도의 피곤함이 몰려와 아이의 의사를 예민하게 파악하고 소통하는 것을 매우 힘들게 한다. 그럼에도 대체로 나는 아이에게 나름대로 노력해 왔다고 자평한다.

 진정 걱정해야 할 일은 아이가 얼마나 말을 빨리 배우는가 하는 것이 아니다. 나는 아이가 정상 범위 내에서 보여야 할 다양한 지표들을 보여 주고 있기에 아이가 말을 빨리 배우지 못한다는 걱정은 어디까지나 기우이고 사실은 부모 욕심에 불과하다고 의식적으로 생각하려 노력해 왔다.

 내 생각에 부모가 진정으로 고민해야 할 부분은 아이가 얼마나 빨리 말을 하는가보다는 아이가 얼마나 풍요로운 언어생활을 하는가에 있다. 대체로 노할머니와 함께 생활하는 아이들은 더 빨리 말을 한다. 그렇다고 해서 그 아이들이 더 나은 언어생활을 영위하고 있다고 할 수는 없다. 영어를 빨리 배우고 말하게 된다고 해서 꼭 좋은 영어를 구사하게 되는 것은 아니다. 이쯤에서 언어생활과 관련하여 두 명의 학자를 언급하고 싶다. 소쉬르와 메를로-퐁티이다.

 아마도 소쉬르가 이룩한 구조주의 언어학의 가장 유명한 도식은 랑그와 파롤의 구분일 것이다. 랑그는 언어 속에 있는 구조적, 사회적인 부분을 의미하며, 파롤은 가변적이고 개인적인 것을 의미한다. 랑그가 언어 체계라면 파롤은 언어 수행이다. 랑그는 이러저러한 메시지를 전달하기 위해 사용하는 코드이다. 나의 파롤과 타자의 파롤은 항상 우리들의 랑그라는 공동의 보물창고에서 나온다.

 소쉬르에 따르면 "따라서 랑그와 파롤은 상호의존적이다. 랑그는 파롤의 도구인 동시에 산물이다." 그런데 소쉬르는 사회 현실을 반영하는 랑그가 파롤의 우위에 있다고 한다(이것은 당위가 아니라 사실을 기술한 진술이며, 파롤에 대한 랑그의 발생적 우위가 아닌 논리적 우위를 표현하기 위한 것이다). 그런 까닭에 랑그는 고유한 문화, 문명 체계를 반영하며, 우리 각각의 파롤, 즉 개개인의 내적 목소리는 랑그의 체계에 지배된다.*

메를로-퐁티는 "이러한 침묵은 희미한 파롤(소리)을 내고 있다. 이러한 내적 생명은 내적 언어이다"라는 멋진 말로 파롤의 기원이 우리의 생명, 우리의 몸, 신체임을 알려 준다. 우리의 파롤은 우리의 언어이고, 이는 우리의 생명으로부터 비롯한다. 메를로-퐁티에게서 그렇다면 랑그는 아직은 부차적인 것이다(이것은 파롤이 랑그에 대해 발생적으로 우위에 있다는 것을 진술한 것이다).

메를로-퐁티와 소쉬르가 말하려는 사태에는 공통점이 있다. 언어 이전의 사유란 하나의 '덩어리', '애벌레', 미분화된 어떤 것이며, 사유는 언어에 의존한다는 것이다. 두 학자의 말과 관련해서 아이의 언어생활을 더 생각해 보자.

파롤의 차원: 아이의 말 배우기와 관련해 부모의 진정한 관심은 아이의 말이 아이의 생명의 반영이라는 점, 아이의 신체적, 몸의 특성에서 나오는 매우 세밀하고도 고유한 떨림, 목소리라는 사실 자체에 있어야 한다. 아이가 풍요로운 언어생활을 한다는 것은 개념어를 남발하거나 대화에 영어를 적절히 섞어 쓰는 것, 양식 있어 보이도록 하는 어조를 갖는 것을 의미하지 않는다. 아이가 자신의 언어로 자신의 생명을, 독자성을, 고유성을 표현할 수 있

---

* 랑그는 잠재적이고 사회적인 언어이다. 이것은 고정적이며 서서히 움직인다. 파롤은 현실적이고 개인적인 언어이다. 자유롭고 일시적이다. 예로 바둑의 규칙은 랑그에 해당된다. 바둑을 두는 사람들의 구체적인 행위 하나하나는 파롤이다. 바둑은 규칙(형식)만으로 둘 수 있는 것이 아니며 바둑알이나 바둑판과 같은 물리적 실체가 필요하다.

게 될 때 아이의 언어생활은 풍요롭다고 말할 수 있다. 영어, 불어를 잘 구사하지 못해도 좋다. 메를로-퐁티가 우리에게 가르쳐 주는 것처럼 아이의 파롤, 아이의 내적 생명이 랑그라는 보물 창고를 통해 빛을 받을 수 있다면 그것으로 충분하다.

랑그의 차원 : 두 학자 모두 공통으로 지적하는 것은 언어가 사유의 도구라는 점이다. 인간은 언어를 통해서 사유하는데, 이때 언어는 문명과 문화가 전승해 준 것이지 벌이나 고래의 언어처럼 유전적, 생물학적인 것이 아니다. 즉 인간의 언어는 표현도, 상징도 넘어서 있는 특이성을 갖는다. 그렇기에 아이에게 있어 풍요로운 언어생활의 전제는 전승된 언어를 충분히 이해하는 앎에 있을 것이다. 아이의 내적 목소리에 귀 기울이되 동시에 아이가 꼭 생각해야 하고 정확하게 이해해야 할 것을 그렇게 할 수 있도록 언어를 가르친다는 것을 의미한다. 예를 들어, 아이에게 사물의 이름, 더 나아가 사물의 이름의 이름, 즉 범주, 그리고 양상 문장이나 시제 표현 등을 알려 주는 것이 포함될 수 있다.

시인은 태어나는가?

정리해서 말하자면, 아이가 풍요로운 언어생활을 하기 위해서는 아이는 내적 생명으로부터 비롯하는 내적 언어를 지켜야 하며, 동시에 우리 문화와 문명이 알려 주는 언어의 체계 속에 들어와야 한다. 만일 후자만을 지나치게 강조하면 아이는 언어의 사슬에 결박되고 말 것이다. 또한 전자만을 강조하면 아이는 무의식의 사슬에 묶인 채 세상과 만나지 못하게 될 것이다.

아이가 풍요로운 언어생활, 즉, 자신이 물려받은 언어의 규칙을 따르면서도 그 규칙을 시인들처럼 교란하고 유희하려면 부모는 아이에게 말(랑그)을 가르쳐 주는 데만 집중할 것이 아니라 아이의 말(파롤)을 보호하고 이해하려고 노력해야 한다. 창조성의 절멸은 랑그를 파롤에 비해 지나칠 정도로 중시하는 사회 풍토에 그 원인이 있다고도 할 수 있다. 즉, 지나칠 정도로 과열된 말 가르치기 풍토는 자신의 목소리가 없는 아이들만 양산한다. 소쉬르가 "랑그가 파롤의 산물"이라고 한 데는 이러한 이유가 있다.

랑그는 고정되어 있는 것처럼 보이지만 실제로는 파롤에 의해 느린 속도로 변화해 간다. 창조성을 패러다임의 전환을 가능하게 하는 힘으로 정의한다면, 랑그는 파롤을 통해서만 변화된다. 하이데거가 시인이 시를 짓는 것을 언어에 의한 "존재의 건립"이라고 한 것도 이 때문이다. 이때 하이데거의 언어는 랑그가 아닌 파롤의 차원임은 말할 나위도 없다.

누구나 자신만의 고유한 내적 목소리, 생명의 떨림을 가졌다는 점에서 모든 사람은 근본적으로 시인으로 태어난다. 모든 인간 존재는 시인이다. 그런 까닭에 고종석이 《모국어의 속살》에서 "산문가는 훈련되는 것이지만, 시인은 태어나는 것이다. 천재 음악가가 가능하듯 천재 시인은 가능하지만, 천재 산문가는 불가능하다"고 했던 말은 절반만이 진실이다. 고종석의 말대로 어느 누구도 산문가로 태어나지 않는다. 그러나 어떤 누군가는 산문가로 훈련되고 벼려진다. 한편, 어느 누구도 시인으로 태어나지 않는 사람은 없다. 그러나 어떤 누군가만이 죽을 때까지 시인으로 살아간다. 고종석의 말대로 시인은 태어나지만, 그들 중 몇 명만이 끝까지 시인으로 살아간다. 시인으로 남게 된 존재는 랑그라는 보물창고에 새로운 보석을 더하고서야 사라진다.

> 시인은 가리키는 자로서 인간과 신들의 사이에 서 있다. 그는 이 사이에서부터 이 둘 위에서 각기 상이하게 이 둘을 온전하게 하며 시인에게 자신을 말해야 할 시로서 주려고 생각하는 바로 '그것'을 사유한다. 그는 죽을 자로서 사유하며 최고의 것을 시로 짓는다.
>
> —하이데거, 〈횔덜린 시에 대한 해설〉 중에서

나는 내 아이가 시인이 되었으면 해서 시인을 말하는 것이 아니다. 나는 아이가 창조성의 다른 이름이라 할 수 있는 언어의 존재론적 힘을 경험하며 살아가길 바라는 것이다. 말의 존재론적 힘이 말을 변화시킨다.* 랑그와 파롤이 이루어야 할 긴장에서 놓여나게 되면 아이의 언어는 즉각 창조성의 보물을 잃어버리게 된다. 오늘날 지나칠 정도로 사회적 언어만을 중요시하는 부모들의 태도 때문에 아이들은 언어적, 사회적, 정서적 자유를 잃어버렸다고 해도 결코 틀린 진단이 아니다.

아이여, 언어 제국의 난민으로 살라

다시 발레리의 말로 돌아가 보자. 우리 아이는 "언어라는 아름다운 사슬"

---

* 말의 존재론적인 힘을 경험한다는 것, 이것은 《이미지와 글쓰기》에서 롤랑 바르트가 제안하는 바, 고집스럽고 포착하기 어려우며 언어 속에 존재하지 않으면서 동시에 대화의 내부에 존재하는 '무딘 의미'를 경험하는 것을 의미한다. 롤랑 바르트는 '무딘 의미'를 제3의 의미를 부르는 말로서 제안했다.

에 묶이는 중이다. 왜 사슬이라는 말 앞에 "아름다운"이라는 수식이 붙었을까? 언어가 인간을 사회적 규범 속으로 불러들인다는 점에서는 사슬이지만, 동시에 우리에게 자유를 주기도 한다는 점에서만큼은 아름다운 것이다. 마치 누군가로부터의 끝없는 구속이 아름다울 수 있는 이유가 사랑 때문인 것과 마찬가지다.

시인을 랑그를 교란시키는 자로 부를 수 있을까? 질서를 파괴하는 시인의 속성 때문에 플라톤은 시인을 국가에서 추방해야 할 존재로 여겼다. 시인으로 태어난 아이가 자신의 말을 말하게 하자. 그러고 나서 아빠의 말을 가르치자. 지금 아이는 랑그와 파롤의 경계에 서 있다. 아이를 언어 제국의 시민이자 난민으로 살아가게 하자. 추방된 시인은 반드시 귀환한다.

아이야, 네 생명이 알려 주는 소리를 내렴. 네 생명이 알려 주는 문법을 배우렴. 네 생명이 알려 주는 단어를 말하렴. 그걸 배우는 동안 아빠의 소리, 아빠의 문법, 아빠의 단어는 조금 천천히 배우도록 하자.

> 자기 자신 안에 행복의 근원을 갖지 않은 자에게 화 있을진저, 당신이 할 일은 당신 자신이 되는 일, 당신 자신답게 사는 일뿐.
>
> —니코스 카잔차키스, 《그리스인 조르바》 중에서

7

마더(mother)가 될 것인가,
'마더(murder)'가 될 것인가

다른 분들이 인터넷 블로그에 올리는 육아 일기를 읽어 봤다. 아이들의 사진을 정리하고 가족들과 보낸 소중한 추억을 갈무리하는 내용이 많다. 아이 키우는 엄마들의 다양한 고민들도 중요한 주제이다. 예방 접종 후기, 아이 이유식, 아이의 감기, 아이 교육, 어린이집 등과 관련된 내용이 많다. 한결같이 따뜻한 글이다.

두 유형의 엄마들

심리학 개념을 빌려 블로그에 육아 일기를 쓰는 엄마들을 분류해 보면 두

가지 성격 유형으로 나눌 수 있다.

하나는 공적 자기의식이 대단히 강한 엄마들이다. 이 경우는 대체로 자기보다는 다른 사람의 반응에 주의를 기울이기 쉽다. 사회적 인정과 관계를 무엇보다 중요하게 여기며 블로그를 그 효과적인 수단으로 활용하는 사람이다. 많은 블로거들이 트위터와 페이스북으로 옮겨 가는 상황에서도 그런 매체들보다 더 개방적이고 더 많은 정보를 공유하며 더 익명적인 블로그에 여전히 터를 잡고 있다.

또 하나는 사적 자기의식이 강한 엄마들이다. 자신의 생각, 동기, 태도 등 내적 측면에 주의를 기울이는 성향이 높은 사람들이다. 이들은 타인의 시선에 신경 쓰지 않으며 자기가 생각한 대로 행동한다. 이들에게 블로그는 자신의 생각, 행동을 반성하는 공간이다. 이들은 이름을 밝히지 않는다. 실명으로 운영하는 페이스북, 트위터는 완전히 사적인 이야기를 하기에 적합하지 않다고 여기는 사람들은 블로그에 모인다. 블로그는 은둔처이다.

공적 자기의식이 높은 엄마들은 아이에게 해 준 이유식이며, 하루 동안 다닌 식당과 쇼핑몰, 휴양지를 사진으로 찍어 올린다. 이런 블로거들의 인기는 하늘을 찌른다. 특별한 육아 정보나 성찰을 주지는 않지만 멋있는 육아를 하는 멋있는 엄마는 늘 동경의 대상이다.

반면에 사적 자기의식이 높은 엄마들은 아주 제한된 개인 정보만을 공개한다. 아이의 얼굴 사진만 간혹 올릴 뿐, 자신들의 얼굴은 노출하는 법이 없다. 대체로 육아 때문에 고민하고 마음 아파하는 내용의 일기가 많다. 비슷한 고민을 하는 엄마들끼리 서로 위로하는 댓글들이 간혹 보인다. 이런 엄마들에게 멋있는 육아는 없다. 육아 일기는 누군가에게 자신과 자신의 아이를 드러내 보이는 공간이기보다는 엄마의 스트레스를 표출하고 고통을 토로하는 장소이다.

육아의 주인공은 누구인가

육아 일기는 보통의 일기와는 다르지만 그럼에도 일기이다. 육아 일기가 일기와 가장 다른 부분은 일기가 자신과 관련한 일을 기록한 것이라면 육아 일기는 자신이 아닌 아이와 관련한 일을 기록한 것이라는 점이다. 일기는 주인공과 작성자가 일치한다. 하지만 육아 일기는 주인공과 작성자가 일치하지 않는다. 즉, 통상 일기에 요구되는 동일성이 육아 일기에서는 필연적으로 불일치한다. 이 때문에 육아 일기에는 보통의 일기에서라면 나타나지 않을 어려운 철학적 문제가 제기된다.

어쩌면 아이 스스로 자신의 일을 기록할 수 없기에 양육자가 대리해서 기록하는 것으로 육아 일기를 이해할 수도 있겠다. 하지만 그렇다고 해도 육아 일기가 지닌 동일성 문제가 사라지는 것은 아니다. 일기의 작성자가 일기의 주인공을 대리했다고 해서 일기의 작성자와 주인공이 동일해지는 것은 아니기 때문이다.

물론 육아 일기의 주인공이 아이가 아니라 육아의 주체인 엄마나 아빠라고 할 수도 있을 것이다. 하지만 육아 과정에서 엄마나 아빠가 주체라고 하는 견해는 부분적으로만 맞는 말이다. 오히려 엄마와 아빠는 어디까지나 보조적인 역할만 수행한다. 언어 학습이나 신체 발육에서 주체는 어디까지나 아이이다. 부모는 결코 그것을 대리할 수 없다. 따라서 육아 일기에서 제기되는 동일성 문제는 비단 일기에서만 제기되는 문제가 아니다. 실제로 다양한 육아 일기의 내러티브를 분석하면 육아에서의 부모, 특히 엄마와 아이의 동일성 문제까지도 고민해 볼 수 있다.

아우구스티누스의 경우

아우구스티누스의 《고백록》은 자서전 성격이 강한 글이지만 넉넉히 봐서 일기로 이해할 수도 있다. 그는 자신을 가장 중요한 텍스트로 여기고 탐구했으며, 자신의 삶에 신과 실재가 반영되어 있을 것이라고 생각했다. 《고백록》은 그런 자아 탐구 여정의 기록인 것이다. 그는 철저한 자아 탐구를 통해 인간의 본성이라는 보편적 성찰에까지 나아갔으며, 선과 악 사이의 관계, 신앙의 본질과 같은 철학적 주제를 해명해 냈다.

> 나를 만드는 이가 누구인가? 선 그 자체이신 하나님이 아니신가? 그러면 선을 원치 않는 의지는 어디서 온 것일까? 누가 내 안에 악의 나무를 심어 놓았을까? 만일 악마가 그랬다면 그 악마는 어디서 왔을까? 만일 선한 천사가 자신의 사악한 의지로 악마가 되었다면 그 사악한 의지는 또 어디서 왔단 말인가. 천사도 선하신 창조주께서 전부 만드신 것이 아닌가.
>
> — 아우구스티누스, 《고백록》 중에서

우리가 일기를 쓰는 이유는 뭘까? 왜 자신의 삶을 기록하는 것일까? 아우구스티누스처럼 자신을 철저히 연구함으로써 실재를 탐구하기 위해 일기를 쓰는 것일까? 아우구스티누스의 일기는 동일성의 기록이다. 일기를 쓰는 나는 일기를 쓰는 나를 분석한다. 일기는 나, 나의 삶, 초월적 질서가 반영되어(동일시되어) 있다. 이들 사이의 동일성을 담보하는 것은 신이다.

다시 묻자. 많은 부모들이 육아 일기를 쓰는 이유는 무엇일까? 왜 아이들에 대한 기록을 남겨 두려고 애쓰는 것일까?

사무엘 베케트의 경우

사무엘 베케트에게 일기는 허구적인 것이다. 삶은 문제적인 것이어서 관습적이라 할 수 있는 어떤 장르에 결코 구속되지 않는다. 일기는 실재를 반영하는 것이 전혀 아니며, 반영할 수도 없다. 베케트의 《고도를 기다리며》에서 고도(Godot)는 정체불명의 존재이다. 그는 오늘은 오지 않고 내일 오기로 한 자인데, 그렇다고 내일 올지 안 올지도 알 수가 없다. 그렇다면 고도(Godot)는 잡을 수 없는 실재(God)에 대한 표상이 아닐까? 베케트에게 일기 쓰기는 고도를 기다리는 행위일 뿐이지, 오지 않은 고도를 반영하거나 고도와의 동일성을 확인하는 과정이라 할 수 없다.

일기 쓰기는 기억을 재구성하는 작업이다. 실재와 삶이 일기의 내용을 결정짓는 것이 아니라 일기에 무엇을 쓰는가에 따라서 실재와 기억이 결정된다. 베케트의 이 같은 견해는 아우구스티누스에 대한 의미 있는 전도이다. 원치 않는 기억은 망각의 힘을 통해 삭제되거나 변형 혹은 왜곡된 채 보존된다. 프로이트는 레오나르도 다빈치가 자신의 유년을 기록한 글을 분석하면서 다빈치의 어떤 기억은 "훗날 품게 된 환상으로서 자신의 어린 시절로 옮겨 놓은 것에 지나지 않을 것"이라고 말한 바 있다. 역시 기억의 사후적 특성을 잘 보여 주는 말이다. 베케트나 프로이트의 관점에서 보면 일기를 통해 실재를 탐구할 수 있다는 생각은 일기가 내러티브를 재구성하는 측면이 있다는 것을 간과한 것이다.

자기화와 동일시 사이에서

나는 최소한 지금의 우리 부모들이 쓰는 육아 일기에 대해서만큼은 베케트의 지적이 더 많은 것을 설명해 준다고 생각한다. 내가 접근할 수 있는 많은 육아 일기, 어쩌면 나의 육아 일기조차 사실에 대한 기록이기보다는 기억을 재구성하는 작업처럼 보인다. 여기에는 일기의 주인공과 작성자가 다르다는 육아 일기의 특성이 크게 기여하고 있다.

공적 자기의식이 강한 엄마들의 육아 일기에서 아이에 대한 관심은 어디까지나 부차적이다. 엄마들은 엄마 자신에 대해서 쓰고 있다. 아이는 다른 엄마들에게 엄마를 더욱 돋보이게 하는 존재이다. 아이와 관련된 다양한 용품들을 리뷰하고 아이와 함께 명소를 다녀오지만 육아 일기는 실상 엄마 자신에 대한 일기로서만 존재한다. 이때 주인공과 작성자가 일치하지 않는다는 육아 일기의 동일성 문제는 엄마가 아이를 자기화함으로써 해소된다. 이제 육아 일기는 말만 육아 일기일 뿐 실상은 엄마 주인공, 아이 조연의 '엄마 일기'가 된다. 엄마는 이런 내러티브를 구성하는 과정에서 아이를 자신의 기억에서 삭제한다.

한편 사적 자기의식이 강한 엄마들의 육아 일기는 자신에 대한 연민으로 가득 차 있는 경우가 많다. 아이에 대한 미안함과 부채감, 자책이 일기의 주제이다. 사적 자기의식이 높은 사람들은 대체로 자기중심적이고 타인의 눈을 신경 쓰지 않는 경향이 크기 마련인데, 이런 성향을 지닌 엄마들에게 아이는 곧 자기이며 아이에 대한 사랑과 미안함은 자신에 대한 연민과 자책으로 나타난다. 이들의 육아 일기에서 동일성 문제는 엄마가 자신을 잃음으로써, 즉 엄마를 아이와 동일시함으로써 해소된다. 이제 육아 일기는 아이 주연, 엄마 조연의 '대리 일기'가 된다. 엄마는 내러티브를 구성하는 과정에서 아이에 대한 기억만을 갖게 되며 자신의 자아는 상실하고 만다.

육아 일기의 동일성의 문제는 이처럼 어려운 것이다. 작성자가 강화되어 주인공이 사라져 버리거나 주인공이 강화되어 작성자가 사라져 버리는 문제가 발생한다. 어느 경우에도 진정한 해결책이라고 할 수 없다.

마더(mother) vs '마더(murder)'

나는 사무엘 베케트의 지적이 지금 우리가 쓰는 육아 일기를 분석하는 도구라고 생각한다. 하지만 일기의 진정한 기능이 베케트의 지적대로 완전히 허구적인 내러티브를 구성하는 작업이라 하더라도 아우구스티누스의 일기처럼 자아에 대한 진실한 탐구가 되어야 한다. 일기 쓰기는 내가 나 자신을 기록한다는 점에서 반성적이며, 작성자 '나'와 주인공 '나'를 더 나은 존재로 상승시킨다는 점에서 해석학적 순환을 가져오는 작업이다. 육아 일기는 일기를 쓰는 것은 '나'이지만 주인공은 '나 자신'과 함께 '아이'도 추가된다는 점이 보통 일기와 결정적으로 다르다. 따라서 육아 일기를 쓰는 작업은 반드시 부모인 나와 아이에 대한 탐구와 반성이 함께 이뤄져야 한다.

만일 이 반성, 이 해석학적 순환이 육아 일기를 쓰게 하는 존재론적 힘에 이끌린다면 분명 아이는 일기 작성자에게 환원되어 말소되지도 않을 것이며, 그 반대로 일기 작성자인 부모가 아이에게 환원되어 말소되지도 않을 것이다. 두 존재는 스스로를 완전히 보지(保持, erhaltung)한 채 고양될 것이다. 이것을 해석학적 고양이든, 변증법적 고양이든, 내러티브적 고양이든, 그 무엇으로 불러도 좋다.

다만 지금 내가 쓰는 이 육아 일기조차도 나와 아이의 기억을 재구성, 아니 어쩌면 조작하는 폭력의 한 형태일 가능성은 완전히 배제될 수 없다. 하지만 진정한 반성과 성찰을 하게 되면 나와 나 자신 사이에, 나와 아이 사이에 존재론적 힘, 신적 개입이 있을 것이며, 우리가 신 자신의 내러티브의 일부를 이루도록 견인해 줄 것이다. 나는 그 존재론적 힘, 신적 개입의 다른 이름이 실재 그 자체로서의 사랑이라 믿는다. 그리고 그렇게 되어야만 내가 아이를 나 자신 안에 용해시켜 버리지 않을 수 있으며, 나도 생존 기계인 아이로부터 나 자신을 보호할 수 있을 것이라 믿는다.

진정한 반성의 기능을 상실한 육아 일기는 아이의 존재가 말소된 기록이며 엄마의 존재가 말소된 기록이다. 즉, 육아 일기의 동일성 문제를 거친 방식으로 해소한 것에 불과하다.

봉준호의 영화 〈마더〉를 상기해 보자. 마더(mother, 엄마)는 '마더(murder, 살인자)'가 되었다. 성년이 되어서도 유아 정신 연령을 가진 자신의 아이를 보호하려는 엄마의 모성 본능은 기계이며, 엄마를 '마더'로 만들었다. 한편 아이는 한 여자를 죽였고, 그것을 믿지 못하는 엄마는 그 사실을 알고 있는 남자를 죽였다. 엄마도 '마더'지만, 사실 아이가 '마더'였다. 아이의 생존, 생식 본능은 기계이며, 이 기계는 결국 아이를 '마더'로 만들었다. 이 영화가 아이가 여자를 죽이고 엄마는 남자를 죽이는 죽임의 연쇄를 통해 보여주려고 했던 것은 무엇일까? 아이와 엄마의 동일성 문제가 만들어 낸 비극적 결과의 형상화 아닌가.

...

파더가 '마더'가 되지 않기를, 아니, 되지 않을 것이라고 아이에게 다짐해 본다.

8

'싫어, 싫어'에서 '안아, 안아'로

　사랑이 많으신 가까운 선생님 부부 댁에 다녀왔다. 두 분은 늘 우리 가족을 환대해 주신다. 두 분의 고등학생, 중학생 아이들도 따뜻한 웃음으로 아이와 나를 맞이해 준다. 비가 와서인지 머리가 아팠는데 어느새 두통도 가신다. 아이는 지금보다도 더 어릴 적 자주 뵙던 선생님 내외가 아직도 낯선가 보다. 내 품에 껌딱지처럼 붙어서 떨어지질 않는다. 식사 시간까지 포함하면 몇 시간은 안겨 있었던 것 같다.

　아이가 품에 안기면 부모는 간혹 설명할 수 없는 만족감과 충만감을 느낀다. 아이가 생기기 전에는 결코 경험해 보지 못한 느낌이다. 오늘 아이를 안고 있을 때 다시 그런 느낌을 받았다. 아이를 유모차에 태우거나 목말을 태워 산책을 다니다 보면 아이를 한번 안아 보고 싶다는 아주머니와 할머니를 쉽게 만날 수 있다. 그들은 아이를 안을 때만 느끼는 설명하기 어려운 만족감을 알고 있다.

지금 내 아이는 17킬로그램에 육박한다. 가벼운 무게가 아니다. 아이를 안은 채 단 몇 분 버티는 것이 남자인 나로서도 여간 힘든 일이 아니다. 그럼에도 뛰어다니는 아이를 안고 싶고 팔이 아프더라도 조금은 더 견디고 싶다.

독립심이라는 신화

아이의 '싫어, 싫어' 노래는 잦아들고 있는 중이다. 대신 요즘 많이 부르는 노래가 '안아, 안아'이다. 돌이 되기 훨씬 전부터 걷고 뛰고 하던 녀석이 아빠만 보면 이유 불문 무조건 "안아, 안아" 하며 억지를 부린다.

아무리 아이를 안을 때 부모가 충만한 만족감을 느낀다고 하더라도 두 손에 짐이 있거나 몸 상태가 좋지 않으면 아이의 '안아, 안아' 노래가 반갑지만은 않다. 아빠는 그때마다 "걷자, 걷자, 걸으면 건강해져"*라는 노래로 응대한다. 하지만 아이가 아빠의 사정을 알 리 없다. 아이는 마치 "잔말 말고 안아, 안아!"라고 하는 것 같다. 아빠는 체념한다. '짐이야 나중에 들지, 아이가 나 아픈 걸 알까, 차라리 안아 주자.' 그러고는 아이를 안아 든다.

이런 상황에서 아이를 안으면 충만감이니 만족감이니 느낄 여유는 없다. 짜증과 피곤이 몰려온다. 아이더러 되도록 걷도록 한 데는 아이의 요구를 다 받아 주면 버릇이 없어진다는 생각도 한 몫 했던 것 같다.

---

* 미야자키 하야오의 영화 〈이웃집 토토로〉의 오프닝 테마의 일부를 한국어로 번역한 것.

아이의 두 할머니와 파트너는 '안아, 안아' 노래에 주로 '업히자' 노래로 응대한다. 안아 달라고 억지를 부리다가도 '업히자' 노래가 들려오면 아이는 두 말 없이 등에 업힌다. 나는 배가 나온 뚱뚱한 아빠인 탓인지 포대기 끈에 손이 닿지 않아 혼자 힘으로 아이를 업기가 어렵다. 어찌 해서 겨우 업더라도 등에서 아이가 자꾸 흘러내리고 아이도 어정쩡한 자세가 되어 몇 분을 버티지 못한다. 아이는 다시 '안아, 안아' 노래를 부르기 시작한다. 그러니 두 할머니가 아이를 포대기로 업은 채 양손에 짐을 들기도 하고 심지어 급한 경우 운전도 하는 것을 보면 용할 뿐이다. 포대기에 아이를 업은 채 한두 시간을 보내는 것은 할머니들에게 일도 아니다. 그저 경이로울 따름이다.

독립심이 강한 아이로 키우려는 부모들은 아이들의 '안아, 안아' 노래에 단호하게 대처한다. 심지어 잠자리도 따로 하는 것이 아이를 더 강하게 한다며 돌도 지나기 전에 아이와 잠자리를 분리한다. 하지만 과연 아이의 독립심이나 자립심이 부모로부터의 격리에서 생겨나는 것일까?

독립심이 강한 아이로 키우려면 잠자리도 분리하고 되도록 덜 안아 줘야 한다고 가르치는 어떤 육아서의 견해와는 달리 부모가 아이에게 더 강해지라고 해서 강해지는 것도, 독립하라고 해서 독립하는 것도 아니다. 부모로부터 격리되어 자란 아이가 물리적으로는 독립될 수 있어도 내적으로는 오히려 의존 성향이 강해지거나 나약해질 가능성이 크다. 충분히 의존할 만한 대상이 존재한다는 믿음이 형성되지 않고서는 인간은 독립적 존재로 성숙하지 않는다. 누군가가 자신을 보호하거나 지원하고 있다고 생각하고 느낄 때 스스로 뭔가를 하고자 결의하게 되기 때문이다.

부모로부터 격리된 아이는, 철학자 김상봉의 표현을 빌리자면, "타자적 주체"를 알지 못한 채 "홀로 주체"로서 존재한다. 김상봉은 《나르시스의 꿈》에서 인간 존재가 격리보다는 만남에서 참되게 된다고 말한다. 아이는 부모와의 격리가 아닌 만남에서 '홀로 주체'가 아닌 '서로 주체'가 된다. 데리다의 통찰처럼, 어떤 진리라고 불리는 것에는 그 안에 그 진리와 가장 모순되는 것이 내포되어 있다. 즉 가장 독립적인 아이는 사실 가장 의존적인 아이였던 것이다.

> 긍정적인 정체성은, 비록 당분간은 동물과 다름없는 상태이긴 해도 자신은 온전하고 훌륭하며 환영받는 존재라는 전제에서 출발한다.
> —진 리들로프, 《잃어버린 육아의 원형을 찾아서》 중에서

> 품 안에서 아기는 결국 독립이 목표인 이후의 발달 과정에 적응할 수 있도록 자신을 준비시켜 줄 경험을 쌓는다. 충격적이고 위협적인 사건들을 지켜보면서 비록 수동적이지만 거기에 참여하는 것은 분주한 어머니의 품 안에 있는 아기의 운명이자 아기의 자신감 배양에 없어서는 안 될 요소다. 자아 개념을 형성하는 것 또한 아기가 품 안에서 하는 중요한 일 가운데 하나다.
> —같은 책 중에서

'안아, 안아'는 아직 덜 안겼다는 신호

아이의 의존 욕구가 충분히 채워지지 않은 상태에서 아이를 부모로부터 독

립시키려는 시도는 인간의 본성과 조금도 맞지 않다. 진 리들로프에 따르면, 일찍 품의 박탈을 경험한 아이들은 만성적인 불안에 시달리고 충분히 사랑받지 못했기에 오히려 독립심이 부족해진다. 이런 아이들은 자라서 새 옷, 새 자동차, 승진 등을 끝없이 갈망한다. 병적인 자아도취에 빠지는 배우, 여러 개의 학위를 수집하는 학자, 끝없이 모험을 떠나는 모험가도 품의 박탈이 원인이라 할 수 있다. '품', 즉 자신의 '존재'를 용인받을 경험의 박탈이 끊임없는 인정 요구를 낳고 중독 증상을 유발한 것이다.

리들로프는 이러한 품의 박탈을 서양, 남성, 이성과 연결시킨다. 리들로프가 서양의 육아를 비판하는 준거가 되는 예콰나족의 육아는 서양의 육아법과 완전히 상반된 특징을 갖는다. 소위 권위 있는 서양의 소아과 의사들이 쓴 육아법은 결코 이성의 영역이라 할 수 없는 육아를 제대로 설명하지 못한다. 리들로프는 육아가 이성의 영역이 아닌 우리의 타고난 감각에 의존하는 것이라 한다.

엄마 품은 아이에게 모든 것이다. 아이들은 엄마 품에서 인간을 신뢰하고 의존하게 되고, 엄마와 아빠가 아이를 안을 때 느끼는 것보다 더 큰 충만감과 만족감을 느낀다. 아이는 자신의 모든 것을 용납하는 품에 절대적으로 의존한다. 그리고 절대 의존 상태로부터 점점 독립심을 키워 나간다. 이제 아이는 이 절대 의존 욕구에 적절한 만족을 얻었으므로 불필요한 인정 투쟁을 하지 않는다. 너무 많은 욕심을 내지 않는다. 불안과 공포로부터 벗어난다.

리들로프에게 육아는 감각의 영역이다. 서양 남성들은 육아에 육자도 모르고, 권위적인 의사는 인간만이 지닌 고유한 기대를 알지 못한다.

우리 아이도 엄마, 아빠와 살을 맞대기 전에 "늑대가 주는 위안이 없는 서구 문명의 산부인과 병동"에서 "버석거리는 천에 감싸인 채, 아무리 울어 대도 상자에, 움직임이라고는 없는 망각의 구렁"에 누인 채 인생의 처음 며칠을 보냈다. 그러고는 텅 빈 하늘과 지붕만 보이는 유모차에 태워지고 아기띠에 매달렸다. 걷고 나서부터는 안기기보다 걸을 것을 요구받았다. 그러고 보면 아이의 '안아, 안아' 노래는 아직 아이가 덜 안겼다는 신호이다. 아이와 부모가 제대로 된 만남을 갖지 못했다는 표시이다.

부모가 아이를 안을 때 느끼는 충만감과 만족감도 같은 원리에서 설명될 수 있다. 아이를 안을 때 느끼는 감정의 정체는 분명 아이라는 존재로부터 부족하고 약한 존재인 아빠가 그럼에도 용납받고 있다는 사실에서 비롯되는 기분일 것이다. 오래되어 묵은 상처도 "아빠!" 하고 달려와 안기는 아이를 통해 치유된다. 나의 오래된 상처, 아주 예전에 박탈되었던 품이 아이를 거쳐 돌아온다. 여러 철학자들의 말처럼 주체성은 이성으로부터 비롯하는 것은 아니다. 레비나스가 《시간과 타자》에서 "애무는 주체의 존재 방식"이라고 했다면, 나는 아이와 나, 존재와 존재 사이의 품, 그 자리가 주체성의 기원이자 존재 방식이라고 말하고 싶다.

엄마의 품 vs 아빠의 품

리들로프의 품은 단적으로 엄마 품이다. 그럼 아빠는? 또한 리들로프에게 육아는 감각이자 본능의 작용이다. 그럼 육아에 대한 이성적 성찰이나 반성은? 이 책을 리들로프가 읽었다면 뭐라 했을까? 이 기록은 폐기 처분되어야 하는 것일까? 아이를 아빠가 주도적으로 키우는 것은 인간 본성이나 육아의 원형에 부합하지 않는 것일까? 육아는 타고난 감각으로 하는 것이기에 육아에 대해서 인문학적 사유를 통해 반성해 보려는 시도는 오히려 서구식 합리주의 육아의 변형태에 불과한 것일까?

글쎄, 그녀가 육아와 관련해 아빠에 대한 언급을 거의 하지 않은 것을 보면 아빠 품은 엄마 품에 보조적인 것에 불과하다고 인식한 듯하다. 하지만 나는 리들로프의 품-엄마(여성)-동양(비서양)-감각(본능)의 연결 고리를 하나의 이미지, 은유로 이해하고 싶다. 오리엔탈리즘이 탄생시킨 그 이미지 말이다. 동양은 여성이며, 비이성이며, 대지의 여신은 모든 것을 '품'는다. 하지만 이건 어디까지나 이미지이다. 현실에서는 품-아빠(남성)-동양(비서양)-이성(합리)도 가능하다.

그러나 이런 이분법이 현실을 이해하는 데 도움이 될 수는 있지만, 어디에도 오로지 감각만을 가진 동양 여성은 존재하지 않는다는 점에서 현실적으로 이분법은 있을 수 없다. 아빠도 엄마만큼이나 아이를 품에 안고 싶다. 그리고 아이가 원하는 만큼 안아 줘야겠다는 결의와 다짐은 내가 이 일기에서 시도하는 최소한의 반성조차 없었다면 쉽게 이뤄지지 않았을 것이다.

실제로 리들로프의 책은 연속성 개념이라는 현학적 개념이 등장할 뿐만 아니라 서구의 육아 방식 전반에 대한 냉철한 분석과 비판이 주를 이룬다. 우리가 살아가고 있는 문명 세계에서는 본능과 감각의 발휘조차도 이성을 토대로 해서만 가능해진다. 독립적인 아이가 의존성을 통해 가능해지듯, 감각에 기초한 육아도 반성에 기초할 때만 가능해진다고 해야 할 것이다. 리들로프의 비판의 핵심은 서구의 의학적, 심리학적 육아 이론이 아이가 진정으로 기대하는 엄마의 모성 본능을 배제한 채 이뤄지고 있는 실태에 대한 저항이다. 넉넉히 보면 논의의 본질은 '품'이지, 아빠인가 엄마인가가 아닌지도 모른다.

"아이야. 멀리서 공부하고 있는 엄마 대신 아빠가 엄마의 품이 되어 주마."

품의 박탈사회

아이를 품에 안거나 목마를 태우는 것 외에 아이를 이동시키는 수단이 몇 가지 있다. 아이 스스로 걷게 하거나, 부모가 포대기나 아기띠를 이용하거나, 유모차에 태우거나, 카시트를 이용하는 것 등이 그 예이다. 그중에서도 특히 카시트는 부모의 품을 대신하는 이동수단이라고 할 수 있는데, 우리는 카시트의 계보학을 통해 품의 박탈 사회의 일면을 엿볼 수 있다.

시카고 대학의 경제학 교수인 스티븐 레빗이 테드(TED)에서 강연한 내용에 따르면, 카시트가 3점식 혹은 2점식 안전벨트에 비해 더 안전하다고 할 수 없다. 중상 및 사망을 유발한 교통사고에서 안전벨트를 착용한 아이나 카시트를 착용한 아이나 모두 유의미한 차이라고 할 수 없을 정도로 비슷한 정도의 위험에 노출되었고, 안전벨트 착용만으로도 미국 교통안전 기준을 충분히 충족한다는 것이다.

스티븐 레빗은 카시트 착용이 교통사고로 아이를 잃은 부모의 간곡한 청원과 카시트 제조업체의 이해관계에 따라 의무가 되었을 뿐이라고 잘라 말한다. 높은 비용이 드는 것에 비하면 2세 이상의 아이에게는 사실상 안전벨트에 비해 효용이 거의 없으며, 특히 6세 아동에게는 착용 유무가 부상 정도에 미치는 정도의 차이는 매우 미미하다.

부모들에게 카시트가 필요한 이유가 혹시 있을 수 있는 교통사고로부터 아이를 안전하게 보호하기 위한 것일까? 그게 다일까? 성능에서 안전벨트와 거의 차이가 없는데도 우리는 더 안전할 거라 믿으며 수십만 원을 지불하고 카시트를 구매한다. 그리고 기어이 앉지 않으려는 아이와 차에 탈 때마다 신경전을 벌인다. 그런데 인터넷을 검색하다가 흥미로운 사실을 발견했다. 부모의 카시트 구매 목적은 '아이의 안전'이지만, 카시트의 판촉 요소 중 중요한 것이 바로 '아이가 얼마나 빨리 잠드는가'라는 사실. 아이가 잠이 잘 들기로 소문난 카시트일수록 비싸다는 사실.

리들로프의 분석대로 오늘날의 부모들은 아이들의 진정한 기대를 알지 못한다. 카시트 선택의 명분은 안전이지만 실제는 아이가 차에서 잠들길 바라는 것이다. 유모차 선택의 명분은 아이의 편안한 승차감이지만 실제는 럭셔리 유모차가 만들어 내는 중저가 유모차와의 '차이 효과'가 본질이다. 아이의 진정한 기대는 더 안전하지도 않은 안전을 위한 카시트나 승차감 좋은 유모차가 아니다. 아이가 유모차와 카시트에서 잠들어 버릴 때 부모와의 교감, 만남, 품은 간접적으로 박탈된다. 승차감이니 안전이니 하는 것들 모두 어쩌면 품의 박탈을 위한 부모의 도구인지도 모른다.

안전벨트를 하면 카시트에 앉아 있을 때보다 아이가 쉽게 잠들지는 않겠지만, 아이는 깨어 있으면서 부모와 교감하고 만나게 될 것이다. 나를 포함한 많은 부모들은 안전벨트가 아닌 카시트가 제공하는 안전감에서 소비에 대한 만족감을 느낀 경우는 많지 않을 것이다. 아니, 거의 없을 것 같다. 오히려 그 위에서 잠든 아이의 모습을 보며 높은 만족감을 느낀 경험은 한 번쯤 있겠지만 말이다.

 카시트에 앉기를 그토록 거부했던 아이가 옳았다. 그래, 그냥 안전벨트 하자.

· · ·

 아이로부터 품을 박탈하지 말자. 아이가 오래된 나의 박탈된 품을 되돌려 줌에 감사하자. 의존적인 존재와 상처받은 존재가 만나 생겨나는 품에서 독립적인 존재와 치유된 존재가 어떻게 탄생하는지 보자. 품이 아이를 자라나게 한다. 부모와 아이가 서로 안았을 때 생겨나는 그 비어 있는 틈, 그 품이 아이를 자라게 한다. 그 빈틈은 존재하지 않으면서도 존재를 존재로 자라게 하고 가능하게 한다. 이 틈을 빼앗지 말고 채우지도 말자.

> 도는 그릇처럼 비어, 그 쓰임에 차고 넘치는 일이 없다. 심연처럼 깊어 온갖 것의 근원이다.
>
> —노자, 《도덕경》 중에서

9

 칼에 베여 손금이 하나
더 생기면 운명도 바뀌나

며칠 전 외가에서 돌아온 아이의 손바닥에서 붉은 빛의 긴 상처를 발견했다. 칼에 베인 흔적 같았다. 깜짝 놀라 손을 보려고 하니 아이는 아픈지 손을 움켜쥔 채 보여주지 않는다. 완력으로 아이 손을 펴 보니 아이는 놀랐는지 울어 대기 시작한다. 길게 난 상처가 아이 손에 손금이 하나 더 생긴 것처럼 보였다. 얼른 연고를 가져와 행여나 아이가 다시 울까 조심하며 발랐다. 어디에 베였느냐고 물으니 아이는 태연하게 "칼"이라고 한다. '아, 칼에 베였나 보다. 우리 아이는 손금이 하나 더 생겼네' 하고 생각하다가, 부끄럽게도 '칼에 베여 손금이 하나 더 생기면 운명도 바뀌는 건가' 하는 생각에까지 이르렀다.

그동안 아이에게 골절 같은 큰 부상은 없었지만 크게 상처 난 일은 두 번 정도 있었다. 하나는 우리 부부의 결혼기념일에 우리를 대신하여 여동생이 잠깐 아이를 보던 중 집에서 아이가 넘어져 잇몸에서 피가 났던 일이다. 그때 얼마나 호들갑을 떨었던지 식사하다 말고 소아과로 뛰어가 아이의 이가 상하지는 않았는지 의사에게 몇 번을 물었다. 물론 아이는 당시 8개월이라 이가 있을 리 없었지만, 혹시 잇몸이 다치지 않았을까 하는 노파심에 불안했다. 아이를 돌봐 주던 여동생이 놀라지 않게 가능한 한 태연하려 했지만 아이에게서 피가 흘러내리는 것을 보니 정신이 혼미할 정도로 불안했다.

아이가 많은 피를 흘린 일이 최근에도 있었다. 아이와 침대에서 잠들었다가 내가 잠시 나온 사이 아이가 침대에서 떨어져 코피를 많이 흘렸다. 아이를 안으니 내가 입은 흰색 면 티가 붉은 피로 물들었고, 지혈을 위해 눕히려니 아이가 하도 울어서 그날 밤 가족 모두 잠을 설쳤다. 아이가 흘린 피의 양은 그대로 내 죄책감의 크기가 되어 며칠 동안 많이 괴로웠다.

상처와 흠집과 걱정

최근 여동생의 아이 얼굴에 상처가 크게 난 일이 있었다. 얼마 전에 갔던 낙동강 둑 어느 횟집에서 우리 아이와 신나게 뛰어놀던 조카가 돌부리에 걸려 앞으로 넘어져 코를 갈았다. 이제 돌이 갓 지난 아이의 얼굴에 상처가 났으니 부모 마음이 어땠을지 짐작이 간다. 아마 볼 때마다 미안한 마음, 안된 마음이 들었겠지.

아이 몸에 상처가 생겼을 때 받는 충격은 아끼던 자동차에 흠집이 날 때와는 그 차원이 다르다. 사실 정말 심각한 상처가 아니라면 피부의 놀라운 재생력이 조금의 흔적도 남지 않게 해 준다. 자동차 흠집은 아무리 사소한 것이라 해도 가만히 두면 사라지지 않는데 말이다. 하지만 누군가 내 차를 긁고 갔을 때 느끼는 감정이 짜증과 분노 혹은 억울함이라면, 아이가 다쳐 상처가 났을 때 느끼는 감정은 불안감과 죄책감 혹은 자괴감이다. 어떤 감정이 더 고통스러운 감정인지는 굳이 설명하지 않아도 되리라.

아이의 상처와 자동차의 흠집. 이 두 종류의 자국을 비교해 보는 것이 두 종류의 세계관 혹은 사고체계를 이해하는 한 방식이 될 수도 있지 않을까. 즉 아기에게 난 상처는 시간이 지나면 이전의 상태로 회복한다는 사실과 자동차의 흠집은 노동력이나 자본이 투입되지 않으면 결코 저절로 회복되지 않는다는 사실의 차이를 생각해 보면 우리가 세상을 대하는 두 종류의 상반된 태도를 볼 수 있지 않을까 싶은 것이다.

우리 문화는 자동차 외장에 난 긁힘이나 오염뿐만 아니라 인간의 신체와 정신, 삶에 생긴 과오조차도 '상처'가 아니라 '흠집'으로 여기도록 강요한다. 많은 부모들은 본능의 이름으로 아이에게 난 상처에 대해 극적으로 반응하는데, 이 상처가 마치 일생 동안 중요한 걸림돌이나 될 것처럼 염려한다. 더욱이 아이가 자라 청소년이 되면 부모는 아이가 범죄나 나쁜 성적이 적힌 생활기록부처럼 일생을 따라 다닐 수도 있는 흠집을 만들지 않으려고 안간힘을 쓴다. 그러다 전과자가 되거나 이름 모를 대학이라도 가면 흠집이 난 정도가 아니라 아이 자체가 사회의 흠집인 양 취급하게 된다. 여기서 끝이 아니다. 이제 성년이 된 아이는 보통 우리 문화가 과오라고 여기는 이혼, 부도, 병 등을 피하기 위해 노력한다. 우리 문화 속에 사는 사람들의 인생 주기는 이렇듯 흠집을 내지 않는 데 집중되어 있다.

　이렇게 흠집을 피하려는 사람들의 노력이 잘못된 것은 아니다. 아이에게 난 상처에 가슴 아파하는 것은 부모의 보호본능이 작동된 결과이며, 이는 종 보존이라는 관점에서도 반드시 필요하다. 또 어쩌면 우리 문명의 유지와 발전은 흠집을 피하려 했기 때문에 가능했는지도 모른다. 따라서 진짜 문제는 상처나 흠집 자체가 아니다. 오히려 인간 존재에 생긴 상처가 마치 자동차에 생긴 흠집처럼 자연적으로 회복되지 않을 것이라는 믿음에 우리 문명이 겪는 불행의 원인이 있다. 그리고 흠집이 발생하는 것을 자연스러운 현상으로 받아들이지 않으려는 태도가 우리로 하여금 사물과 사태의 본성에 다가가기 어렵게 하고 결국 진정한 행복과 만족하는 삶으로부터 스스로를 유리시키는 것이다.

아이폰은 왜 그렇게 흠집이 잘 날까?

상처 받기 쉬움. 이것은 인간성의 본질에 해당한다. 상처를 흠집으로 이해하는 한 우리 문화는 흠집의 강박 관념 속에서 어떠한 상처도 받아들이지 않으려 할 것이다. 그리고 흠집은 노동이나 경제적 자원을 투입하지 않고는 결코 되돌아올 수 없다는 특징을 지닌 것이기에 애초부터 흠집을 피해야 한다는 강박관념 속에서 우리는 근원적인 행복을 잃어버리고 말 것이다. 하지만 상처는 결코 흠집이 아니다. 어떤 상처는 흠집처럼 지울 수 없는 상처를 남기기도 하지만, 대부분의 작은 상처들은 시간이 지나면 회복된다.

　상처가 나고 회복되는 것은 자연의 순환이다. 자연에 있는 그 어떤 생물도 상처받길 스스로 자처하지 않는다. 바람이 불면 꽃이 꺾이기도 하고 나뭇가지가 부러지기도 하지만 자연은 그 모든 것을 회복시킨다. 나무의 모습이 시시때때로 변하고 하늘과 대지의 풍경이 매 분 매 초 변하지만 낙엽이 지면 어김없이 다시 싹이 돋고 꽃이 피듯이 우리는 이 거대한 자연의 순환 속에 살고 있다. 니체가 말한 세계, 즉 전체로서의 힘은 불변하지만 항상 자기 창조와 자기 파괴의 순환이 이뤄지는 세계 말이다. 그리고 그런 세계에서만 모든 것을 있는 그대로 긍정하는 디오니소스적인 행복을 누릴 수 있다.

하지만 우리는 이 사실을 잊고 있다. 우리가 살고 있는 환경 세계가 온통 자연 재생력이 없는 흠집 나는 물건들로 가득 차 있기 때문이다. 불과 200년 전만 하더라도 완전한 것은 오로지 자연뿐이었을 것이다. 그러나 오늘날 우리는 원래 모습 그대로 유지하기 힘든 것들을 그대로 유지해 나가려는 관념으로 살아간다. 이것은 변화에 대해 부정적이고 정적인 관념만 지니도록 한다. 그리고 그런 관념을 지닌 인간은 흠집 나는 물건 속에 갇힌 채 자연의 순환이 가져다주는 어마어마한 치유력을 잊고 살아갈 수밖에 없다.

아이폰 액정이나 뒤판에 행여나 조금이라도 흠집이 날까 두려워하는 우리는 훌륭한 디자인의 손전화기를 골라 놓고서도 본래 디자인보다 못한 케이스를 한 번도 벗기지 못한다. 만일 액정에 흠집이 나면 마음에라도 흠집이 난 것 같다. 잘 디자인된 차를 사고서는 범퍼가 다칠까봐 보기에도 흉한 고무판을 달고 다닌다. 옆 사람이 자동차 도어를 부주의하게 열다 차에 흠이라도 생기면 태연하기가 쉽지 않다. 천연 나무 바닥이 깔려 있는 집인데도 아이가 거기에 흠집을 낼까봐 온갖 카펫과 매트로 덮어 버린다. 멋진 원목 책상 위에 유리를 올려놓지 않은 집을 찾아보기 쉽지 않다.

흠집에 대한 공포 내지 두려움은 우리에게 어떤 대상도 있는 그대로 만지지 못하고 보지도 못하게 한다. 아이폰조차도, 자동차조차도, 집에 깔린 천연 나무 바닥조차도, 고급 원목 책상조차도 우리는 있는 그대로 만지거나 밟거나 보지 못하고 커버를 씌워 흠집을 방지하기 위해 안간힘을 쓴다. 그리고 어느새 사물을 있는 그대로 보는 눈, 있는 그대로 느끼는 감각을 잃어버린다. 땅의 촉감을 신발 없이 느낄 수 없다. 카메라 없이는 아름다운 풍경이 주는 감동을 견디지 못한다. 우리 문화는 사물을 있는 그대로 보지 못한다.

이 모든 것은 새 제품을 사고 끊임없이 수리하고 흠집에 자본과 노동력을 투입하라는 자본주의 세계의 요구에 따른 결과다. 만일 우리가 흠집을 자연스러운 것으로 받아들인다고 해 보자. 우리는 대상과 사물을 보다 온전하게 바라볼 수 있게 되지 않을까. 사물을 직접 경험할 수 있게 되지 않을까.

예수의 옆구리 상처가 주는 교훈

나는 도시에 살고 있고, 내 주변의 모든 것이 인공적이다. 나와 우리 아이의 환경 세계를 구성하는 거의 모든 것이 인공적이다. 우리 아파트 단지의 아름다운 정원조차도 인공 정원이다. 즉 자연적으로 원상회복이 불가능한 것이다. 내가 살고 있는 집은 오래된 집과 달리 시간이 지나 흠집이 쌓이면 헐어 버려야 하고, 내 차는 얼마 있지 않아 결국 폐차장으로 가야 한다. 우리 주변에서 자연의 순환이 가져다주는 치유력을 경험할 만한 사물은 거의 보기 어렵다. 강박관념과 불안, 우리를 불행하게 하는 목표의식의 기원은 바로 '흠집 나는 것들로 가득 채워진 환경 세계'에 있다.

아이에게 난 상처는 상처일 뿐이다. 흠집이 아니다. 상처는 결국 아물 것이며 피부는 원상으로 돌아올 것이다. 설사 흉이나 정신적 트라우마가 남더라도 그것은 자연스러운 현상이다. 그것을 받아들이지 못하는 것이 자연스럽지 못한 것이다. 아이에게 상처가 생기면 걱정스럽고 마음 아프고 속상하다. 그렇더라도 본질적인 의미에서 그 상처는 자연스러운 것이다.

부모가 아이의 상처를 흠집으로 대하면 아이는 사물을 있는 그대로 보는 시각으로부터 멀어지기 시작한다. 정신적인 것이든 신체적인 것이든, 상처를 흠집으로 대하고 원상회복을 위해서는 노동과 자본을 투입해야 한다고 생각하면 흠집에 대한 강박관념 속에 살아야 할 것이다. 반면에 상처를 있는 그대로 받아들이고 자연적으로 회복될 것으로 믿는다면 이 회복을 가능하게 하는 생명의 위대한 힘에 감사하며 살게 될 것이다.

예수의 손과 발, 허리에 못과 창이 박혀 생긴 상처는 당대 문화에서 치욕적이고 불명예스러운 오명(汚名)이었다. 그 상처는 예수가 무덤에서 부활한 후에도 흉터로 그대로 남았다. 이 스티그마타(stigmata, 사람의 몸에 생긴 징표 중 종교적 의미를 지니고 있는 흔적)라고도 하는 오명은 부활한 예수에게는 성흔이 된다. 사람들은 예수에게 흠집을 내려 했고 로마에서 이런 흠집은 부끄러운 일로 여겨졌지만, 제자들의 믿음은 이 흠집, 아니 이 상처의 흔적으로부터 시작되었다. 부활한 예수의 몸에 이 흔적이 없었다면 제자들에게는 아무런 증거도 없었다.

우리의 몸에, 마음에, 나의 물건에 난 상처나 흠집을 결코 성흔이라고 말할 수는 없을 것이다. 그러나 이것은 나의 흔적, 삶의 흔적으로 내가 죽더라도 남아 있다. 아이에게 난 상처도, 그래서 흉이 남더라도 부끄러운 일이 아니다. 예수에게 스티그마타가 부활의 증거라면 아이와 나에게 남은 흉은 회복의 증거이며, 자연이 지닌 생명력의 증거이다.

아이의 상처를 관용하고 견디는 부모

내가 살고 있는 도시에서 아이가 사물을 있는 그대로, 자연의 순환을 이해하면서 자랄 수 있을까? 그것은 아이의 직관과 관련되어 있다. 직관은 결코 선천적으로 주어지는 것이 아니다. 아이의 직관은 사물을 있는 그대로, 온전한 상태로 바라보는 훈련의 결과로 주어진다.* 그리고 사물과 사태를 커버로 덮어씌우지 않고 그 자체로 다가갈 때 아이는 사물과 대화를 나눌 수 있게 되고 자연의 순환에 몸을 맡기며 세계를 움직이는 궁극적인 힘을 경험할 수 있게 될 것이다.

사물을 직접적으로 만날 수 있는 기회가 차단된 공간이라는 점에서 우리가 살아가는 도시는 흠집에 대한 강박관념에서 벗어나기 어렵다. 아이에게

---

* 대체로 직관은 선천적인 것으로, 그와 대비하여 분석은 후천적인 것으로 이해한다. 분석이 물리학적 방식이라면 직관은 수학적 방식이다. 철학의 임무를 언어적 분석, 즉 1차 학문인 과학의 언어를 정돈하는 것이라고 보는 경향이 있는 영미철학이 분석적이라면, 대륙철학은 보다 직관적이다. 하지만 직관도 분석만큼이나 훈련으로 이뤄지는 것이다. 직관력이 사태를 제대로 볼 수 있는 능력을 의미한다고 할 때, 후설은 사태를 제대로 보기 위해 환원이나 판단 중지와 같은 과정을 거쳐야 한다고 했으며, 그의 제자 하이데거 역시 제대로 보기 위해 오랜 시간 후설의 문하에서 훈련했다. 사물을 제대로 보는 것, 이것은 수도사들의 '관상'의 목표와도 같다. 수도사들은 추리 묵상과 같이 처음에는 이성과 상상력을 사용하여 성서의 주제를 탐구해 가다 이것이 깊어지면 점점 관상의 단계로 가게 된다. 이것은 신과의 내적이고 직접적인 관계를 맺는 것을 말하며 '신을 직관적으로 깨닫아 알고 사랑하는 행위'를 의미한다. 관상의 궁극적 목표는 어떠한 이성이나 감성의 작용도 거치지 않고 신의 현존을 그대로 인식하는 것이다. 이렇듯 직관은 훈련의 결과이며, 오히려 분석보다 더 많은 훈련을 요구한다.

사물이 드러나는 사태를 그대로 볼 수 있도록 도와주는 환경을 마련해 주고 싶다. 고즈넉한 교회가 있고 개울이 있는 마을, 그것이 아니라면 100년이 넘은 아파트가 있고 200년이 넘은 빌딩이 있는 늙은 도시로 가고 싶다. 아니, 그렇게 하기가 역시 어렵다면 아이와 더 많이 대화하는 부모, 아이의 상처를 관용하고 견디고 인내하는 부모가 되고 싶다. 아이가 커 가면서 자연스러운 상처와 자연의 회복을 받아들이도록 말이다.

"아이야, 놀라지 말거라. 그것은 상처다."

· · ·

반전이 있다. 아이의 상처에 대해 장모님께 여쭤 봤다. 장모님은 잊고 계셨단다. 아니, 아이가 칼을 잡았는데 그걸 잊으시다니? 그럴 만도 하다. 왜냐하면 아이 손에 난 상처는 칼이 아니라 붉은 볼펜으로 생긴 자국이었기 때문이다. 그러니 장모님은 구태여 기억하실 필요가 없으셨다. 아이의 상처는 부모의 환상이라는 것을 보여주는 멋진 은유가 아닌가. 상처는 지워지지 않는 흠집이 아니라는 것을 알려 주는 기막힌 비유가 아닌가.

"아이야, 상처를 내라. 그것이 너와 나의 본성이다."

10

신난다, 신난다!

저 멀리로 아이가 뛰어가면서 "신난다"고 외친다. 다시 이쪽으로 돌아오면서 "신난다"며 고함친다. 해가 질 무렵, 집 근처 호숫가를 뛰어다니며 "하하하"를 정확히 소리 내며 웃는다. 그 큰 호수 주변 산책로를 힘든지도 모른 채 뛰어서 한 바퀴를 다 돌았다.

딱히 신날 게 없는데도 신난다는 아이

아이와 일주일에 하루만큼은 온전히 시간을 보내려고 노력 중이다. 함께 근교로 나가 걷기도 하고 나비도 쫓는다. 최근에 아이의 떼도 줄었고 '싫어,

싫어' 노래는 아예 듣기 어려워졌다. 나는 이것이 아이가 재밌게 놀고 있기 때문이라고 생각한다. 노는 것의 효과는 이루 말하기 어렵다.

그런데 아이와 무엇을 하며 놀았느냐고 묻는다면 특별히 할 말이 없다. 그냥 같이 걸었고, 뛰어다닐 때 뒤를 따라다닌 정도라고 해야 할 것이다. 그럼에도 아이는 '신난다'를 연발한다. 그 말의 의미가 무엇인지 마치 아는 것처럼 말이다. 어쩌면 아이야말로 이 '신난다'라는 말을 가장 내실 있게 사용하는 것일지도 모른다.

나는 아이가 하는 말을 조용히 따라 해 보았다. "신난다." 그 말이 이상할 정도로 생경하게 느껴졌다. 신난다고 말했던 적이 언제 있었는지 생각해 보았다. 너무 사소한 말이라서 그럴까. 기억이 잘 나지 않는다. 그러면 최근 나에게 신나는 일이 있는지 생각해 보았다. 가끔 재밌는 일은 있어도 신나기까지 한 일은 없었던 것 같다.

아이를 키우면서 아이에게 직간접적으로 배우는 것이 참 많은데, '신난다'는 말도 그중 하나다. 나는 내 기억과 언어 창고에서 완전히, 아니 거의 사라지려고 했던 말 하나를 아이 덕분에 살려 냈다. 그리고 아이의 '신난다'는 말의 근원을 생각하면서 잊고 있던 중요한 사실을 하나 건졌다.

호숫가 위로 거위들이 호젓이 노닐고 있다. 바로 그 밑에는 잉어떼가 유영한다. 잘 보니 큰 자라 놈도 몇 마리 보이고, 둔덕에는 하얀 비둘기들이 자리 잡았다. 아이는 그 모습을 한참 동안 바라본다. 나와 내 어머니가 몇 번이나 불러도 들은 척도 하지 않는다. 가드레일에 몸을 밀착시킨 후 한참을 본다. 그리고 갑자기 몸을 돌이켜 뛰기 시작한다. 아이는 땅을 힘껏 밟는다. 그냥 밟는 것도 아니고 '쿵쿵' 밟는다. 이리저리 뛰어다니며 "신난다"고 한다.

고흐의 그림에서도 감동을 못 느끼는 아빠

얼마 전 뉴욕현대미술관(MOMA)에서 고흐의 〈별이 빛나는 밤에〉를 보았다. 대단히 아름다운 그림이다. 하지만 이 위대한 인류 유산을 아이가 호숫가 풍경을 보듯이 오래 보지는 못했다. 오히려 '이게 왜 그토록 유명한 그림이라는 거지?'라는 질문에 대한 답을 찾기 위해 그림을 본 것 같다. 아름다운 산책로를 사랑하는 사람과 함께 걸었다. 그러나 나는 쥐에 대한 공포증이 있어 다람쥐가 지천으로 뛰어다니는 그 산책로가 불편하고 두렵기만 했다.

아마도 아이가 세상에 대해서 느끼는 근본 감정은 경이일 것이다. 아이에게 세계는 놀라운 것이며, 그 세계는 아직도 비밀을 다 드러내지 않고 있다. 아이는 아빠의 집에서 벗어나자마자 호숫가의 풍경에서 놀라움을 느낀다. 아이에게 세상은 단조롭지 않다. 모든 것이 신비롭다. 그 신비는 아이에게 오늘만큼은 공포가 아닌 신나는 기쁨을 준다. 아이는 본능적 욕구를 해소할 때 결코 신난다고 하지 않는다. 오히려 자신의 세계가 확장되고 지각의 범위가 확대될 때 꽃이 만개하는 것 같은 즐거움을 느낀다. 그런 까닭에 아이의 시선은 '판단 없는 시선'이다. 어떤 것도 아이의 판단 대상이 되지 않는다. 모든 것은 신비한 것이다.

아이가 세계를 보고 대하는 시선은 성인이 된 나에게는 거의 적용되지 못하고 있다. 사실 나는 여전히 세계에 대해서 모르고 있는 것이 알고 있는 것보다 훨씬 많으며 이 세계를 움직이는 힘의 비밀도 알지 못한다. 하지만 그런 것에 대해 경이를 느끼지 못하고, 경이를 느끼지 못하기에 신나는 기분을 갖지도 못한다. 사물에 대한 이해는 지금도 피상적이고, 세계에 대해서는 진부하다고 여긴다. 우리는 경이보다 신기한 것에 집중하고 신나는 것보다 즐거운 것에 매진한다. 시선은 일상적 진부함 속에 갇혀 있다. 나는 어린 왕자가 양을 갖고 싶어 했는지 그렇지 않았는지에 대해서는 무관심하다. 그가 소혹성 B612에서 왔다고 해야 와 닿는다.

내가 소혹성 B612호에 관해 이렇게 자세히 이야기하고 그 번호까지 일러 주는 것은 어른들 때문이다. 어른들은 숫자를 좋아한다. 새로 사귄 친구 이야기를 할 때면 그들은 가장 긴요한 것은 물어 보는 적이 없다. '그 애 목소리는 어떻지? 그 애가 좋아하는 놀이는 무엇이지? 나비를 수집하는지?'라는 말을 그들은 절대로 하지 않는다.
'나이가 몇이지? 형제는 몇이고? 체중은 얼마지? 아버지 수입은 얼마야?' 하고 그들은 묻는다. 그제야 그 친구가 어떤 사람인지 알게 된 줄로 생각하는 것이다. 만약 어른들에게 '창턱에는 제라늄 화분이 있고 지붕에는 비둘기가 있는 분홍빛의 벽돌집을 보았어요'라고 말하면 그들은 그 집이 어떤 집인지 상상하지 못한다. 그들에게는 '십만 프랑짜리 집을 보았어요'라고 말해야만 한다. 그러면 그들은 '아, 참 좋은 집이구나!' 하고 소리친다. (중략)
어른들은 다 그런 것이다. 그들을 나쁘게 생각해서는 안 된다. 어린아이들은 어른들을 항상 너그럽게 대해야만 한다.

―생텍쥐페리, 《어린 왕자》 중에서

새로움이란 무엇인가

생각하건대, 새로움을 느끼게 되는 경로는 두 가지가 있다. 하나는 새로운 대상이 있는 경우이다. 우리는 새로운 대상으로부터 새로움을 느낀다. 또 다른 하나는 나의 시선이 일상적 진부함의 지배로부터 벗어나는 경우이다. 우리를 지배하는 관념으로부터 해방되면 사물은 새로운 의미로 우리에게 다가오게 된다.

우리는 새로운 대상을 기대한다. 새로운 물건은 새로운 개념처럼 그것만으로도 세계에 대한 새로운 이해의 창이 된다.* 또한 우리는 우리의 시선 자체가 변경되기를 바란다. 시선의 변경은 대상이 조금도 바뀌거나 변하지 않더라도 새로움을 느끼도록 만든다. 새로운 대상이 부분적으로 세상에 대한 새로운 이해를 가져다준다면, 시선의 변경은 모든 만물을 새롭게 이해하고 만나게 한다는 점에서 보다 근원적이다. 종합해 보면, 새로운 시선과 새로운 대상은 상호 공속적이다. 새로운 시선이 있기 때문에 대상은 새로운 것이 된다. 또한 새로운 대상은 세계에 대한 새로운 이해, 즉 새로운 시선을 줄 수 있다.

아이의 시선을 잃어버린 나는 나를 둘러싼 주변의 대상을 상품 아니면 비-상품으로, 혹은 수단과 도구로, 아니면 지적 탐구의 대상으로 바라본다. 그토록 기대하던 고흐의 〈별이 빛나는 밤에〉와의 만남이 싱겁게 끝나고

---

* 개념은 세상을 이해하는 창이다. '소외' 개념이 사회과학에서 등장하기 전과 후의 세상에 대한 이해는 달라질 수밖에 없다. 같은 의미에서 새로운 물건, 새로운 대상도 세상에 대한 새로운 이해를 준다. 스마트폰의 등장은 전통적인 시장에 대한 이해를 바꿨다.

만 것은 무엇 때문일까. 나는 그 작품을 단지 이해하려고 했을 뿐이며, 도록의 이미지에 익숙해져 원작을 만났을 때는 마치 개인적 친분이 없는 유명 인사를 만난 느낌만을 받았다. 그 앞에서 사진을 찍었다. 〈별이 빛나는 밤에〉와의 만남은 유명 인사를 만난 경험과 같은 내 인생사의 사소한 자랑거리일 뿐이다.

작품으로부터 기쁨을 느낄 수도 있고 세계를 새롭게 보는 힘을 가질 수도 있겠지만, 그렇지 않을 수도 있다. 아이의 한 마디에 스스로를 반성하는 가장 큰 이유는 내가 진정으로 새로운 시선을 갖거나 새로운 대상을 만나려는 의지가 없었다는 사실에 있다. 나는 새로움의 도래에 대해 부정적이며 미래의 가능성을 차단해 놓고 있다. 지각의 통로를 모두 열고 일체의 대상들을 만나기보다는 지각의 통로를 하나씩 닫아 가고 있다.

'판단 중지'가 경이를 체험하게 한다

우리 부자에게 놓여 있는 과제는 이것이다. 먼저, 아이의 시선이 고착화되지 않는 것이다. 매우 어려운 일이겠지만, 이 경이와 놀라움, 새로운 대상을 만나는 것이 주는 신나는 마음을 지켜 주고 싶다. 얼마 전 어린이집을 알아보다 우연히 한 달 원비가 수십만 원씩 한다는 한 유아 교육 센터를 다녀왔다. 영국식 귀족 교육을 한다는 그곳이라면 가능할까? 몬테소리 교구가 우리 아이가 느끼는 세계에 대한 경이로움을 지켜 줄 수 있을까? 사립초등학교에서라면 '신난다'가 좀 더 오래 유지될까?

다음은 아빠인 나의 시선이 고착된 상태로부터 벗어나야 한다. 롤랑 바르트의 말을 빗대서 말하자면, 나의 모든 시선은 지금 타인의 시선이다. 사르트르를 빗대서 말하자면, 나는 지금 타인의 시선이라는 지옥 속에서 살아가고 있다. 타인의 시선이 요구하는 대로 행하고 타인의 시선으로 세상을 바라보고 있기에 경이로울 것이 없다. 세상은 이미 설명된 대상이든지, 아니면 앞으로 누군가에 의해 설명될 대상일 뿐이다. 웬만한 건 검색하면 알 수 있다. 다른 사람이 보고 들은 감상이 내 감상이 된다. 이처럼 감상조차 대리적이다. 책이 내게 시선의 해방을 가져다줄까? 스마트폰이? 학위가 내게 새로움을 가져다줄까?

후설에 따르면, 인간은 항상 주어진 것보다 더 많은 것을 생각한다는 점에서 사념하는 존재이며, 그렇기 때문에 의미의 궁극적 기체이다. 아이는 지금 세계 의미를 형성하는 궁극적 기체로 살아가고 있다. 나는 어느 순간 세계를 마치 다 아는 양 살아왔다. 모든 신비가 벗겨진 것처럼, 모든 것을 이해할 수 있는 것처럼. 그러다가 나는 더 이상 의미의 궁극적 기체가 아니라 타인의 세계 의미 속에 거주하게 되었다. 나는 무엇인가를 제대로 본 적이 없다는 절망감에 오랫동안 꾸어 왔던 꿈을 접어 두었다. 무엇인가를 새롭게 본 것이 없다는 답답함 때문에 글 쓰는 일을 주저해 왔다. 모든 글쓰기는 증언하는 것이라고 할 때, 증언하는 일은 경이적인 경험으로부터 시작한다. 경이적 경험을 위해서는 끊임없는 시선의 해방, 즉 "중지될 수 없는 판단 중지"*가 필요하다. 이것은 매우 어렵고 고통스러운 일이다.

---

* 후설이 말하는 판단 중지는 태도 변경을 의미하는 말이다. 그에 따르면 판단 중지의 목표는 본질적으로 인격적 변화이며, 이것은 다시 종교적 개종과도 비교될 수 있는 것이다. 우리의 일상을 새롭게 보기 위해서는 고착화되기 쉬운 일상에 대한 태도를 변경하고 끊임없이 변화시켜 나가는 것이 필요하다. 즉 중지될 수 없는 판단 중지가 요구된다 하겠다.

아마도 글쓰기를 위한 판단 중지만큼이나 내 아이에 대한 계속되는 판단 중지는 어려운 일일 것이다. 아이는 아빠를 판단하지 않는다. 아이는 아직 아빠를 어떤 규정 속에 두지 않는다. 반면에 아빠는 아이를 판단하고 있다. 다른 아이들과 알게 모르게 비교하고, 어떤 규정을 받으며 살아가야 할지를 미리 생각하고 있다. 그래서 아이는 아빠를 용서하지만 아빠는 아이를 쉽게 용서하지 못하는 것인지도 모르겠다.

아이는 자라면서 아빠에 대한 어떤 규정을 갖게 될 것이다. 그러나 아빠는 살아가면서, 그리고 아이가 커 갈수록 아이를 규정하던 관습에서 점차 벗어나도록 노력해야 할 것이다. 결코 중지되지 않는 판단 중지를 해야 한다. 아이에게 열릴 미래의 가능성을 차단하지 말아야 한다.

저 하늘 무지개를 보면
내 가슴은 뛰노라
나 어린 시절에 그러했고
어른인 지금도 그러하고
늙어서도 그러하리
그렇지 않다면 차라리 죽는 게 나으리!
아이는 어른의 아버지
내 하루하루가
자연의 숭고함 속에 있기를.

My heart leaps up when I behold

A rainbow in the sky :

So was it when my life began;

So is it now I am a man ;

So be it when I shall grow old,

Or let me die!

The Child is father of the Man ;

And I could wish my days to be

Bound each to each by natural piety.

—윌리엄 워즈워스, 〈레인보우〉

나도 아이처럼 나를 신나게 만드는 경이로 나아가고 싶다. 아이처럼 "신난다"고 외치고 싶다. 멈춰 있는 것을 오래 볼 수 있는 시선의 해방을 누리고 싶다. 어제 한 것조차도 마치 처음 하는 것처럼 하는 아이. 오늘만을 살고 있는 아이, 아니 지금만을 살고 있는 아이. 외치면서 뛰어다니는 아이. 나도 그런 아이가 되고 싶다.

11

 우리 아이가
망가뜨렸으니 물어내라고?

　아이의 여권을 발급하는 데 필요한 증명사진을 찍기 위해 집 앞 사진관에 갔다. 사진 촬영은 금방 끝났다. 자신을 독일 유학파로 소개한 50대로 보이는 아주머니 사진사는 금방 작업을 마쳤다. 아주머니 사진사는 이렇게 온 김에 나와 내 어머니에게 아이와 함께 사진을 찍어 보라고 권유했다. 사진사의 호의에 감사하며 함께 한 컷 찍었다.
　기분 좋은 마음으로 아이의 사진이 어떻게 나왔는지 컴퓨터로 함께 살펴보았다. 그런데 그때 뒤에서 작게 '쿵' 하는 소리가 났다. 아이가 자기 키만 한 조명을 넘어뜨린 것이다. 조명 앞에 달린 후드가 알루미늄 재질이라서 조금 휘기는 했어도 별문제는 없어 보였다.

근처 구청으로 자리를 옮겨 여권 발급을 위한 서류를 작성하고 있는데, 구청 직원이 나더러 전화를 받아 보란다. 구청으로 날 찾는 전화가 올 만큼 급한 일이 뭐가 있나 싶어 의아해하면서 받았더니 사진관에서 온 전화였다. 아주머니 사진사는 아이가 조명을 파손했으니 배상해 달라고 했다. 나는 알았다고 하고 급히 다시 사진관으로 달려갔다.

아주머니 사진사는 조명에서 '퍽' 하는 소리가 난다고 했다. 원래 문제가 없었는데 아이가 조명을 넘어뜨린 다음부터 사진에 줄이 생기고 있으니 사진사는 내가 배상해 주면 좋겠다고 웃는 얼굴로 이야기한다. 그의 말대로 문제의 조명을 이용해 찍은 사진을 자세히 보니 뭔가 이상해 보이기는 했다. 확인하기 위해 조명도 살펴보니 분명하게 '퍽' 하는 소리가 났다. 전화번호를 남기고 오는 길에 이상하게 손발이 떨렸다. 기분 나쁘다!

책임 전가

조명 하나가 비싸 봤자 얼마나 비싸겠는가. 그런데 기분이 너무 좋지 않았다. 단순히 돈 때문일까. 최근에 돈 들어갈 일이 좀 생겨서 신경이 쓰이던 것은 사실이다. 타고 다니던 차에 예기치 않은 문제가 생겼고, 들어와야 할 돈이 들어오지 않았으며, 생각보다 훨씬 비싸게 어떤 물건을 사야 할 일도 생겼다. 게다가 과속으로 과태료도 부과받았다. 이 모든 일이 최근 한 달 동안 생긴 터라 돈 문제에 예민해져 있었는데, 우리 아이가 또 한 건 해 준 것이다.

그렇다고 해서 단지 돈 때문에 기분이 나쁜 것은 아니다. 아주머니 사진사에게도 많은 의혹이 있다. 사진사는 우리 아이가 그 조명을 파손했다는 것을 증명해 내지 못한다. 아이의 증명사진을 찍으러 갔을 때 이용한 조명이 아니었다. 몇 시간 후에 통화를 해 보니 조명에 사용되는 콘덴서 두 개와 이름 모를 부속이 망가졌다고 했다. 조명은 후드가 달린 쪽으로 넘어졌고, 부드러운 재질의 후드가 상당히 충격을 흡수했을 것이다. 그 작은 충격으로 그 많은 부속이 망가졌다는 것이 납득되지 않는다. 이렇게 내구성이 좋지 않은 물품을 만드는 회사라니. 그런 회사는 아이 키우는 모든 사람의 적이다.

사진 값의 몇 배나 하는 수리비를 배상해 달라는 이야기를 들었을 때, 이 모든 것을 포함해 사진사에게 더 자세히 묻고 싶었지만 그러지 않았다. 그냥 아주머니 사진사에게도 그렇고 나 자신에게도 그렇고 그것이 비루한 일이 될 것 같았다.

나는 독일 유학까지 다녀오고 - 이것이 윤리적 판단의 기준이 될 수는 없겠지만 - 교양도 갖춘 아주머니 사진사가 자신의 책임을 우리 아이에게 전가했다고 믿고 싶지 않다. 더구나 사진관의 책장에는 성서도 - 기독교가 한 인간의 윤리적 행위를 전제해 주지 못한 것은 오래전 일이지만, 아무튼 내 책장에 꽂혀 있듯이 - 꽂혀 있었다. 화목한 사진사 가족의 사진도 군데군데 걸려 있었고, 사진관 올라가는 입구에는 아주머니 사진사 얼굴이 여러 장 붙어 있었다. 이렇게 공개적으로 얼굴까지 올리는 분이 설마 책임을 전가했겠는가.

설령 그렇다 해도 나로서는 우리 아이가 하지 않았다고 증명할 방법도 없다. 동네 사진관 사장님과 싸우고 싶지 않았다. 아이가 한 일이라고, 아이가 있다면 응당 일어날 수 있는 일이라고 그저 받아들일 수밖에 없었다. 내 파트너는 아이가 다치지 않아서 다행이었고, 아이의 호기심의 대가 정도로 이해하자고 위로한다. 아이는 아빠가 기분이 상한지도 모르고 날 보고 씩 웃어 보인다. 그 웃음에 아이한테 미안해져서 같이 웃어 보였지만, 짜증은 쉽게 가시질 않는다.

 그 순간 내게는 이런 구조도가 그려졌던 것 같다. 아주머니 사진사의 책임이 우리 아이에게 전가되고, 우리 아이의 책임이 내게 전가되는 구조. 정작 내가 한 일은 아무 것도 없는데 내가 책임져야만 하는 상황에 기분이 나빠졌다.

그래도 아빠는 억울하다

나도 이렇게 당할 수는 없다! 이 책임을 전가할 방법을 모색했다. 아주머니 사진사에게 이 책임을 돌리면 싸움이 날 것 같고, 용의자인 아이는 설령 책임이 있다 하더라도 책임 능력자가 아니다. 내 어머니에게도 화살이 향했다. 아이가 조명을 넘어뜨리는 동안 어머니는 뭐하고 계셨을까. 이런 돼먹지 못한 생각까지 한 후 고심 끝에 생각해 낸 상대는 바로 보험사였다. 그런데 보험사와 상담해 보니 준비할 서류며 실사까지 하도 번거로워 차라리 내가 이 책임을 지는 것이 더 경제적일 것만 같다는 생각이 든다.

 저녁에 파트너와 이야기한 후 아주머니 사진사가 요구한 배상 금액을 송금했다. 누군가는 책임을 져야 했는데, 결국은 내가 지게 되었다. 이 과정은 대단히 수동적이면서도 능동적으로 이뤄졌다. 어쩔 수 없이 돈을 쓰게 되었다는 점에서 수동적이었고, 우리 아이의 일이라서 적극 대처했다는 점에서 능동적이었다. 아주머니 사진사가 한 일, 아니면 우리 아이가 한 일, 그것도 아니면 그냥 우연히 발생한 기기의 결함. 그런데 그 책임은 내가 지게 되었다.

아주머니 사진사가 정말 우리 아이에게 책임을 전가하려 했다손 치더라도 나로서는 별로 할 말이 없다. 왜냐하면 나 역시 누군가에게 책임을 전가하려고 했던 (미수에 그친) 생각과 (실행에 옮긴) 일들이 많았기 때문이다. 한 예로, 자동차 뒷범퍼에 상처가 나면 흔히들 누군가 박아 주기를 기다리게 된다. 충돌한 사람에게 책임을, 아니 그 사람이 가입한 보험사에 책임을 전가하려는 것이다. 도둑을 자주 맞는 가게 주인이 늘 생각하는 게 있다. '한 놈만 걸려라.' 처음 도둑질을 한 사람이라도 그런 마음을 먹고 있는 주인장에게 걸리는 순간 모든 죄를 뒤집어쓰게 된다. 흔히 대도는 그렇게 탄생한다. 당사자는 억울하겠지만 주인장에게는 행운이다.

우리 아이는 아빠에게 책임을 전가한 적이 없다. 하지만 아이가 책임질 일이 있으면 부모가 책임을 져야 한다. 사람들은 부모가 아이를 잘 돌보지 못했기 때문에 부모가 책임을 져야 한다고들 한다. 하지만 그것은 사실이 아니다. 그저 단순히 부모에게는 아이가 한 일을 책임져야 할 의무가 존재하기 때문이다. 칸트식으로 말해, 단지 그것이 '옳은 일'이기 때문이며, 그 책임 자체가 목적이 된다. 이처럼 부모에게 지워진 의무의 근원에는 아이를 보호하고 지켜야 한다는 모성애와 부성애가 깔려 있는 것이다. 결코 아이가 한 어떤 행위가 부모의 양육 태도에서 기인한다고 말해서는 안 된다.

나는 내 아이가 누군가의 기물을 파손했다면 내가 고치거나 배상해야 한다는 사실을 1퍼센트도 거절할 마음이 없지만, 나의 부성애가 발동했다고 해서 그 상황이 기분 좋은 것은 전혀 아니다. 의무는 그것이 의무가 아닐 때 자연스럽게 생겨나는 것이 아니기에 의무이며, 반드시 해야만 하는 것이라는 점에서 '행복한 의무'는 드물기 마련이다. 누군가의 일을 뒤치다꺼리하는 것이 의무라면 그리 행복할 리가 없다.

책임질 사람이 사라진 이유

오늘 하루 종일 기분이 좋지 않았던 까닭은 아마도 억울했기 때문이리라. '주여, 왜 저입니까?' 하는 마음이 들었기 때문이리라. 책임 소재는 항상 불명확하다. 신문이나 책을 읽다 보면 어떤 일에 대해 '책임지는 사람이 아무도 없다'고 개탄하는 말이 자주 나온다.

그런데 오늘 겪은 일 때문일까? 책임 질 사람이 없는 상황은 개탄할 일이 아니라 참 자연스러운 일이라는 생각이 든다. 책임(responsibility)이 가능하려면, 즉 응답(response)이 가능(ability)하려면, 호명(interpellation)이 명확해야 한다. 즉, 책임질 일에 대해 책임질 존재를 명확하게 부를 수 있어야 한다. 어떤 사건의 원인이 분명하게 드러나야만 그 원인 제공자에게 책임을 물을 수 있다는 말이다. 만일 그렇지 않다면, 단지 어떤 사건과 그 원인이라고 여겨지는 것 사이에 느슨한 상관성이나 개연성만 존재한다면 책임 문제는 불분명해진다.

위안부 문제와 관련해 피해자인 정신대 할머니는 지금 여기에 존재하지만, 이 문제에 대해서 책임지는 사람은 어디에도 없다. 한국 사람의 관점에서 정신대 문제는 국가인 일본에 의한 것이지만 책임 주체로서 국가 일본은 너무 광범위하다. 일본 정부는 위안부의 존재를 인정하는 것에 대해서도 미온적이지만, 설령 위안부가 있었다 하더라도 지금은 존재하지 않는 '과거의 어떤 일본인'에 의한 것으로 여길 것이다. 이에 따르면 '현재의 일본인'은 책임질 필요가 없다는 논리가 성립하게 된다. 우리 편에서는 인과관계가 성립하는데, 일본 정부 편에서는 명확한 인과관계가 없고, 있다 하더라도 책임질 존재가 지금은 없는 셈이다.

나는 지금 일본 정부의 논리가 옳다고 말하는 것이 아니다. 물론 일본 정부가 과거 일본의 역사적 유산을 계승한다고 하면서 역사적 과오는 계승하지 않는 것이 이율배반적임은 말할 필요도 없다. 다만 나는 책임져야 할 일과 그 원인에 대한 책임을 물을 만한 존재 사이의 인과관계에 대해 양측의 합의가 쉽지 않기 때문에 피해자는 있지만 책임지는 사람은 없는 상황이 생길 수 있다고 지적하는 것이다.

덧붙여, 우리는 어떤 사건과 원인이 인과적으로 확실하게 엮여 있다고 말하기 어려운 상황을 살아가다 보면 훨씬 많이 만난다. 우리는 누군가의 어떤 행동을 이해하기 위해서 그 사람의 성격적 특성뿐만 아니라 상황, 시스템 같은 문제까지도 다뤄야 한다. 어떤 행위의 책임은 그 사람의 성격에서 기인한 것이고, 그 성격은 상황에서 비롯된 것이며, 그 상황은 시스템에 의존하기 때문이다. 결국, 어떤 사람의 책임은 시스템 속에 용해되어 버리고 만다.

이처럼 책임이 불명확한 것은 워낙 자연스러운 일이라서 사람들은 책임을 물을 수 있는 다양한 방법을 개발해 왔고, 책임을 회피할 수 있는 제도를 만들어 온 것 같다. 법과 도덕은 책임을 물을 수 있는 근거를 마련해 주고,

보험과 종교는 책임을 회피하도록 도와주는 제도가 아닐까. 환경문제나 글로벌 경제 위기 같은 국제적 이슈가 풀기 어려운 이유는 이런 이슈에 대한 책임을 법과 도덕을 근거로 묻기 어렵고, 또 이러한 문제를 회피하게 도와주는 국제적인 보험이나 면책권을 부여하는 종교 제도가 존재하지 않기 때문이리라.

생각해 보면, 책임을 져야 하는 이유가 법이나 도덕 때문만은 아니다. 어릴 적, 초등학교 미술 시간에 서예를 배우고 있었다. 한 친구가 선생님이 금지하는 행위, 즉, 먹물을 대걸레에 붓는 바람에 교실이 엉망이 되고 말았다. 선생님은 누가 이 일을 했느냐고 몇 차례 물었는데 그 아이는 끝까지 나타나지 않았다. 우리는 종례도 못한 채 30분 동안 책상 위에 무릎을 꿇고 앉아 있었다. 이 사건에 대한 책임을 학급 전체가 지게 된 것이다.

선생님은 솔직히 말하지 않으면 아무도 보내 주지 않겠다고 으름장을 놓으셨다. 그 말을 듣고 나는 그냥 내가 했다고 이야기했다. 물론 그것은 내가 한 일이 아니었다. 하지만 그냥 내가 책임을 지기로 했다. 오늘 일을 처리한 것처럼 그냥 그 상황이 비루했고 무릎 꿇고 앉아 있는 것이 불편했다. 그냥 불편해서, 비루해서, 싸우기 귀찮아서 내가 했다고 해 버렸다. 다행히 선생님은 내가 안 했다고 생각하셨는지 모두에게 그냥 돌아가라고 하셨다.

숙명적 사랑의 책임

그럼에도 나는 지금도 앞으로도, 양심 때문에, 법 때문에, 불편 때문에 아이 일에 대해서 책임을 지는 것이 아니다. 아마도 성장하면서 아이를 둘러싸고 많은 일들이 있을 것이다. 내가 아이 문제로 학교에 불려가야 할 일이 생길지도 모른다. 아이가 싸우다가 누군가를 다치게 할지도 모른다. 우리 아이가 정상이라고 여겨지는 범주에서 벗어나는 정신세계를 가지고 행동할 가능성도 완전히 배제할 수 없다. 아이가 잘 자라서 책임 능력자가 되었다 하더라도 나는 아이가 책임질 일이 있다면 함께할 것이다.

'아빠가 해 줄게.' '아빠가 있으니 염려하지 마.' '아빠가 이번 일은 대신할게.'

사실 내게는 이 책임을 져야 할 이유도 없고 아이가 내게 어떤 책임을 전가하지도 않겠지만, 나는 기분 나쁘고 성질이 나더라도 이 책임을 기꺼이 지고자 할 것이다. 이 책임이 나를 행복하게 하지는 않겠지만 나는 이 책임을 떠맡을 것이다. 인과관계가 명확하지 않아도 말이다. 이 책임의 다른 이름은 틀림없이 사랑이다. 책임을 묻고 책임을 회피하도록 하는 제도를 개발하는 것이 문명이 해 온 일이라면, 인간을 보존해 오고 인간이도록 해 준 것은 바로 이 책임, 이 '사랑의 책임'이다.

나의 아버지와 어머니께서 자주 하신 말씀이 있다. '잘못되어도 된다. 아빠 엄마가 지금은 건강하니까.' '잘못되어도 된다. 아빠 엄마가 지금은 조금이라도 버니까.' '나중은 걱정하지 않아도 된다. 아빠 엄마가 지금 연금 보험 넣고 있다.' 그러고 보면 항상 아버지와 어머니의 존재가 내가 무엇인가를 시도해 보게 만들어 준 것 같다. 내가 아버지에게 책임을 전가하고 아버지가 자신의 일도 아닌 일에 스스로 책임을 지려고 할 때, 나는 아버지의 책임을 지지 않을 궁리만 해 오지 않았던가 하는 후회도 생긴다.

예수가 인류의 모든 죄를 대신 지고 십자가에서 죽었다고 한다. 이 자발적인 책임은 법, 도덕이 강요한 것이 아니라 오로지 사랑이 강요한 것이다. 나를 비롯한 많은 사람들은 보험사에게는 금전적 부분의 책임 전가를, 종교에는 심리적, 윤리적 부분의 책임 전가를 한다. 하지만 예수의 십자가 죽음은 아무도 책임지지 않으려 하는 일, 책임지려 해도 책임질 수 없는 일에 대한 '신적 책임'이 행사된 것이다. 그래도 십자가 도상에서 예수가 외친 말, "라마라마 사박다니(신이시여, 왜 나를 버리셨나이까)"처럼 이 책임은 그 상황만큼 행복하지는 않다. 만일 책임지는 것이 행복하다는 사람이 있다면 예수를 능가하는 사람이거나 사디스트이리라. 다만, 우리도 예수처럼 내 아이에 대해서뿐만 아니라 나와 다소 연관이 먼 대상에 대해서까지도 사랑의 책임을 감당하기로 하자.

아이는 자신의 존재 자체로 책임진다

아이도 아빠가 책임질 일을 자신이 지기도 한다. 우리는 이 사실을 너무도 쉽게 잊는다. 부모가 자발적으로 책임을 지는 것을 사랑이라고 부를 때 아이는 아빠의 과오와 판단착오, 미숙한 양육 태도를 자신의 전 존재의 일부분으로 만든다. 부모는 알게 모르게 아이에게 자신의 책임을 전가한다. 아이는 성장하면서 뚱뚱해지거나 거짓말하는 사람이 될 수도 있다. 그건 명백히 부모의 책임이지만, 책임의 대가는 아이가 진다. 아이에게는 하필 아빠와 엄마의 자녀라서 겪게 될 이와 같은 억울함이 있을지도 모른다. 그게 억울해서 아이는 "아빠 엄마가 나의 이 문제에 대해서 책임 져!"라고 부모에게 말할 수도 있을 것이다.

하지만 아직은 어린 우리 아이는 아빠가 하는 일을, 설령 그것이 잘못된 일이라도 자신의 존재의 어느 한 부분으로 만들어 나가고 있다. 그것은 아이의 책임이 아니다. 그것은 아빠인 나의 책임이다. 그러나 그 책임을 나는 스스로 질 수 없다. 아이가 자신의 전 존재로 아빠의 잘못을 살아가는 상황을 볼 수밖에 없다. 그것이 아이가 아빠에 대해 전적이고도 자발적인 사랑을 표현하는 것임을 나는 결코 잊지 말아야 할 것이다.

다행히도 내게는 이 기쁘면서도, 나쁘면서도, 고통스러운, 하지만 자발적인 책임을 함께 질 파트너가 있다. 그것이 책임 전가이든 책임 회피이든 책임을 분담할 수 있다는 사실만큼은 행복하다. 그런 의미에서 나는 신의 아들인 고독한 예수보다도 더 행복한 사람 아닌가.

12

두 할머니께 부치는
반성문

　육아 지침서에서는 최소 3년은 아이를 다른 곳에 맡기지 말고 엄마가 돌봐야 한다고 권장하는 내용이 많다. 그런데 그게 쉬운 일이 아니다. 요즘 엄마들은 직업을 갖는 경우가 많고, 설령 육아에만 전념한다고 해도 3년 동안 아이와만 지낸다는 것이 결코 쉬운 일도 아니다. 나 역시 육아 지침서의 조언에 따라 아이를 어린이집과 같은 기관에 보내지는 않지만 친할머니와 외할머니께 번갈아 가며 아이를 맡기며 지내고 있다.
　사실, 어린이집에 아이를 보내지 않는 이유가 꼭 육아 지침서의 조언 때문만은 아니다. 나는 아빠들 중에서도 좀 극성스러운 편에 속해서 어린이집을 그다지 신뢰하지 못한다. 세 살 미만의 아이들은 누군가 적극적으로 보살펴야 하는데, 어린이집이 그 역할을 해내기에는 왠지 역부족일 것 같다. 게다가 너무 강한 교육관을 가진 원장님은 독단적이라서 싫고, 별 다른 교육관이 없는 원장님은 원칙이 없는 것 같아서 싫다.

좋은 교구를 활용하거나 영어로 가르치거나, 그래서 정부 보조금을 받을 수 없는 놀이학교 같은 곳도 믿음이 잘 가지 않는다. 그들끼리도 서로가 잘났다고 다툰다. 몇 군데 상담해 봐서 한번 보내 볼까 하다가 그냥 3년은 보내지 말자 마음먹었다. 확실히 내가 좀 극성스럽기는 하다.

아이가 15개월 정도가 되었을 때, 몇 달 간 문화센터 프로그램에 참가해 보기는 했다. 엄마와 아이가 일주일에 한 번 정도 방송국에서 운영하는 센터로 찾아가 한 시간 정도 다양한 노래와 율동을 배웠다. 파트너가 직장에 나가면 내가 데리고 가기도 했다. 아빠는 나 혼자뿐이었는데, 엄마들 사이에서 뭔가를 적극적으로 하기가 참 어려웠다. 엄마들은 나를 보고 '저 아빠는 실직자이군' 하는 것 같았다.

더군다나 우리 아이는 놀이에 적극적으로 참여하는 편이 아니었다. 자신은 놀지 않고 다른 아이들이 노는 것을 구경한다. 다른 애들은 잘 노는데 내 아이는 그저 우두커니 서 있는 것을 보면 속에서 천불이 난다. 열 받아서 아이를 데리고 나온 후로 문화센터에는 다시 가지 않았다. 그날 파트너에게 못난 아빠라고 욕을 엄청 먹었다.

외할머니 품이 더 친숙한 이유

나는 공부를 해야 하고, 파트너는 외국에 있고, 그렇다고 어린이집에는 보내기 싫고, 문화센터 프로그램도 마음에 안 들었다. 하여, 우리 부부는 아이의 외할머니와 할머니에게 양육을 의존할 수밖에 없었다. 사실 내 어머니와 파트너의 어머니 모두 할머니가 되기에는 너무 젊으시다. 60세가 되려면 아직 몇 년은 남으셨으니까. 할머니 두 분을 번갈아 호출하면서 아이를 떠맡기고 우리 부부는 이 일 저 일, 이 핑계 저 핑계로, 산으로 들로 참 많이도 다녔다. 두 어머니들께 죄송하다.

아이의 제1양육자는 외할머니이다. 아이는 대문 밖에서 벨소리가 들리면 현관으로 달려간다. 그리고 외할머니면 벼락같이 안기고 할머니면 그냥 왔느냐는 식이다. 내 어머니 입장에서는 섭섭할 일이다. 거기에는 유전적인 이유도 있다고 한다. 할머니의 유전 정보가 친손자에게는 전혀 전해지지 않는 반면, 외할머니의 것은 전달되기 때문이다.* 덧붙여 내 어머니, 즉 할머니는 아이를 집중적으로 돌본 지 이제 3개월 정도가 된 반면에 파트너의 어머니, 즉 외할머니는 아이의 출생 순간부터 아직은 동물에 더 가깝다고 여겨지던 시기를 포함해 항상 아이를 돌봐 오셨으니 함께 보낸 시간이 다르다.

그래서 그런지 아이가 외가에서 돌아오면 외할머니 품에 철거머리처럼 붙어서 떨어지질 않는다. 아빠고, 엄마고, 할머니고 다 필요 없다. 모두 "나가"라고 한 뒤 외할머니와 침대에 단 둘이 누워서 사랑을 속삭이다 잠이 든다. 외할머니는 밤이 깊어서야 집으로 가실 수밖에 없다.

---

* 외할머니의 염색체(XX)는 엄마(XX)에게 50% 전달되고 다시 손자(X*Y)와 손녀(X*X)에게 25%씩 전해지지만, 친할머니의 염색체(XX)는 아빠(X*Y)에게 50% 전달되지만 손자(XY)에게는 전혀 전해지지 않고 손녀(X*X)에게만 50% 전달된다고 한다.

할머니들과 아빠의 육아 신경전

파트너에게는 미안한 이야기지만, 만일 파트너가 제1양육자가 되었다면 우리 아이는 지금보다 조금은 더 별난 아이가 되었을 것 같다. 다행히도 외할머니가 육아의 절반 이상을 담당해 주셨기 때문에 내 아이는 비교적 차분하고 애착이 잘 형성된 것 같다. 그런데 파트너가 어떤 사정으로 미국에 얼마동안 체류하게 되자 내 어머니께서 3개월 전부터 육아를 집중적으로 도와주시게 되었고, 그때부터 육아에 어떤 긴장감이 흐르기 시작했다.

현재 핵심적 양육자라고 할 수 있는 아빠인 나, 할머니, 외할머니 사이에는 육아 방식을 두고 명시적이지는 않지만 암묵적인 긴장이 흐르고 있다. 아마도 외할머니는 할머니의 육아에, 할머니는 외할머니의 육아에, 나는 두 할머니의 육아에, 두 할머니는 또 아빠의 육아에 대해 걱정하고 있을 것이다. 아이를 둘러싸고 서로가 서로의 육아를 걱정하고 있는 형국이다.

'아이 하나를 키우려면 온 마을이 필요하다'는 인디언 속담이 있다는데, 지금 우리 상황이 그렇다. 아이 하나를 돌보기 위해 할머니들뿐만 아니라 할아버지, 고모네 가족이 모두 동원되어 있다. 각자 다른 육아관을 가지고 있고, 편하게 소통할 수 있는 관계들도 아니다.

나는 육아를 부탁드려야 하는 입장이라 두 분께 육아에 대해 이러쿵저러쿵 말하기 곤란하다. 그리고 어른들께 그렇게 하는 것이 썩 내키지도 않는다. 두 할머니는 사돈 관계라 육아에 대한 원칙적 합의를 이루기 어려운 관계이다. 아마도 할머니와 외할머니가 아이에게 부여하는 규칙은 범위도 다르고 강도도 다를 것이다. 나 역시 두 분과는 다른 규칙을 아이에게 부여하고 있을 것이다.

그런데 더 어려운 것은 그것이 다른지 아닌지도 확인할 수 없다는 사실이다. 아이가 각각의 양육자와 보낸 시간은 아이와 양육자 둘 사이의 은밀한 비밀이다. 아이에게는 물어도 대답이 없고, 다른 양육자에게는 물어 볼 수가 없다.

아빠인 나의 걱정은 두 할머니의 성향이 몹시 다르기 때문에 더 증폭된다. 내 어머니는 성취 지향적이고 엄격한 편이다. 파트너의 어머니는 매우 따뜻하고 관계 지향적이다. 맞는 말인지는 모르겠지만, 친할머니가 좌뇌형 양육자라면 외할머니는 우뇌형 양육자이다. 그러면 나는? 나는 내 어머니의 아들이니까 할머니 편에 더 가까울 것이다.

학계의 보고에 따르면 할머니가 육아를 맡아 주는 것이 아이와 할머니 모두에게 좋은 결과를 가져온다고 한다. 아이는 정서적으로 더 안정되고 할머니는 이전보다 정서적으로나 신체적으로 건강해진다고 한다. 그런데 우리는 양육자가 여러 명이라 일관된 양육을 하고 있지 못하다는 생각이 자주 든다. 이 상황에 대해 나 자신에게 한 가지 합리화와 한 가지 반성을 해 보려고 한다.

아이에게는 스스로 융합하는 힘이 있다

폴 리쾨르는 사상적으로 두 명의 어머니가 있다. 하나는 반성 철학 전통이며 다른 하나는 개신교 전통이다. 리처드 커니는 《현대사상과들의 대화》

에서 리쾨르에게 묻는다.

"당신은 결국 철학적으로 불가지론자이며, 개인적으로는 신앙인이 아닙니까?"

사실 이 질문은 폴 리쾨르에 대한 대단히 공격적인 질문이라 할 수 있다. 충돌하는 두 해석들 사이에서 매개자이고자 한 그의 사유의 도정은 어느 한쪽으로 치우치기를 거부했다는 점에서 불가지론적인 구석이 분명히 있다. 또 철학자에게 그리스도교 신앙은 근원적 회의와 고찰을 불가능하게 한다는 점에서 신앙인이라는 평가는 철학자 폴 리쾨르에 대한 도발적 지칭이라 봐도 좋다. 이 공격적이고 도발적인 질문에 대해 그는 이렇게 대답한다.

"인식론적으로는 부정합적(不整合的)이지만, 실존적으로는 수렴점이 있습니다."

그는 철학자이면서 개신교도라는, 즉 헬레니즘 전통의 자식이면서 동시에 헤브라이즘 전통의 자식이라는 이중적 정체성이 논리적으로는 어떤 모순이 있다는 사실을 누구보다 잘 간파하고 있다. 하지만 그것은 구체적인 한 인간의 삶 안에서는 이질적이거나 상반된 것이 아니다. 자연세계에는 모순이 없다. 한 인간으로서 폴 리쾨르에게 두 전통은 수렴한다.

다소 먼 이야기를 했지만, 내 걱정이나 우려와는 달리 하나의 실존으로서 우리 아이 역시 할머니, 외할머니, 아빠라는 세 가지 다른 인식론적 관점을 자신의 존재 속에 전유(appropriation)하고 있을 것이다. 마치, 이중적인 양육 태도를 지닌 부모를 두었던 소설 속 토니오 크뢰거같이, 그리고 《토니오 크뢰거》의 실존 인물이었던 토마스 만처럼, 아이는 어떤 방식으로든 세 명의 다른 육아관을 독자적인 힘으로 지평융합하고 있을 것이다.

물론, 실제로는 그렇지 않을 수도 있지만, 이것은 이 딜레마 상황을 받아들이는 나의 전유 방식이기도 하다. 원래 인간이란 모호하고 불투명하다, 어떤 충돌은 불가피하다, 아이에게 공은 넘어갔다, 하는 식 말이다.

> 청교도 정신에서 유래하는 명상적이고 철저하며 정확한 성품이셨고 우수에 잠기곤 하셨지요. 불확실한 이국적 혈통을 물려받으신 제 어머니는 아름답고 관능적이고 소박한 동시에 태만하고 정열적이었으며 충동적 방종성을 지닌 분이셨습니다. (중략) 이 혼혈에서 생겨난 것이 바로 예술의 세계 속으로 길을 잃은 시민, 훌륭한 가정교육에 대한 향수를 지닌 보헤미안, 양심의 가책을 느끼는 예술가입니다. (중략) 나는 두 세계 사이에 서 있습니다. 그래서 어느 세계에도 안주할 수 없습니다. 그 결과 약간 견디기가 어렵지요. 당신들 예술가들은 저를 시민이라 부르고, 또 시민들은 나를 체포하고 싶은 충동을 느끼게 됩니다. 이 둘 중 어느 쪽이 더 나의 마음에 쓰라린 모욕감을 주는지 모르겠습니다.
>
> —토마스 만, 《토니오 크뢰거·트리스탄 베니스에서의 죽음》 중에서

할머니들께 부치는 반성문

그런데 이 과정에서 두 할머니는 아들과 사위에게 늘 미안해하신다. 그건 나의 태도와 연관되어 있을 것이다. 이상하게도 나는 양육 과정에서 말 없는 감독자 역할을 수행하고 있다. 사실 나는 아이 양육에 대해 매우 초보적인 지식만 있을 뿐이지만, 육아 경험이 풍부한 두 할머니에게는 감독자처

럼 행동한다.

앞에서 우리 어머니를 만족을 모르는 기계로 표현한 적이 있지만, 사실 한편으로 나야말로 어머니의 육체와 시간, 정신적인 부분을 착취하는 기계이다. 가부장적 질서 속에서 남자와 여자 사이의 - 여기서는 아들(사위)과 어머니(장모님) - 관계는 역할 놀이 아닌 역할 놀이가 되어 남자는 생식, 종 보존과 관련된 거의 모든 부분을 여자에게 의존하게 된다. 남편과 아내의 관계가 아내에 대한 남편의 착취 관계라면, 이 질서 하에서 아들(사위)과 어머니(장모님)의 관계는 '울트라' 착취 관계이다. 마치 부르주아가 노동자에 대한 감시와 통제 체계, 규율을 만들듯이 나는 두 할머니께 암묵적인 감시와 통제 체계 하에서 움직이도록 요구해 왔다.

사실 암묵적인 것도 아니다. 아이의 일과표를 크게 만들어 주방에 붙여 놨는데, 이것은 노동자의 생산 스케줄과 크게 다르지 않다. 생산에 '생' 자도 모르는 부르주아가 생산 스케줄을 짜듯이 육아의 '육' 자도 모르는 내가 육아 일과표를 짠다. 그리고 생산력을 노동자들 사이의 경쟁에 의존하듯이 아이의 육아를 두 할머니 사이의 경쟁 아닌 경쟁에 의존하고 있다.

더 나아가 보자. 아이가 성장한 후에 아이는 할머니에게 감사하게 될까, 나에게 감사하게 될까? 글쎄, 모를 일이지만, 노동자가 생산해 낸 가치를 부르주아가 독점하듯이, 아이가 이룩해낸 성장이라는 가치는 아마도 아빠인 나의 것이 될 가능성이 높다.

하지만 오해하지 말라. 내가 이 역할 놀이를 주도한 것이 아니다. 나의 책임은 이 역할 놀이가 계속 이뤄지도록 내버려 두었고 암묵적으로 공모해 왔다는 데 있다. 정확한 내 위치는 두 할머니 사이의 소통의 매개가 되는,

즉 양육(노동)자 조합의 중재자이자 후원자가 되는 것이 아닐까.

나는 늘 근엄한 표정으로 오늘은 엄마 차례예요, 내일은 장모님 차례예요 하면서 서재에 앉아 있다. 두 노동자–할머니는 빨간꽃노란꽃꽃밭가득피어도파란나비꽃나비담장위에날아도따스한봄바람이불고또불어도아이는똥을싸고밥을먹고떼를* 쓰기에 기저귀를 갈고 밥을 짓고 책을 읽어 주고 있다.

이제 반성.

"나는 아이를 믿고, 두 어머님들께 감사하겠다. 내게 특권을 부여하는 이 불합리한 역할 놀이를 중지하겠다."

마지막으로, 위의 못된 유비를 비틀어서 한 마디. 할머니는 육아에 있어서 최고의 숙련공이다. 견습공 주제에 십장이라도 되는 양 잔소리 마시라, 젊은 아빠, 엄마 들이여.

---

* 노래를 찾는 사람들의 노래 〈사계〉를 패러디한 것으로, 리듬감을 살리기 위해 띄어쓰기를 하지 않았다.

13

아이의 폭력에는 이유가 있다!

일을 마치고 돌아오니 어머니께서 과일을 내다 주셨다. 아이와 어머니, 나 셋이 둘러 앉아 과일을 먹다가 가장 큰 조각을 내 입에 넣는 순간 아이가 기겁을 하며 울기 시작했다. "미안해, 아빠가 이거 줄게." 하지만 아이는 울음을 그치기는커녕 집어 든 과일을 냅다 던져 버린다. 먹고 있던 요거트도 숟가락으로 퍼서 온 주방에 흩어 버린다. 어머니와 나는 당황한 나머지 아이를 물끄러미 쳐다볼 수밖에 없었다.

아이는 그래도 분이 풀리지 않았던 모양이다. 자신의 왼손을 높이 들어 내 뺨을 갈기려는 순간, 본능적으로 아이의 손을 움켜잡았다. 아이는 그제야 이 난동을 멈추고 그저 큰 소리로 울기만 하면서 "아빠, 안아, 안아" 한다. 당황스럽고 화도 났지만 일단 아이를 안았다. 어머니는 아이가 간혹 짜증이 나면 이런 식으로 행동했다고 한다.

아이는 짜증, 아니 어쩌면 다소 폭력적이라고 할 수 있는 행동을 파국에 이르러서야 멈췄다. 아이가 어지럽혀 놓은 것을 어머니가 치우고 계신 모습을 보니 울화가 치민다. 아이의 이런 행동이 못마땅하다. 내 아이는 특별히 폭력적인 것일까? 내가 무언가 잘못하고 있는 것일까?

데카르트의 아기들

폴 블룸은 《데카르트의 아기들》에서 "아기는 하나같이 폭력적"이라고 말한다. 아이들은 동그라미 두 개가 서로 아무런 연관 없이 움직일 때보다 쫓고 쫓기는 것처럼 보일 때 더 좋아한다는 것이다. 거기에는 진화-생물학적 요인도 있을 것이다. 어떤 연구에 따르면, 전두엽 피질이 활성화되어 있지 않거나 세로토닌 수치가 낮은 경우 폭력적인 성향이 다소 강해진다고 한다. 아이의 발달상 여러 생물학적 조건이 성인 수준에 이르지 못했기에 폭력적 행동이 나오는 것은 아닐까.

일반적으로 전두엽은 청소년기에 왕성하게 발달한다는 것이 학계의 보고이다. 그렇다면 아이의 폭력성이 출생 이후 꽤 오랫동안 유지된다는 말인데, 여기에는 진화 과정에서 생겨난 이유가 있을 것이다. 요컨대 아이는 생존을 위해 어른과는 다른 보호 기제를 가진다. 아이가 가진 매우 귀여운 모습만큼이나 공격성은 스스로 생명을 보존하기 위한 하나의 전략으로써 인류의 오랜 진화 과정에서 나타나는 자연스러운 현상으로 이해해도 좋을 것이다.

아이는 꼬마 실험가

아이가 하나같이 폭력적이라고 해서 즉시 인간이 선천적으로 선하다거나 악하다는 결론을 내릴 수 있는 것은 아니다. 최소한 우리 아이는 루소의 주장만큼이나 연민을 가지고 있으며(루소,《인간 불평등 기원론》), 프로이트의 주장만큼이나 본능적 충동을 가지고 있기도 하다(프로이트,《문화에서의 불안》).

오히려 아이의 공격적인 행동은 아이가 부모에게 행사하는 자극에 대해 부모가 무반응을 보일 때 나타난다. 요컨대, 아이는 실험가이다. 아이는 끊임없이 어떤 가설을 세우고 부모와 양육자가 자신이 어떤 행동(자극)을 했을 때 어떻게 반응할지를 생각하고 있는 것 같다. 아이에게 실험 결과는 자신의 가설에 대한 검증 혹은 반증 두 경우뿐이다. 만일 자신의 어떤 행동에 대해 자신이 기대한 대로 양육자가 적극적으로 반응하면 아이는 자신의 가설을 검증한 기쁨에 '신난다'를 연발한다. 반대로 양육자가 자신이 기대한 반응을 보이지 않으면 처음에는 반복적 자극을 부여하기 위한 행동을 하고, 만일 자신의 가설이 반증으로 끝나게 되면 아이는 하나의 규칙을 습득하게 된다.

하지만 부모가 어떤 사정으로 아이의 자극에 대해 무관심으로 일관한다면 아이는 반응을 이끌어 내기 위한 과도한 수준의 행동을 하게 되고, 이것이 폭력이나 공격의 형태로 드러나는 듯하다. 아이는 자신의 가설이 검증되지 않았다는 것에 대한 심리적 좌절감을 서둘러 수용하지 않는다. 몇 차례 다시 양육자가 반응하도록 기회를 준 후 양육자가 결국 반응하지 않거나 무심하면 공격하기 시작한다.

아이의 폭력성은 반응을 부르는 요청의 한 형태이다. 아이의 폭력은 아빠를 향한 거친 지향적 외침이다. 아직 언어가 제대로 자리 잡지 못한 27개월의 아이에게 폭력이나 공격은 언어의 또 다른 형태이며 결코 우발적으로 일어나는 것이 아니다. 아이는 꼬마 실험가이다. 자신의 가설을 자신과 부모를 대상으로 검증하려 한다. 아이의 실험은 부모와의 상호작용을 바라는 아이의 요구이기도 하다. 따라서 아이가 다소 공격적이라면 아이의 자극과 반응 놀이에 양육자가 게으르게 참여하지는 않았는지 생각해 봐야 한다.

그렇다면 아이 편에서 하는 모든 지향적 행동들, 즉 자극을 부모에게 주어 반응을 유도하려는 일체의 행동은 모두 폭력의 다른 표현이라 해도 좋을 것이다. 대체로 폭력 혹은 위협이 상대에게 일정한 정도의 힘을 가해 상대의 반응을 신속하게 이끌어 내려는 것임을 생각해 볼 때, 인간의 거의 모든 표현 행위가 반응을 유도하기 위한 행동이며, 폭력은 그 프로토타입이라 할 수 있다. 프랜시스 베이컨의 회화를 생각해 보라. 자화상 연작을 포함한 베이컨의 많은 도상들(표현)은 '폭행당한 얼굴'을 하고서 감상자를 폭행하고 있다!

아이와 함께하는 공 주고받기, 노래 부르기와 춤추기, '안아, 안아'라는 요구는 모두 아이의 본능적 충동이 다양한 형태로 표출되는 것이다. 아이는 자신의 표현이 아무런 반응을 불러오지 않을 때 폭력을 행사한다. 폭력은 표현의 한 양상이며 모종의 반응을 기대하는 자극이다.

무반응, 또 하나의 폭력

물론 아이의 가설이 허용되지 않아야 하는 경우도 있다. 그 가설이 반드시 반증으로 끝마쳐져야 할 때도 있으며, 때때로는 가설에 보충이 요구될 때도 있을 것이다. 아이가 부모 입장에서는 결코 할 수도 없고 해서도 안 되는 일을 요구하며 떼를 쓰고 울어 버리는 경우, 부모를 향한 아이의 이런 공격을 어떻게 처리해야 할까? 혹은 몇 가지 조건이 충족되면 반증을 검증으로 돌릴 수도 있다는 사실을 아이에게 어떻게 가르쳐야 할까? 똑같이 폭력으로 응대해야 할까, 행동을 수정하도록 끊임없이 교육해야 할까?

아이는 이런 자극과 반응의 가설 검증 실험을 통해 규칙을 배워 나갈 것이다. 그렇기 때문에 부모가 아이의 자극, 공격, 폭력적 행동을 포함한 모든 행위에 일관되게 행동해 나가는 것이 필요하다. 그렇지 않고 비일관적 반응을 보이면 전혀 공격 행동을 보이지 않던 아이도 극심한 혼란에 빠져들게 할 수 있고, 자극에 대한 반응의 불안정성, 불확실성 때문에 매우 소극적이고 자발성이 없는 아이로 자라나게 할 수 있다.

더구나 아이는 부모의 반응, 즉 가설에 대한 검증과 반증으로 사회의 규칙을 내면화해 나간다. 사회의 규칙, 이 문명의 요구와 같은 외적인 강박은 평생 동안 아이의 내면에서 내적 강박으로 대치되고 자리 잡아 또 하나의 본능이 된다. 따라서 부모의 비일관적 반응은 아이의 내면을 모순되는 강박들로 가득 차게 할 수도 있다는 사실을 주지해야 한다.

그러나 무엇보다 나쁜 것은 아이가 보내는 '자극-표현-폭력'에 대한 부모의 무반응과 무응대이다. 그것은 아이의 폭력을 동반하는 공격에 부모가 폭력으로 응대하는 것보다 더 나쁘다. 사회문제가 되고 있는 학교 폭력이나 성폭행 같은 폭력적 범죄 역시 폭력 주체가 폭력 이전에 행사했던 자극에 대한 상대의 무반응, 무응대가 만들어 낸 심리적 좌절이 원인인지도 모른다.

인간은 본래 지향적 존재이며 본성상 표현하는 존재이기에 인간인 한 자신의 표현성과 지향성을 결코 포기하지 않는다. 인간은 항상 무엇을 향해 있다. 따라서 비록 무반응으로 인해 심리적 좌절을 겪더라도 인간은 굴복하지 않는다. 오히려 반응을 이끌어 내기 위해 더 강한 자극을 행사하게 된다. 몇 번의 반응 유도 자극이 실패하면 그 자극은 어떤 역치에 이를 때까지 강화될 것이다.

대체로 일탈 행위를 하거나 잔인성을 보이는 사람들은 이런 과정을 통해 일반인에 비해 훨씬 더 강하고 강렬한 지향성을 갖게 되었는지도 모른다. 더 나아가 이런 이들은 강하고 강렬한 지향성의 분출구를 다른 곳에서 찾지 못한 자들, 탈주를 감행하지 못한 자들이다.

예술로 승화된 폭력들

강하고 강렬한 지향이 '다른 경로를 향하면' 자기 파괴적인 결과를 낳는 대신 강렬한 '세계 경험'을 가능하게 하는 표현, 즉 예술성을 획득하게 될지도 모른다. 아버지로부터 당한 성폭력으로 인해 신경증을 앓으며 아버지로 그려진 인형에 물감 총을 쏘는 '슈팅 페인팅'을 창안한 니키 드 생팔이나, 어머니로부터 강한 신체적 학대를 받아 심한 환각 증세로 인해 자발적으로 정신병원에 들어가 작업을 계속하고 있는 쿠사마 야요이는 모두 강렬한 지향, 즉 폭력성으로 예술성을 획득한 또 다른 사례라 할 수 있다.

프랜시스 베이컨의 폭행당한 얼굴은 자신이 당한 폭행의 반작용이자 자신의 폭력성의 한 양태이다. 특히 고흐는 폭력과 표현의 상관성을 보여주는 전형적인 사례다. 고흐의 작품들이 뿜어내는 거대한 에너지는 틀림없이 폭력적이라 할 만큼 강렬하다. 고흐는 일평생 자신의 그림이 팔리기를 희망했다. 1881년 동생 테오에게 보낸 편지에서 그는 "그런데 이제는 제발 솔직하게 말해다오. 왜 내 그림은 팔리지 않을까? 어떻게 해야 그림을 팔 수 있을까?"라고 묻는다(고흐, 《반 고흐 영혼의 편지》).

고흐는 다수에게, 아니 거의 모두에게 외면받았고, 철저한 무반응을 경험했다. 강하고 강렬한 지향성은 자기 자신으로 향했고, 자신의 귀를 자르고 서른일곱이 되자 자신의 머리에 총알을 쏴 넣었다. 어쩌면 '인간 예수'도 하나님 나라에 대한 당대의 철저한 무반응으로 인해 스스로를 채찍과 십자가의 길로 내몰았는지도 모른다.

학교 폭력과 성범죄. 이 역시 철저한 무관심과 무응대가 만들어 낸 폭력의 극단적 양상인지도 모른다. 폭력이 선천적으로 결정되는 진화생물학적 요인이 있다고 하더라도, 우리는 아이들의 가설, 서발턴(subaltern ; 그람시가 《이태리의 역사 논고》에서 사용한 개념으로 '하위 계층'을 의미)들의 가설에 귀를 기울이고 그것이 검증이 되든 반증이 되든 보충이 되든 반응을 보여야 한다. 아이들과 서발턴들의 가설의 다른 이름은 바로 마음이며, 때때로는 비명이기도 하다. 이들은 레비나스가 말하는 바, '나'에게 윤리적 책임을 갖도록 명령하고 호소하는 '타인'이다.

신적 폭력으로 신화적 폭력 중지시키기

발터 벤야민은 《폭력 비판을 위하여》에서 폭력에는 두 가지 성격이 있다고 분석한다. 하나는 법 정립적 성격, 다른 하나는 법 보존적 성격이다. 예컨대, 전쟁이나 파업과 같이 기존 질서를 부수고 새로운 질서를 세우는 결과를 만들어 내는 폭력이 법 정립적 폭력이라면, 다른 한편 공권력, 사법권을 독점적으로 행사하여 기존의 질서를 유지하는 폭력은 법 보존적 폭력이다. 그의 통찰에 따르면 법은 폭력과 반대 개념이 아니다. 어떤 경우든 폭력은 기존의 질서, 기존의 법 체제와 관련해서만 의미를 갖게 된다. 폭력과 법은 상호 공속적인 개념이다. 벤야민은 위 책에서 폭력, 즉 법을 비판하고 뛰어넘는 폭력의 가능성을 묻는다. 거기에 대한 그의 대답이 바로 '신적 폭력'이다.

> 모든 영역에서 신화에 대해 신이 맞서듯이 신화적 폭력에도 신적인 폭력이 맞선다. 그것도 후자의 폭력은 모든 면에서 전자에 대한 반대상을 가리킨다. 신화적 폭력이 법 정립적이라면 신적 폭력은 법 파괴적이고, 신화적 폭력이 경계를 설정한다면 신적 폭력은 경계가 없으며, 신화적 폭력이 죄를 부과하면서 동시에 속죄를 시킨다면 신적 폭력은 죄를 면해 주고, 신화적 폭력이 위협적이라면 신적 폭력은 내리치는 폭력이고, 신화적 폭력이 피를 흘리게 한다면 신적 폭력은 피를 흘리지 않은 채 죽음을 가져온다.
>
> —발터 벤야민, 《폭력 비판을 위하여》 중에서

아이들에게 늘 조용하게 하는 교실, 모든 표현과 에너지가 책과 참고서만을 지향하게 하는 교육 환경은 그런 의미에서 신화적 폭력 아닌가. 어떤 아이들의 누군가를 향한 공격 혹은 자기 파괴적 행위는 이런 교실, 교육 환경, 사회, 법질서가 만들어 내는 구조적 폭력이다. 벤야민 식으로 말하자면, 법을 보존하도록 요구하는 신화적 폭력이 행사하는 자극에 대한 반응들이다. 어떤 아이가 폭력적이라고 말하기 전에 우리 안에 잠재된, 아니 드러나 있는 폭력은 존재하지 않는지 물어야 한다. 이 같은 신화적 폭력은 지젝의 표현대로라면 "객관적 폭력"이자 "상징적 폭력"일 것이다.

이제 돌이켜 나 스스로에게도 묻게 된다. 나는 내 아이의 가설을, 아이의 마음을, 즉 아이의 정신세계를 보려고 하는가? 아이의 '강하고 강렬한 지향'의 출구와 탈주선을 마련하고 있는가? 아이에게 아빠는 또 하나의 신화적 폭력으로 존재하고 있는 것은 아닌가? 우리 사회와 세계의 목소리, 표현, 폭력에 반응하지 않는 '무반응의 폭력'을 지금도 나는 행사하고 있는 것은 아닌가?

아이에게 한 대 맞을 뻔 하고서야 비로소 아이의 가설, 즉 아이의 마음이 보이기 시작했다. 그런 의미에서 아이의 폭력은 아빠가 하나의 신화적 폭력으로 존재하는 것을 중단하게 만드는 신적 폭력이 아닐까!

・・・

내 파트너는 아이가 아주 어렸을 때부터 아이에게 맞곤 했다. 물론 그것은 아이가 의도한 행동은 아니다. 그래도 우연히 얼굴을 아이의 발에 차이거나 아이 머리에 부딪히면 파트너는 아프다고 비명을 질렀다.

이런 일도 있었다. 아이가 아직 복중에 있을 때다. 깊은 밤 파트너의 고함 소리에 깼다. 그녀는 갑자기 "때리지 마!"라고 외쳤다. 엄마 뱃속에서 태아가 발길질을 한 탓이었다. 파트너는 아이의 의도 없는, 사실은 공격 아닌 공격에도 화를 냈다. 아이는 뱃속에서부터 부모를 때리고 있었던 것일까.

이제 아이는 무엇인가 의도를 갖고 폭력을 행사한다. 공격적 행동은 부모를 매우 당혹스럽고 어떤 면에서는 의기소침하게 한다. 뱃속에서의 발길질에 웃었던 때와는 다르게 느껴진다. 아직 우리 부부가 어린 탓인지도 모르겠다.

14

 말만 많은 아이,
말이 남다른 아이

　오늘은 아이가 외할머니 댁에 있다. 아마 오늘 밤 늦게야 아이와 만날 수 있겠지. 최소한 월요일 하루만큼은 아이와 온전하게 보내려고 노력하는 중이다. 집 근처 호수에 데려가기도 하고 저 멀리 교외에 나가기도 한다.

　아이와 하루 종일 함께 지내면서 아이가 하는 말을 듣는 것보다 재밌는 것은 없다. 아이와 지내다 보면 아이가 쓰는 말에 한 번 놀라고 언어 발달 속도에 두 번 놀라게 된다. 아이를 키우는 부모라면 누구라도 촘스키의 주장에 호감이 갈 것이다. 아이가 매일매일 놀라울 만큼의 언어적 성취를 이뤄 내고 있는 것을 보면 말이다.

노암 촘스키의 생성 문법 이론은 모국어를 말하는 사람은 유한한 언어 규칙을 습득하여 그것을 토대로 그 이전에 듣지도 보지도 못했던 무한한 문장을 만들어 낸다는 사실에 주목하여 정식화된 것이다. 이런 생성이 가능한 것은 언어 능력이 인간에게 선천적이기 때문이라는 것이 그의 생각이다. 촘스키의 주장처럼 언어 능력은 정말 선천적인 것일까.

모든 것을 기억하지만 아무것도 이해하지 못하는 남자

요즘 아이는 문장을 구사한다. 아직 단조롭게는 "이거 뭐야", "아빠, 이거 주세요", "기저귀 비싸, 아껴" 등이 있고, 좀 더 복잡하게는 "할아버지하고 할머니하고 아빠하고 같이 가자", 심지어는 "아빠, 아빠 집에서 빠빠 먹구, 낸내 하구, 공부하구 있어"라는 말도 한다.

아이는 또 사물에 고유한 이름이 있다는 것을 안다. 이름을 알려 주면 금세 따라 하고, 불완전하지만 최대한 분절적으로 소리를 내려고 노력한다. 두 개 혹은 세 개의 다른 이름(명사)을 연결시키기도 하며, 아빠가 하는 말이 질문인지 지시인지 이해하기도 한다. 간혹 불완전하지만 과거형을 말하기도 한다. 그중에서도 가장 신기한 것은 아이가 나름대로 유와 종을 구분해 내는 범주를 갖고 있는 것 같아 보이는 것이다.

내 아이는 보르헤스가 탄생시킨 '기억의 왕 푸네스'가 아니다. 푸네스는 1882년 4월 30일 새벽에 본 남녘 하늘의 구름 모양을 기억했고, 모든 숲의 모든 나무의 모든 나뭇잎을 지각하고 기억했다. 모든 순간의 모든 개별적인 것에 이름을 붙였다. 하지만 푸네스는 개라는 종목별 기호가 다양한 크기와 형태를 지닌 수많은 개들을 포괄한다는 사실을 이해하기 힘들었다. 보르헤스에 따르면 그는 정밀하고 명징한 관찰자였으나 그의 정신은 기억이라는 쓰레기의 집합소였는지도 모른다.

보르헤스와 비슷한 생각을 했던 로크는 범주가 없다면 어떤 것도 학습되거나 일반화될 수 없기에 범주를 갖게 된다고 보았다. 만일 일반화 능력이 없다면 아이는 토마토를 좋아하더라도 눈앞에 있는 토마토를 먹지 못할 것이다. 범주, 즉 개념은 지금 내 눈 앞에 놓인 세상과 과거 경험과 나를 연결해 주는 것이다. 다행이다. 우리 아이는 토마토, 딸기, 수박이 밥과 다른 유라는 것을 이해한다. 범주, 즉 개념은 세상을 향한 우리 정신의 대문이다.

헬렌 켈러가 언어를 배운 방법

영화 〈블랙〉에서 가장 인상적인 장면은 사하이 선생이 농아이자 맹아인 미셸에게 사물에 저마다 이름이 있다는 것을 알게 해 주려고 고군분투하는 장면이다. 사하이 선생은 이미 언어 습득에 있어서 결정적 시기(대체로 3세에서 6세 사이)를 놓친 채 미쳐 날뛰는 미셸에게 사물에는 저마다 고유한 이름이 있다는 것을 끊임없이 알려 주려고 한다. 당연히 농아, 맹아인 미셸이 그것을 쉽게 배울 리가 없다. 하지만 미셸은 끝내 사물과 이름의 연관성을 깨닫게 된다.

미셸과 미셸의 실존 인물인 헬렌 켈러가 처음 배운 단어는 물(water)이었다. 영화는 미셸이 사물 '물'에는 '물'이라는 이름이 있다는 것을 이해하는 장면을 대단히 극적으로 묘사한다. 그것은 틀림없이 '무지 혹은 동물성, 본능으로부터의 해방'을 형상화하는 장면이다. 미셸은 사물과 이름의 연관성을 이해하면서 무의식의 독재로부터 해방되기 시작했다. 미셸은 듣지 못하면서도 말을 배웠고, 보지 못하는데도 읽고 쓰는 능력을 익혔으며, 순전히 점자만을 통해 몇 개 국어를 할 수 있게 되었다. 이 얼마나 놀라운 일인가!

아이들도 마찬가지이다. 아이들은 아무 것도 말하지 못하던 상태에서 말을 하고 읽고 쓰는 단계까지 자란다. 이 모든 과정은 아이가 사물과 자신 사이가 이름을 통해서 연결될 수 있다는 사실을 알게 되면서부터 시작되는 것이다.

사물에는 저마다 이름이 있다는 것, 사물과 사물을 부르는 이름은 연결되어 있지만 같지는 않다는 사실을 이해하는 것은 아이가 실재의 세계에서 상징의 세계로 진입하고 있다는 말이기도 하다. 하지만 미셸과 보통 아이는 차이점도 있다. 보지 못하고 듣지 못하는 상황에서 미셸에게 사물이란 극히 제한된 것일 수밖에 없다. 즉, 사물은 관찰자(주체)에게 감각으로 포착되는 대상이어야 하는데 미셸의 경우 시각과 청각이 손상되어 있었기에 사물을 만나는 통로가 극히 제한될 수밖에 없었을 것이다. 그래서 사하이 선생은 대상을 인지하게 하는 통로로 물을 활용한 촉각을 선택했다.

결과적으로 사하이 선생의 전략은 매우 효과적이었다. 미셸은 앞이 보이지 않기에 누군가의 행동을 대상화하기 쉽지 않다. 그리고 움직이지 않는 집 안의 기구들은 촉각을 흥분시키는 정도가 약하고 형태조차도 제대로 그려 내기 어렵다. 그에 비해 물은 촉각을 더 자극한다는 점에서 더 손쉽게 대상화된다. 실제로 최근 연구에 따르면, 촉각이 다른 감각에 비해 언어 학습에 더 중요한 도움을 줄 수 있다는 것이 밝혀지기도 했다.

아이들이 언어를 습득하는 순서

미셸에게는 '물'이 '사물'이지만, 다행스럽게도 보통의 아이들에게는 감각될 수 있는 모든 것이 사물이다. 이는 통념상 아이들이 명사를 먼저 배운다는 생각이 잘못되었음을 시사한다. 사실 현상보다 좁은 의미인 사물 자체의 이름, 즉 명사를 배우려면 사물이 응집적이라거나 견고하다는 등의 더 발달된 사고가 생겨나야 한다.

내 생각에 아이들은 명사를 먼저 배우기보다는 감각으로 대상화된 모든 것들에 이름이 있다는 것을 먼저 배우는 것 같다. 따라서 동사도 어떤 행위에 붙인 이름이며 부사나 형용사도 감각하게 된 상황이나 사태에 붙인 이름이다. 실제로 아이들은 '함께', '같이' 또는 '~하고' 같은 부사를 다른 말들보다 빨리 쓰는 경향이 있는데, 그것은 아이가 상황이나 사태에 이름을 붙였기에 가능한 것이다.

조금 더 생각해 보면, 아이가 어떤 부분에 더 예민하거나 어떤 대상이 특히 더 큰 자극을 줄수록 아이는 그 특정한 말을 더 쉽게 배운다고 추론할 수도 있다. 한 예로, 청각에 민감한 아이와 촉각에 민감한 아이는 각각 다른 순서로 단어들을 배워 나갈 것이다. 또 진화생물학적 이유에서 자신의 생존에 더 유리하다고 판단하는 말들을 우선적으로 습득해 나갈 것이다. 그 예로는 '엄마', '먹어' 그리고 '같이' 정도가 아닐까 싶다.

조기 영어 교육의 허실

나는 내 아이가 말을 잘하는 아이보다는 고유한 말의 리듬을 가진 아이가 되었으면 한다. 사실 많은 연구들은 약간의 속도 차이가 있을 뿐이지 어느 정도 시간이 흐르면 아이들 사이의 언어 능력 차이는 거의 사라지게 된다고 설명한다. 물론 여기서 언어 능력은 모국어 구사 능력이다. 그런데도 여전히 많은 부모들은 아이가 얼마나 빨리 그리고 더 잘 말하는가에 예민하다.

나도 우리 아이가 언어 능력이 뛰어났으면 하고 바란다. 대개의 부모들이 그렇듯이, 언어 능력이 학습 능력에 영향을 미칠 것이고, 언어 능력이 발달하면 바이링구얼이 되지 않을까 하는 생각도 하게 된다. 하지만 이런 생각들이 어쩌면 과학적이라기보다는 하나의 관습에 불과할 수도 있다는 것을 깨닫게 된 것은 불과 얼마 전이다. 이처럼 하나의 관습으로 굳어진 사고방식은 주변의 압력에서 알게 모르게 기인한 것이다. 영어를 배우라는 학습지 광고와 언어 습득이 학습 능력 향상에 도움이 된다는 교구 안내지가 우편함에 넘쳐 난다.

아이의 언어 능력과 학습 능력은 정말 긴밀하게 연관되어 있을까? 하트와 리슬리의 연구에 따르면, 언어 능력은 초등학교 3학년 시기까지 언어와 관련된 과목에서 영향을 보였을 뿐 수학과 같이 언어적 영향이 낮은 과목에서는 특별한 상관관계가 발견되지 않았다. 즉, 언어가 남들보다 뛰어나다고 해서 모든 인지 기능이 뛰어난 것은 아니며 조금 일찍 시작한 것에 불과하다. 생각해 보면 당연하다. 모국어 구사 능력은 시간이 지나면서 그 차이가 없어지기 때문이다.

그렇다면 언어 능력 발달을 바이링구얼과 관련짓는 것은 정당한 생각일까? 아이들이 영어를 포함한 외국어 공부를 일찍부터 시작하게 되는 이유는 언어 습득의 결정적 시기에 제2언어를 손쉽게 배울 수 있다는 점과 악센트 때문이다. 악센트가 영어를 제2언어로 사용하는 사람으로 살아가는 데 굉장한 기여를 한다고 생각한다면 아이에게 일찍 영어 학습을 시작하게 하는 것은 당연히 중요하다.

하지만 악센트와 언어 능력 발달 자체에는 큰 상관관계가 없고, 나는 내 아이가 한국식 악센트가 없는 영어를 구사했으면 하는 마음도 없다. 상식적으로 생각해도, 그 둘 사이에 상관관계가 있다면 미국의 모든 아이들은 다른 언어의 악센트가 없기에 언어 능력이 뛰어나야 한다! 심지어 아이가 돌도 되기 전부터 영어 학습 비디오나 오디오를 들려주는 부모들을 보게 되는데, 아이는 '살아 있는 사람'이 아니고서는 아무 것도 배우지 않는다는 사실을 모르고 있다.*

결정적 시기에 아이에게 영어를 가르친다면 효과는 매우 높을 것이다. 결정적 시기란 특정한 기술을 가장 쉽게 배울 수 있는 시기를 말하며, 이 시기 후에는 같은 기술도 배우는 것이 매우 어렵게 된다. 하지만 그렇다고 해서 아이들이 결정적 시기에 제2언어에 노출되기만 해도 자연스럽게 습득

---

* 이것은 언어 배우기에 있어서 상호작용을 강조하기 위해 한 말이다. 비디오, 오디오는 아이가 내용을 이해하지 못해도 설명을 더하거나 보충해 주지 못한다. 텔레비전은 상호작용을 하지 못한다. 청각 장애를 지닌 부모가 정상인 아이에게 말을 가르치기 위해 3년 9개월 간 텔레비전을 보여 줬지만 아이는 제대로 언어 발달이 이뤄지지 않다가 장애가 없는 성인과 5개월 동안 꾸준히 대화를 나눈 후 정상적 발달이 이뤄졌다고 한다. 언어 발달에 있어서 상호작용이 중요하다는 것을 시사하는 연구다.

하는 것은 아니다. 요컨대 부모 중 한 사람이 영어로만 아이와 소통하며 아이에게 일관된 문법 규칙을 사용하면 아이는 이중 언어 사용자가 된다. 하지만 그런 경우는 한 명은 한국어 구사자, 다른 한 명은 외국어 구사자이기에 일반적이지 않다. 아이를 바이링구얼로 키우려다가 자칫 부부 간 소통이 단절될지도 모를 일이지 않는가.

기다렸다가 정확히 반응하라

아이의 말 배우기에 부모가 관심을 가져야 하는 진짜 이유는, 앞서 말했듯이 그것이 아이에게 '사태를 개방해 주는 것'과 관련이 있기 때문이다. 그것은 현상-개념 도식으로 좀 더 쉽게 이해할 수 있다. 사물의 이름은 개념이다. 현상은 사물, 사태, 상황으로 이해하자(독일어 begriff는 개념을 의미한다. 이는 '잡다'라는 동사가 명사화된 것인데, 잡는 것은 다름 아닌 현상이다).

일반적으로 학자들의 관심은 다음과 같은 단계로 발전된다. 1. 다른 학자들의 연구를 토대로 새로운 현상을 발견한다. 2. 새로운 현상을 개념화한다. 3. 개념을 다른 현상들에 적용한다. 만일 어떤 학자가 발견해 낸 개념이 매우 포괄적이고 설명력이 강하다면 그 독창성을 인정받게 된다.

학자의 연구라는 유비를 통해 아이들의 말 배우기를 생각해 볼 수도 있다. 아이들에게 만사는 새로운 현상들이다. 부모는 아이가 만나는 새로운 현상, 새로운 사물이 어떤 개념, 즉 이름을 가졌는지 알려 준다. 아이는 배운 말을 다른 사물에도 적용한다. 아이는 이런 과정에서 범주를 형성해 나간다. 아이의 말 배우기는 학자가 현상을 개념화하는 것과 같은 작업을 수 차례 부모의 도움으로 반복하면서 이뤄지는 것이다.

이는 아이의 언어 학습 지도를 하는 부모에게 두 가지 중요한 교훈을 시사한다. 첫째는 아이가 뭔가를 발견하기 전에, 즉 어떤 사태와 상황을 직접 만나기 전에 뭔가를 알려 주는 것은 되도록 지양해야 한다는 것이다. 자칫 아이의 시선을 고착화하며 아이를 수동적으로 만들 수 있기 때문이다. 부모는 뭔가를 적극적으로 보여 주려 하기보다 아이의 시선을 따라 가는 것이 좋다. 아이의 시선이 머무는 바로 그 자리가 아이의 어떤 감각이 열리는 지점이며 아이에게 강한 자극을 주는 지점이다. 부모가 아이의 시선을, 예를 들면 TV 시청과 같은 방식으로 조정(혹은 조작manipulate)하려 든다면, 아이의 감각이 개방되는 사태가 무엇인지 부모는 결국 알지 못한 채 아이를 눈 뜬 '미셸'로 만들 것이다.

둘째는 아이가 만나고 있는 사태에 대해 정확한 개념 혹은 정확한 이름을 알려 줘야 한다는 것이다. 만일 아이가 사태와 상황에 대한 이름을 부적절하게 알게 되면 아이는 범주를 형성하는 데 혼란을 겪게 되며 세계를 단순하고 명징하게 이해하는 데 어려움을 겪게 될 것이다. 반면 아이가 머물고 있는 사태에 대해서 정확한 이름을 알려 준다면 아이는 사태와 개념의 일치를 이해하게 되고 이를 통해 범주를 형성하여 세계를 본격적으로 탐색해 나가기 시작한다. 이것은 부모가 아이를 자극하기보다는 아이에게 적극적으로 반응해 줘야 한다는 사실을 의미하기도 한다.

결론적으로 말하면, 아이에게 과도하거나 강한 자극을 주면 아이는 스스로 뭔가를 탐색하는 데 소극적이 될 것이다. 아이가 여하한 자극에 섬세하게 반응하기를 바란다면 아이가 어떤 자극에 개방될 때 이를 부모가 정당한 방법과 정확한 언어로 반응해 줄 필요가 있다. 그런 의미에서 나는 아이의 언어 발달을 철저히 인지 발달과 연관해서 이해해야 한다고 생각한다.

아이마다 고유한 언어 리듬이 있다

만일 아빠인 내가 우리 아이를 오래 머물게 하는 사태를 발견하고 아이에게 그 사태와 자극의 이름을 알려 준다면 우리 아이는 비록 더 많은 어휘량을 가진 아이는 될 수 없을지 몰라도 사물과 사태를 제대로 보는 아이가 될 것이다. 이것은 창세기에서 아담이 피조물에 이름을 붙이는 장면을 떠오르게 한다! 무엇보다 아이의 감각은 예민해질 것이며, 섬세한 자극에도 민감하게 반응할 것이고, 내적 리듬이 언어로 형상화하는 데까지 이르게 될 것이다.

아이의 내적 리듬은 비유컨대 어떤 외적 리듬으로도 환원될 수 없는 자기 규율, 자기 규칙과 같은 것이다. 미셸이 촉각으로부터 매우 독특한 그녀만의 언어적 리듬을 만들어 가듯이 아이는 자기가 지닌 더 발달된 감각과 내적 관심으로부터 자신만의 독특한 언어적 리듬을 만들어 갔으면 하는 것이다. 이로써 아이는 자신의 언어 리듬을 통해 세계와 만사를 조직해 나갈 것이며 언젠가 한 번도 포착되지 않았던 멜로디나 이미지, 철학적 개념, 문학적 사태를 만들어 내게 될지도 모른다. 나는 파울 클레가 세상을 보는 방식이 잘 이해가 되지 않는다. 하지만 파울 클레의 작법에는 그만의 독자적인 리듬이 있다. 클레의 회화는 또 하나의 음악이다.

나를 포함한 많은 부모는 아이의 감각이 머무는 자리를 미리 조작하고 아이를 자극하는 사태를 오명한다(misname). 이는 부모 자신이 누군가 혹은 어떤 것에 의해 시선이 고착화되어 있고 사태의 이름을 제대로 알지 못하기 때문일 수도 있다. 하지만 그렇다고 해서 이것이 아이를 향한 부모의 비의도적 폭력에 면죄부를 주지는 못한다.

아이의 감각이 머무는 자리를 먼저 조작하지 말라는 것을 아이를 그 자신의 본능대로 키우라는 말로 오해해서는 안 된다. 아이를 본능대로만 키운다는 것은 아이가 평생 사태에 이름이 있다는 것을 모르고 살아가도록 방관하는 것이다. 무의식의 독재 상태 말이다. 그것은 사하이를 만나기 전 미셸의 모습이다. 아이를 자극하는 사태를 정확히 알려 주는 것이야말로 문명 속에서 살아가기 위한 가장 중요한 가르침이다. 이 범주의 통일성이 소통의 전제조건이기 때문이다.

아이가 지닌 고유한 내적 리듬을 존중하라는 말은 아이의 관심을 부모의 욕망이나 권력으로 단순화시키지 말라는 뜻이다. 우리 사회는 돈이나 학벌을 삶에서 최우선적으로 여기게끔 하는 구조적으로 매우 단순한 리듬을 모든 사람에게 강요하고 있다. 이에 대해 용기 있게 거부하고 아이의 내적 리듬을 존중하되 반복을 통해 아이가 스타일을 갖도록 도울 때 아이는 넓은 의미에서 가장 예술적인 인간이 될지도 모른다. 니체는《우상의 황혼》에서 다음과 같이 말한다.

> 비극적 예술가는 자신의 무엇을 전달하는 것인가? 그가 보여 주는 것은 다름 아닌 끔찍한 것과 의문스러운 것 앞에서의 공포 없는 상태가 아닌가. 한 강력한 적수 앞에서, 커다란 재난과 공포를 불러일으키는 문제 앞에서 느

> 끼는 용기와 자유-이런 승리의 상태가 바로 비극적 예술가가 선택하는 상
> 태이며, 그가 찬미하는 상태이다. 고통에 익숙한 자, 고통을 찾는 자, 영웅
> 적인 인간은 비극과 더불어 자신의 존재를 찬양한다.
>
> —니체, 《우상의 황혼》 중에서

개미 군체는 지도자나 책임자가 없고 규칙도 명령도 존재하지 않지만 각 개체는 예측할 수 없는 무수한 방식으로 상호작용을 하고 마침내 어떤 리듬, 패턴이 출현한다. 피터 밀러는 《스마트 스웜》에서 이 패턴의 출현을 의미의 전환이 출현한 것이라 부른다. 독자적인 언어 리듬의 출현, 그것은 새로운 의미의 전환이 일어난다는 것과 통한다. 그런 까닭에 어쩌면 세상에서 가장 완전한 조화는 극도의 엇박자일지도 모른다.

자신의 생명에서 나오는 독자적 리듬에 따라 세상을 형상화하는 사람들이 넘쳐 나면 세상은 엇박자의 연속일 것이다. 하지만 어쩌면 이 리듬이 만들어 내는 엇박자가 우주적 차원에서는 신의 홍소(哄笑)로 들릴지도 모른다. 모두가 자유롭고 모두가 고유하지만 전체로는 통일되고 조화로운 상태 말이다. 이것은 라이프니츠의 예정 조화가 뜻하는 바이며 하나의 신적 예정론을 표상하는 것일지도 모르겠다.

마지막으로 촘스키 박사에게 이런 제안을 하고 싶다.

"박사님, 아이에게 선천적인 것은 언어 능력이라기보다는 언어 리듬입니다."

나는 악센트가 유창한 영어를 판단하는 본질적 요소가 아니며, 유창함이 영어로 소통하는 데 그리 중요한 요소도 아니라고 생각한다. 코리언 악센트라도 정확하게 언어를 구사하는 것이 더 중요하다. 비록 악센트가 아주 중요하다고 해도, 영어식 악센트와 아이의 언어 능력, 즉 많은 어휘를 습득한다든가 문법을 다양하게 변형한다든가 하는 능력과는 전혀 상관이 없다. 만일 영어를 3세 이전에 가르치려는 사람이 있다면 악센트를 위해서는 권장할 만하며, 그 경우 교육자는 반드시 영어를 모국어로 사용하는 사람이어야 할 것이다.

15

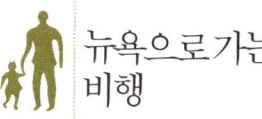 뉴욕으로 가는
비행

　우리 가족은 뉴욕에서 함께 시간을 보내고 있다. 파트너가 있는 뉴욕으로 오기 위해 아이와 나는 먼 여행길에 올랐다. 인천공항에서 뉴욕 JFK 공항까지는 직항으로도 14시간이 넘게 걸렸다.

　지난 4월, 혼자 뉴욕을 다녀온 후부터 아이가 심상찮아 보였다. 2주 정도 아이는 할머니들과 함께 지냈는데, 영상통화로 함께 있는 아빠와 엄마를 보던 아이의 눈망울이 지금도 잊히지 않는다. 내가 돌아온 후에도 아이는 불안해 보였다. 아이에 대한 안쓰러움. 그 안쓰러움 때문에 어쩌면 이 육아 일기를 쓰기 시작했다. 그리고 다짐했다. 다음 여행에는 아무리 힘들어도 꼭 아이를 데려가리라.

이번 여행을 시작하기 전, 아이의 여권을 만들 때부터 다음에는 엄마에게 함께 가겠다고 아이에게 약속했다. 아이는 아는지 모르는지 "미-구욱, 같이, 같이" 그런다.

출국 하루 전, 아이 몸 상태가 좋지 않았다. 공항으로 출발하기 전에 병원에 가서 약 처방을 받았다. 인후가 붓고 열이 나는 증상의 감기다. 그런데 이상하게 아이가 많이 처지지는 않았다. "미-구욱", "뉴-요옥" 연거푸 외치는데, 그 때문인지 오히려 기분은 좋아 보였다. 아이와 함께 공항으로 가는 버스 안에서 약을 먹였다. 아이 할머니께서 사다 주신 김밥이 매워 아이는 오후부터 아무 것도 먹지 못했다. 공복에 감기약을 먹은 것이 오히려 다행이었을까. 아이는 내 배 위에서 공항에 도착하기까지 한참을 잤다.

너와 나를 나누는 출국 심사

출발 2시간 전에 공항에 도착했다. 이미 집에서 온라인으로 체크인을 마쳤고 아이를 위한 기내식도 따로 신청해 두었다. 혹시나 다른 탑승객에게 방해가 될까봐 이코노미석 가장 뒷자리 2석을 예약했다. 우리 아이는 27개월이라 24개월 이하가 받을 수 있는 무료 탑승 혜택은 받을 수 없다. 성인 요금의 75퍼센트를 지불했다. 수하물을 붙이고 나니 두 손이 가벼워졌다.

이제 공항 검색대에서 보안 검사를 하고 출국 심사를 거치면 된다. 아이의 얼굴과 이름을 공항 경찰들, 출입국 관리소 직원들이 꼼꼼하게 살핀다. 수속을 밟다 보니 아이가 사회적 존재가 되었다는 사실을 절실히 확인하게 된다. 이것이 자연스러운 것만은 아니다. 이 수속은 우리가 하나의 사회 속에서 살고 있고, 감시와 통제와 분류의 대상임을 일깨워 주는 것들 중 하나이다.

아이와 여행할 때 준비해야 할 것을 알아보기 이전까지 나는 소박하게도 현재 월령 수준의 우리 아이에게 입국 심사 과정이, 항공 요금이, 여권이, 비자가 필요할 것이라는 점을 결코 생각하지 못했다. 비행기에 탑승하기 위한 수속은 안전을 위한 과정이기도 하지만 우리가 쉽게 인지하지 못하고 있는 발밑의 시스템을 드러내는 것이기도 하다. 나와 나의 아이가 여권 발급에 문제가 없고 미국 여행에도 큰 무리가 없다는 것은 그저 다행인 일이기만 할까? 우리가 국민이라는 것은 그저 다행스럽기만 한 일일까?

내 아이는 태어날 때부터 국민이기에 입국과 출국에 거의 문제가 없지만, 동일한 생물학적 특성을 지닌 수많은 아이들이 국민이 아니라는 이유로 출입국에 제한을 받는다. 이 작은 아이조차도 역설적이게도 국가가 없으면 국경을 건너지 못한다. 우리 아이가 이 나라의 국민이라는 특권을 누리고 있는 상황에 그저 감사해야만 하는 것일까?

미국 비자를 받기 위해 인터뷰를 한 경험이 있는 사람은 영사들 앞에서 모욕적인 일을 당했던 적이 한두 번은 있을 것이다. 파트너는 아이를 조기 유학시키려 하는 것이 아니냐는 터무니없는 의심을 받아야 했다. 애석하게도 우리 부부는 그럴 마음이 없다. 다만 비자를 받는 과정에서 누가 갑인지, 누가 을인지를, 말로만 듣고 이론으로만 알았던, 우리를 감시하고 통제하는 시스템이 어떤 것인지는 분명히 알게 되었다.

공항 검색대에서 탑승구까지 가는 길. 그 길은 마치 제사를 위해 유대인이 결례 의식을 행하며 거쳤던 프로세스와 흡사하다. 유대인의 결례 의식이 유대인과 이방인을 나누고, 다시 제사장 그룹과 일반 유대인 그룹을 나

누듯이, 공항 입출국 과정은 국민과 비국민을 나누고, 다시 국민을 비즈니스 클래스와 이코노미 클래스로 구분한다. 그런 의미에서 공항 입출국대보다 우리 발밑의 시스템을 제대로 형상화하는 곳은 없어 보인다. 유대교가 그러하듯이 국가 역시 구분, 차별, 분별을 통해서만 존재하는 것은 아닐까?

뉴욕행 비행기, 아이는 없다

아이의 비행기 탑승은 이번이 두 번째다. 이륙을 앞두고 탑승구에서 비행기를 보더니 아이 만면에 미소가 가득 떠오른다. 본격적인 비행을 위해 비행기가 활주로로 천천히 움직일 때만 하더라도 아이는 호기심과 기대감이 가득하여 쉴 새 없이 종알댔다. 하지만 아이의 환호성과 탄성은 그리 오래 가지는 않았다. 저녁 비행이라 아이는 이내 잠이 들었다.

아이는 아빠 좌석까지 다리를 뻗치고 누운 후 "아빠, 가!"라고 한다. 이 녀석이 누울 자리가 불편하다고 아빠더러 다른 곳에 가라는 것이다. 하지만 기내에 여유 좌석은 없었고, 우리 좌석은 화장실로 들어가는 통로 바로 앞이라 다른 승객의 통행을 방해하지 않으려 나는 아이 다리를 내 엉덩이 뒤로 보내고 배를 앞으로 내민 채 8시간을 버텨야 했다. 책도, 영화도 볼 수 없는 바로 그 어정쩡한 자세로 말이다.

아이는 한 번씩 일어나서 물을 달라고 하고 자세가 불편한지 이리저리 뒤척이며 수시로 짜증을 냈다. 게다가 아이는 기내식도 먹을 수 없었다. 아이는 몸 상태가 좋지 않아서인지 아무 것도 먹지 않으려 했고, 나는 자세가 어정쩡해서 기내식을 먹을 공간이 없었다. 승무원의 배려로 기내 뒤 공간에서 뒤늦게 식사를 했는데, 아이 음식과 내 몫의 식사를 다 하고 나니 이제는 배가 불러 제대로 앉아 있기가 힘들었다.

아이는 자다가도 몇 번을 일어났다. 그리고 좌석에 앉아서 "아빠, 안아"라고 한다. 안고 나면 "나가"라고 한다. "어디로 나갈까?"라고 물으니 아빠 집으로 가잔다. 난감하다. 나갈 방법이 없다. 아이는 기내가 답답한지 나가자고 자꾸 보챈다. 아이에게 우리는 지금 엄마를 만나러 가는 중이고, 자고 일어나면 이제 나가게 될 테니 기다리라고 하고서는 다시 재운다.

10시간 정도 비행했을 즈음 아이가 깼다. 이제 아이는 막무가내다. "아빠, 가자", "아빠, 집에", "나가자"라고 하며 울어 댄다. 기내에 아이들이 꽤 있는데 이렇게 우는 아이는 내 아이밖에 없는 것 같다. 까다로워 보이는 중국 남자가 뒤로 와서 승무원에게 항의를 하는 것 같아 보였다. 승무원들이 번갈아 가며 아이를 달래 보려 노력해 주었다. 하지만 내가 탄 국적기의 '아름답고 젊은' 승무원들은 아가씨들이라 아이 키워 본 경험이 없다. 이것은 불행일까, 다행일까? 아가씨 승무원들은 아이 울음의 의미를 읽지 못한 채 과자, 초콜릿, 사탕 등을 가져와 온갖 물량 공세로 아이를 달래려고 했다. 기내에 꼬마 탑승객을 위한 장난감도 있었다. 하지만 소용이 없다.

내가 탄 국적기의 아기를 위한 배려는 사실 아기와는 별관계가 없는 것들뿐이다. 아이를 위해 따로 신청한 기내식조차 아이를 위한 것이기보다 부모가 만족스러워할 만한 그럴 듯한 것에 불과했다. 실제로 아이는 기내식을 입에 대지도 않았다. 장난감도 영상도 구색 맞추기에 지나지 않는다. 예를 들면, 아이들의 시선을 잡아 두려는 뽀로로 애니메이션은 1시간짜리 하나만 저장되어 있고, 아이들 사이즈에 맞는 헤드셋은 물론 기대할 수도 없다.

더욱이 좌석은 75퍼센트 요금을 받는 것에 비해서 무책임하기 짝이 없다. 어떻게 항공기용 카시트도 마련해 놓지 않았을까? 만 2세 아동이 14시간을 꼼짝없이 앉아 가기에 어른용 시트가 편할 리 없다. 아이가 좀 더 누운 자세로 갈 수 있게 도와주는 시트 정도는 마련해 줘야 하지 않을까.

기내는 모든 것이 어른 중심이다. 아이의 장난감, 음식, 좌석까지 아이를 위해 준비된 것으로 보이지 않는다. 그럼 혹시 유사시 필요한 응급 장치나 구조 용품도 모두 어른 중심인 것은 아닐까. 우리는 모두 말로만 아이를 위한다. 아이가 얼마나 불편했을까. 나가자고 생떼를 부리는 아이를 안고 화장실 앞쪽 공간에 데려갔더니 아이는 비행기 비상 탈출구 장치 위에 눕고 만다. 아이는 눈 떠 있는 대부분의 시간 동안 울었다.

아이에게 뉴욕행 비행기는 잔혹 여행의 서설이다. 뉴욕에 도착해 비행기에서 내리려 하자 한 승무원이 정말 고생 많았다고 먼저 인사를 건넨다. 저녁 8시 50분, 뉴욕은 아직 오후같이 환하다.

아이라도 수상하다?

아이를 안고 있으니 출입국 관리소 직원이 우선적으로 입국 심사를 할 수 있도록 배려해 준다. 우리나라로 입국하는 경우 통상 내국인 입국 심사 쪽이 사람들이 많아 시간이 오래 걸리지만 미국의 경우는 내국인에 비해 외국인 심사 쪽이 훨씬 혼잡하다. 이유는 간단한다. 내국인은 지문 채취를 하지 않지만 외국인은 지문뿐만 아니라 얼굴까지 촬영해야 하기 때문이다. 그래서일까. JFK공항 입국 심사가 이뤄지는 곳은 냉랭한 분위기가 감돈다.

아마도 미국 입국을 앞둔 기대와 혹시나 입국 거부를 당할지도 모른다는 두려움이 혼재하기 때문인 듯하다.

친절한 배려를 받아 내국인 심사하는 곳에서 입국 절차를 밟았지만, 그 절차는 전혀 친절하지 않았다. 열 손가락의 지문을 모두 채취하고 얼굴까지 촬영한다. 심지어 아이에게도 두 손가락 지문을 채취한다. 미국에게 나와 아이의 신체 정보를 제공한 연후에야 나는 미국을 둘러볼 자격을 갖는다. 얼굴에 웃음기 하나 없이 무슨 목적으로 왔느냐고 묻는 심사원의 질문에 'pardon'을 두 번이나 했다.

우리는 주민등록 제도로 지문 채취에 익숙해져 있지만, 사실 지문 채취, 얼굴 촬영, 홍채 감식 등은 매우 비인권적인 것이다. 재일조선인 작가 서경식에 따르면, 이것은 "외국인은 믿을 수 없다", "외국인은 수상하다"와 같은 합리성 없는 불안과 반감의 연장선상에 있으며, 언제든지 배외주의로 변모될 가능성이 크다. 이러한 절차의 이면에는 테러를 일으키는 자가 있다면 외국인일 것이라는 국민주의적 광기가 도사리고 있다. 《호모 사케르》의 저자 아감벤은 미국의 외국인 지문 채취 조치에 항의하는 뜻으로 이 제도 도입 후 미국 방문을 거부하고 있다.

외국인과 내국인을 구별하는 것은, 《호모 사케르》에 따르면, 주권 권력(통치자)에 의해서 발생한다. 호모 사케르(Homo Sacer)는 본래 '범죄자로 판정된 자'를 내포하는 말로, '벌거벗은 인간'으로 번역될 수 있다. 고대 로마에서 호모 사케르로 명명된 자는 사형을 당하지는 않지만 시민으로서의 모든 법적 권리를 잃고 단순한 생명체로 살아가야 한다. 그렇기에 법적 권리가 없는 단순한 생명체인 이들을 누군가 죽이더라도 처벌되지 않는다. 그렇다면 고대 로마는 생명을 존중한 것이 아니라 법과 권리를 존중했던 것이 아닐까.

아감벤에 따르면, 오늘날의 정치는 "인민의 생명에 일정한 형식을 부여" 한다. 마치 고대 로마에서 로마 시민과 그렇지 않은 자들을 구분하듯이 현대 정치는 생명을 생명 그 자체로 다루지 않으며 생명에 법적 형식을 부여하여 국민과 국민 아닌 자로 구분해 나간다. 아감벤은 또 주권 권력은 이런 구별을 통해서만 존재할 수 있으며 더 많은 호모 사케르를 만들어 내는 것을 목표로 하고 있다고 말한다. 내부가 있기 위해서는 예외 상태, 즉 외부가 있어야 하기 때문이다.

만 두 살인 아이라도 법적 권리가 없는 단순한 생명체가 아니다. 국가는 우리 아이의 생명에 일정한 형식을 부여했다. 종전의 질문을 다시 묻게 된다. 아! 이것이 정말 다행이기만 한 것일까? 신분증으로 내 존재를 증명할 수 있다는 것은 행복하기만 한 일일까?

아이도 많이 긴장했던 것일까? 입국 심사를 마치고 수하물을 찾는 중에 아이가 응가를 했다는 것을 알아챘다. 아이의 똥은 모든 인간은 법적 권리를 지닌 존재이기 전에 누구나 배가 아프면 똥을 싸야 하는 생명체임을 확인시켜 준다. 입국 심사 과정에서 이뤄진 아이의 똥 싸기는 어쩌면 미국 정부의 지문 채취에 대한 귀여운 저항이 아니었을까?

기내에서 응가하지 않은 아이에게 고마움을! 그래도 나는 기저귀를 갈지 않았다. 아이 엄마가 저기 문 밖에 기다리고 있다.

드디어, 엄마를 만나다

파트너가 아이 이름을 부른다. 아이는 엄마에게 달려가 위아래로 훑어보더니 이내 엄마 품으로 들어간다. 그러고는 엄마 등을 토닥여 준다. 둘 사이에 잠시 어색한 시간이 흘렀다. 하지만 아이는 엄마 품을 떠나지 않는다. 엄마에게 주는 첫 선물은 응가 기저귀 갈기. 평소 같으면 기저귀를 빨리 갈아 주지 않았다고 타박했을 파트너가 웃으면서 화장실로 들어간다. 바지까지 새어 나온 응가에도 파트너는 싫은 기색이 없다.

급행인 익스프레스 운행이 종료된 A 트레인을 타고 한참을 가서야 파트너의 스튜디오에 도착할 수 있었다. 저녁 9시에 파트너를 만나서 나는 12시에 잠이 들었고 파트너는 시차 적응을 하지 못하는 아이와 놀아 주다 새벽 3시가 되어서야 잠이 들었다. 출입국 심사에서부터 비행기 여행까지 비인간적인 과정을 많이 거친 탓일까. 가족이 함께 모인 스튜디오에는 온기가 가득했다. 다시 돌이켜봐도, 그날 밤에는 행복한 피곤함이 있었다.

16

 헬로 키티 마니아가
사는 법

아이가 태어난 직후 가장 힘들었던 것 중 하나는 아이가 밤에 자꾸 깨서 잠을 깊이 잘 수 없는 날이 지속되었던 것이다. 한두 시간 간격으로 아이가 깨면 파트너가 얼른 일어나 아이를 안았고 아이는 엄마 품에서 다시 잠이 들었다.

아빠인 나는 잠을 깊이 잘 수 없는 것도 힘들었지만 아침에 일어나서 파트너의 타박을 견디는 것이 더 힘들었다. "출산한지 얼마 되지도 않은 내가 꼭 일어나서 아이를 안아야겠어?", "어떻게 한 번도 안 일어나고 누워 있냐?", "밤에 뭘 했다고 나보다 늦게 깨는 거야?" 그때는 파트너의 공세에 나도 이내 신경이 날카로워져 티격태격한 적이 많았다.

헬로 키티, 할렐루야

할머니들은 아이가 낮잠을 잘 때 아이를 똑바로 눕힌 후 가슴에 작은 베개를 얹어 두셨다. 신생아는 소리에 예민해 작은 소리에도 깜짝 놀라고는 했는데 그 작은 베개가 아이에게 안정감을 주는 것 같았다. 우는 아이는 안으면 울음을 멈춘다. 놀라는 아이도 작은 베개가 있으면 안정을 찾는다. 아마도 작은 베개가 아이의 가슴을 살짝 눌러 줘 안은 것과 비슷한 효과를 주는 것 같았다.

밤에 누가 일어나느냐 하는 문제로 파트너와의 신경전이 더 첨예해질 무렵, 아이는 가까스로 고개를 움직일 수 있게 되었다. 아이의 가슴을 마치 엄마가 안아 주듯 살짝 눌러 줄 수 있는 것이 뭐가 있나 찾다가 우리는 아이를 엎어 재우는 방법을 생각했다. 그러나 위험이 너무 커 보였다. 이제 겨우 고개를 돌리는 아이를 엎어 재우다 호흡 곤란으로 큰 변을 당하는 경우도 있다는 보고를 읽었기 때문이다. 파트너와 나는 어떻게 하면 아이가 호흡 곤란을 겪지 않으면서도 엄마가 안아 주는 듯한 느낌을 줄 수 있을지 고민하다 한 가지 묘안을 생각해 냈다.

1 | 먼저 엉덩이 부분이 넓은 암체어를 가져온다.
2 | 다음으로 큰 키티 인형(머리만 있는 큰 쿠션 모양)을 암체어에 비스듬히 세운다.
3 | 키티 인형을 단단히 고정한 후 암체어 아래 부분에 라텍스를 깔아 둔다.

4 | 마지막으로 아이가 인형을 안는 자세로 아이를 인형 위에 올린다.

    우리 부부는 아이가 키티 위에서 숙면하고 있는 모습이 재밌고 귀여워 30분이나 웃어 댔다. 매트 위에 똑바로 누워 1시간도 제대로 자지 못했던 아이가 키티를 엄마 품 삼아 2시간을 내리 잠들었고, 밤에는 무려 6시간 동안이나 깨지 않았다. 파트너와 나는 그날 밤을 '키티의 기적'이 일어난 밤이라 부른다. 우리 역시 오랜만에 숙면을 취했고 세상에서 가장 상쾌한 기분으로 아침에 일어나 모세의 기적이나 엘리야의 기적보다 키티의 기적이 더 위대하다고 찬미하며 〈헬로 키티〉 주제가를 헨델의 〈메시아〉 중 '할렐루야'에 맞춰 신나게 불렀다.

    아이 몸집보다 훨씬 큰 키티 인형은 연애 시절 내가 파트너에게 선물했던 것이다. 우리는 우리 사랑의 징표를 우리 사랑의 결과물이 끌어안고 자고 있는 모습을 보며 신이 매우 위트가 있는 분이라는 생각을 하곤 했다. 아이의 키티 사랑은 지금도 계속되고 있다. 아이는 자신이 처음으로 안고 잔, 아니 안겨 잔 키티를 "큰 기~티"라고 부른다. 아이는 큰 키티가 없는 곳에서는 잠도 자지 않는다. 우리 아이는 남아지만 분홍색 키티 양말을 신고 키티 가방을 멘다. 성 정체성에 영향을 주지 않을까 싶을 정도로 아이의 키티 사랑은 매우 열렬하고 지극하여 하나의 신앙이라 불러도 좋을 정도이다.

신앙이 된 키티

아이가 고개 가누는 것을 어려워하지 않게 되자 우리는 암체어에 고정된 키티를 매트 위에 올려 두고 아이를 재웠다. 나와 파트너는 앞서 소개한 묘안을 발견하고 너무 흥분한 나머지 이를 상품화할 수 없을까 잠시 생각하기도 했지만, 이 방법을 다른 부모들에게 권장하고 싶지는 않다. 두꺼운 라텍스 매트가 안전장치 역할을 한다지만, 혹시 아이가 떨어지기라도 하면 아이의 뇌에 일정한 충격을 줄 수밖에 없을 것이기 때문이다. 이 방법이 꼭 필요한 엄마 아빠가 계시다면 반드시 안전벨트를 고안한 후 시도하라고 부탁하고 싶다.

출생 후 대략 50일이 지난 후부터, 그러니까 아이의 기억이 시작되는 시점보다도 훨씬 앞서 키티와 인연을 맺었기에 아이는 키티를 자기 존재의 일부로 받아들이고 있다. "키티가 좋아, 엄마가 좋아?"라고 물어도 아이의 대답은 아주 어릴 때부터 지금까지 "기~티"이다. 당연한 건가? 그래서 질문을 바꿔 본다. "아빠가 좋아, 엄마가 좋아?" 아이의 대답은 예외 없이 "기~티"이다.

아이가 외출하느라 종일 키티를 보지 못하면 어느 새 "큰 기~티가 혼자 있으니까 집에 가자"고 한다. 귀가하면 아이는 종종 걸음으로 키티에게 달려가 안기며 간단한 뽀뽀를 한 후 옷을 갈아입고 목욕을 한다. 아이와 뉴욕을 갈 때도 가방 하나는 큰 키티의 몫이었다. 내 실수로 키티를 수하물로 처리하는 바람에 아이는 기내에서 한참동안 키티를 찾기도 했다. 뉴욕의 어느 키티 캐릭터 숍을 방문했을 때 아이는 감격한 나머지 키티 캐리어를 들고, 가방을 메고, 우산을 쓰고 황급히 도주하기 시작했다. 키티와 관련된 일화는 이 외에도 끝이 없을 만큼 많다.

말하자면 아이에게 키티는 하나의 애착 인형이다. 아이는 애니메이션

〈찰리 브라운〉에 나오는 찰리의 친구 라이너스가 담요에 크나큰 애착을 갖고 있듯이 키티에 애착을 갖고 있는 것이다. 어떤 전문가는 이런 애착 인형이 부모가 아이의 필요를 채워 주지 못해 생겨난 것이며, 아이에게 결핍이 있다는 증거라고 설명한다. 또 다른 전문가는 아이가 애착 인형에 집중하는 것은 발달상 매우 자연스러운 것이며, 다만 5세 이전에 나타나는 것은 아무런 문제가 없지만 5세 이후에도 아이가 베개나 인형에 집착하면 분리 불안 증세를 의심해 봐야 한다고도 한다. 도대체 무엇이 키티를 사랑하는 우리 아이에 대한 올바른 설명일까?

아이는 엄마나 아빠가 안아 재워 주지 않고 키티에 안겨 재웠기 때문에 엄마나 아빠보다 키티를 더 찾는 것일까? 그렇지 않다. 아이는 아빠나 엄마가 없는 것을 키티가 없는 것보다 훨씬 더 견디기 어려워한다. 키티가 우리 부부를 대신해 아이를 안아 재워 준 것은 맞지만, 그렇다고 바닥에 눕혀 재웠다고 해서 아이가 지금보다 덜 결핍된 채로 자라게 되었을 것이라고 말하기는 어려울 것 같다. 또 우리 부부가 키티에게 아이를 맡겼다고 해서 안아 주기를 게을리 한 것도 아니다. 우리는 최선을 다해 안아 줬다.

우리 아이에게, 아직 5세가 아니기는 하지만, 애착 인형에 대한 분리 불안의 기미가 보이는가? 소위 라이너스 증후군이라 부르는 애착 인형에 대한 분리 불안이나 집착은 아직은 보이지 않는다. 아이는 외출할 때 키티를 집에 두고 다니며, 자는 시간을 제외하고 일상생활 중에 키티를 찾거나 하지는 않는다.

애착 인형을 둘러싼 여러 가지 불안에도 불구하고 나는 애착 인형이 아이에게 끼치는 부정적인 영향은 그리 크지 않으며, 애착 인형이 부모를 대신하는 것이라거나 부모가 애착 인형을 대신할 수 있다는 말에 동의하지도 않는다. 키티에 대한 아이의 사랑은 하나의 신앙이다. 그렇다면 이 신앙을 대신할 수 있는 것은 어디에도 없지 않겠는가. 또한 잘못된 신앙이 부정적 결과를 초래한 경우도 적지는 않지만, 신앙은 인간 존재에 있어 대체로 긍정적이지 않은가.

키티 목욕하는 날에 있었던 일

집은 수많은 키티들로 가득 차 있다. 게이샤 키티, 모자 쓴 키티, 안고 자는 큰 키티의 축소판인 작은 키티 등. 이렇게 많은 키티들 중에서도 아이가 가장 집중하고 사랑하는 키티는 역시 '큰 기~티'이다. 아이가 늘 안고 자다 보니, 또 파트너에게 내가 선물한 지 10년이 되었으니 키티는 늙을 대로 늙어 노쇠했을 뿐 아니라 위생도 나빠졌다. 아이에게 같은 크기의 키티를 사 주려 했지만 구하기도 어렵고 값도 너무 비쌌다. 하는 수 없이 할머니께서 키티를 틈나는 대로 빨아 주신다.

  며칠 전 아이는 난생처음 키티가 세탁기 속에서 돌아가고 있는 모습을 보았다. 그날은 아이에게 매우 충격적인 하루였겠지만 내게도 결코 잊을 수 없는 날이었다.

  할머니는 키티 안 쪽의 솜을 빼내기 위해 조심스레 실로 꿰매 놓은 부분을 타 내셨다. 아이는 키티의 한 쪽 부분이 타고 할머니가 솜을 빼내기 시작하자 실성하듯이 울어 댄다. 아이는 "큰 기티! 기티! 기티!"를 목 놓아 부르며 "할머니 하지 마! 할머니 미워!" 외친다. 할머니가 깨끗하게 해 주려는 것이라고 달래 봐도 아이는 곧 기절이나 할 것처럼 운다.

하지만 중도에 멈출 수도 없다. 밤새 아이가 코피를 흘린 바람에 지금 빨지 않으면 안 된다. 할머니가 세탁기에 넣자 아이는 솜이 다 빠져 버린 키티가 오징어처럼 납작해져서 돌아가는 모습을 세탁기 문에 난 창을 통해 바라보며 눈물을 흘린다. 아이는 키티가 세탁기에서 나올 때까지 자리를 떠나지 않았다.

나는 이 광경을 지켜보며 두 돌이 갓 지난 아이가 무엇인가를 돌보고 지키려 한다는 사실이 무척 놀라웠으며, 더욱이 키티의 고통이나 키티가 사라져 가는 상황에 대해 아이가 슬퍼한다는 사실이 매우 흥미로웠다. 조금 다른 이야기이기는 하지만 나도 비슷한 경험이 있다.

내가 기억을 처음 갖는 시기부터 베고 자던, 디즈니 캐릭터 도널드 덕이 그려진 베개가 있다. 어머니께서 담배 필터를 넣어 만들어 주셨는데, 나는 그 베개를 중학생 무렵까지 베고 지냈다. 심지어 그 베개는 아직까지 부모님 집 장롱에 있는데, 어머니께서 버리시려 하는 것을 내가 한사코 가지고 있으시라고 부탁했다. 그 베개가 사라지면 너무 많은 것이 사라져 버릴 것만 같았다. 그 베개만이 주던 까슬까슬한 느낌, 포근함, 냄새, 엄마의 따뜻한 사랑, 그 베개로 여동생과 장난쳤던 기억들, 추억들, 그리움. 이 모든 것은 정신에 속한 것도 아니고 신체에 속한 것이라 부를 수도 없다. 만일 영성이라는 것이 눈에는 보이지 않지만 분명히 실재하는 것을 경험할 수 있는 감각이라고 할 수 있다면, 또 인간 존재를 가장 근원적으로 변화시키는 것이라고 한다면, 이 모든 것은 영성에 속해 있다고 해야 할지도 모르겠다.

아이는 키티를 사랑하고 돌보고 지키며 교감한다. 키티와 만든 추억이 있고, 엄마 아빠도 알지 못하는, 키티 품에서 아이만이 느낀 안온함이 있을 것이다. 키티에 대한 아이의 집착 혹은 돌봄은 분리 불안의 증상이며 결핍의 징후인가. 하지만 인간은 누구나 불안한 존재이며 결핍을 느끼는 존재가 아니던가? 키티의 고통에 슬퍼하는 아이의 모습은 아이가, 더 나아가 불안과 결핍을 느낄 수밖에 없는 인간 존재가 영성을 본질로 한다는 사실을 드러내 보여 주는 광경이 아닐까?

키티 존재론

도널드 덕 베개는 영성에 속한 것들을 담고 있지만, 한편으로는 아무 것도 담고 있지 않은 존재이다. 하지만 나는 그 베개-존재로 인해 추억의 일부를 구성하고 공유하고 있는 내 부모님, 여동생을 생각하고 그들과 더 내밀한 관계를 맺어 나간다. 즉 베개-존재를 통해 나는 잃어버린 시간을 찾게 되고 더 많은 누군가를 사랑하게 된다. 신체의 눈이 아닌 마음의 눈으로 존재를 만나고, 존재를 만나 누군가를 더 깊이 사랑하게 되는 것, 이것이 이른바 영성이라고 부르는 것이 아닌가.

아이 역시 마찬가지일 것이다. 아이는 큰 키티-존재만이 불러오는 영성의 세계 속에 살고 있다. 아이가 만나 사랑하는 큰 키티는 아빠나 엄마가 보는 그저 그렇고 그런 낡아 빠진 인형에 불과한 것이 아니다. 아이는 큰 키티를 마음의 눈으로 바라본다. 아이가 마음의 눈으로 바라본 것은 바로 키티-존재이다. 하이데거의 용어를 빌려 말하자면 아이의 큰 키티는 존재를 만나는 장소인 숲 속의 빈터*이자 세계를 근원적인 의미에서 경험하는 고향의 들길이라 할 수 있을 것이다.

> 들길은 호프가르텐 성문에서 시작하여 엔리트 쪽으로 뻗어 있다. 성의 정원에는 나이든 보리수가 서 있다. 들길은, 부활절 즈음에는 피어나는 싹들과 깨어나는 목장 사이에서 밝게 빛나고, 성탄일 즈음에는 눈보라 속에서 가장 가까운 언덕 위로 사라진다. 그러나 보리수는 언제나 성벽 너머로 들길을 바라본다. 들길에는 십자가가 서 있고 들길은 이 십자가에서 숲 쪽으로 구부러진다. 들길은 숲 자락을 지나면서 거기에 서 있는 키 큰 떡갈나무에게 인사를 한다. 떡갈나무 밑에는 거칠게 만든 긴 의자가 있다.
>
> — 하이데거, 《들길》(하이데거 전집 13권) 중에서

몇 년을 타던 자동차를 중고 매매상에게 팔았을 때, 파트너는 그 생명 없는 기계를 중고차 시장에 두고 나오며 눈시울을 붉혔다. "우리 자식이라 해도 좋을 차를 우리 손으로 팔아 버렸어." 전세로 3년을 살던 아파트가 있는 동네에 우연히게라도 들르게 되면 우리 부부는 왠지 모르게 가슴이 설렌다. 파트너와 처음 키스한 장소에 가면 그 바람, 그때 날리던 꽃잎, 그 마음이 되살아난다. 그래서 타고 다니던 차는 돈으로 교환 가능한 단순한 기계가 아닌 자동차-존재이며, 우리가 전세 얻어 살던 아파트는 돈으로 환산

---

* 하이데거에 따르면 숲 속의 빈터는 빽빽한 숲을 지나 어둠을 뚫고 나서야 만나게 되는 장소이다. 이 빈터는 무수한 존재자들이 드러날 수 있도록 하는 밝은 터라 할 수 있다. 하이데거는 숲 속의 빈터라는 개념을 통해 존재자가 존재의 빛을 통해서 규정된다는 것을 형상화하려고 했다. 숲 속의 빈터는 비어 있지만 나무와 돌과 호수 등 모든 것을 규정한다는 점에서 하이데거의 존재와 닮아 있다. 빈터는 독일어 Lichtung의 번역어이며, Licht는 빛, 밝음이라는 뜻이다.

가능한 그저 집이 아닌 집-존재이며, 우리가 처음 키스했던 장소는 좌표 수치로만 표현될 수 없는 장소-존재이다. 만일 어떤 시인이 있다면 자신의 시가 어떤 시-존재가 될지를 생각할 것이며, 건축가라면 자신의 건축물이 신체적인 것으로도, 정신적인 것으로도 환원되지 않는 영적인 것을 불러일으키는 건축-존재가 될지를 고민할 것이다.

우리의 문명, 영성, 세계는 모두 키티-존재와 키티-신앙의 확대 변용에 불과한지도 모른다. 아이는 지금 자신의 몸집만 한 '큰 키티'에 거주하며, 그 키티가 만들고 열어 보이는 세계를 살고 있다. 이것은 내가 살고 있는 집이 열어 보이는 세계, 내가 좋아하는 그림이 개방하는 세계, 내가 공부하는 이론이 탈은폐시키는 세계, 내가 믿고 있는 종교가 지시하는 종말론적 세계에 거주하는 것과 구조적으로 조금의 차이도 없다. 아이는 키티가 열어젖히는 세계에 거주하며, 키티를 점점 더 만들어 가고 있고, 또다시 그 안에서 살며 자라나고 있다.

> 거주한다는 것은 개인과 세상의 평화로운 조화다. 인간은 거주함으로써 존재하며, 거주는 건축함으로 장소에 새겨진다.
>
> —하이데거, 《건축 거주 사유》 중에서

우스워 보인다고 업신여기지 마라

2008년 국보1호 숭례문이 방화된 일은 매우 유감스럽지만, 이 사건을 조금만 재구성해 보면 다음과 같은 흥미로운 대비도 가능하다.

판결문에 따르면 방화를 한 채 씨는 일산에 있던 자신의 주택 대지 일부가 현대건설 아파트 건축에 사용되는 것으로 결정되자 회사 측이 제안한 토지 보상금 9,000만 원이 자신이 기대하는 4억 원보다 적은 것에 불만을 품고 자신의 의지를 관철시키려 숭례문에 불을 질렀다. 여기까지는 매우 잘 알려진 이야기지만, 채 씨가 자신이 살고 있던 집을 강제 철거당했고 그 자리에서 철학관을 운영하며 굿을 하기도 했다는 사실은 잘 알려져 있지 않다.

다소 과장일지도 모르지만, 노인인 채 씨가 그 집에서 오래 살았다면, 그 집이 자신의 일터였다면, 굿을 하기도 했다는 점에서 신과 만나는 장소였다면, 그 주택의 강제 철거는 아무리 보상 금액이 많더라도 채 씨의 영성을 실제적으로 위협했을 것이다. 채 씨가 살았던 터는, 건축가 승효상의 용어를 빌리자면 터무니(터의 무늬), 즉, 그가 살아온 흔적이었다. 하여, 채 씨에게는 빈터이자 들길이었을지도 모른다. 그 집에 그의 영성과 삶이 녹아 있었을 것이기 때문이다.

자신의 집이 강제 철거된 후 채 씨의 심정은 어땠을까? 하이데거가 사유하던 고향의 들길보다 그의 집이 보잘 것 없다고 말할 수 있을까? 채 씨가 보기에 – 나는 분명히 잘못된 판단이라고 생각하지만 – 그 누구도 살고 있지 않고 현실적인 기능도 없으며 신을 만날 수도 없는 숭례문이 자신의 집보다 더 쓸모없는 건물로 여겨졌을 것이다. 숭례문은 빈터도 아니고 들길도 아니다. 그렇기에 그는 자신의 터무니를 인정받지 못하게 되자 자신의 하소연을 철저히 무시한 국가에게 대단히 상징적인 건물로 인식되는 숭례문을 송두리째 파괴시켜 버렸는지도 모르겠다. 그의 방화는 용인되지 못할 일이기는 하지만 그 개인 입장에서라면 결코 이해되지 못할 일은 아니다.

우리는 누군가가 살고 있는 세계, 누군가의 집, 누군가의 자동차, 누군가의 옷이나 사소한 액세서리까지도 업신여기지 않아야 한다. 그것은 존재에 대한 위협이 될 수도 있다.

숭례문 방화 사건은 다른 누군가의 세계를 가볍게 여긴 것이 발단이 되어 일어난 비극이다. 이와 대조적인 장면이 있다. 한번은 일본의 관문이라 할 수 있는 나리타 국제공항 내에 공항 반대파들이 집결해 살고 있는 120평방미터의 단결소가 있다는 것을 신문에서 읽고 신선한 충격을 받은 적이 있다. 이곳 요코보리 단결소는 최근에 강제 철거가 결정되었지만, 나리타 국제공항이 건설된 1978년부터 지금까지 여전히 8채의 집에 사람들이 살고 있다. 이것은 아파트 건축 계획 수립에서 건물 강제 철거까지 3년도 채 걸리지 않는 우리 현실과 비교해 볼 때 매우 대조적인 광경 아닌가.

키티 신앙에 빠져 지내는 아이를 누군가가 우습게 본다 해도 좋다. 키티가 없으면 잠자기가 힘든 아이에게 분리 불안이니 결핍이니 이야기해도 좋다. 그들은 다 크도록 키티를 끌어안고 자고 키티 양말을 신고 다니면 아이가 친구 사귀기도 어려워질 테니 키티보다 더 근사한 것으로 신앙의 대상을 바꾸라고 할 것이다. 하지만 이런 조언은 당신 집을 철거하면 더 좋은 집을 주겠다는 건설사의 제안과 비슷해 보인다. 건설사는 지금 내가 살고 있는 집이 새로 지을 집보다 못하다고 업신여긴다.

나는 내 아이의 키티 사랑을 지켜만 볼 것이다. 아이 스스로 키티가 더 이상 믿을 만한 존재가 아니라고 생각되면 언젠가 알아서 키티를 장롱에 집어넣을 것이다. 마치 내가 어떤 신앙에 대해서 그리했듯이 말이다.

· · ·

　아이는 세탁기 속에서 이리저리 돌려지고 치어서 형체도 알아볼 수 없는 상태가 되어 가는 키티를 바라보며 눈물을 흘린다. 그 눈물은 키티가 겪고 있는 고난에 대한 슬픔과 연민의 눈물임이 틀림없다. 이윽고 세탁기에서 키티가 나왔다. 할머니는 드라이어를 가져와 키티를 재빨리 건조시킨다. 어느 정도 물기가 제거되자 키티는 부활했다. 아이는 부활한 큰 키티의 몸속으로 솜을 집어넣으면서 말한다.
　"큰 기~티야, 밥바 많이 먹어."
　할머니와 아이는 키티의 밥인 솜을 키티에게 잔뜩 먹였다. 솜이 들어간 부분을 할머니가 실로 꼼꼼히 집는다. 키티의 옆구리에는 예수와 달리 창 대신 가위로 실밥이 타진 상처가 남았다. 하지만 이제 모든 고난과 세탁기 지옥의 권세를 이기고 키티가 부활했다. 아이는 매트 위에 키티를 올려놓고 와락 안기며 말한다.
　"헬로 키티!"
　아이가 기쁨에 찬 목소리로 외치는 "헬로 키티!" 이것은 분명 부활한 키티에 대한 '할렐루야!'가 아닌가.

17

 아래층이
수상하다

 우리 아이는 남자 아이라서 그런지 걸어 다니지 않는다. 다리에 힘이 제법 붙은 후부터는 온 집 안을 운동장처럼 뛰어다닌다. 조용하게, 살살 걷자고 달래도 그때뿐이다. 몇 분 지나지 않아 이유 없이 제자리에서 연신 쿵쿵 점프를 해 댄다. 화장실에 갈 때도, 잠자러 갈 때도, 밥을 먹으러 갈 때도 아이의 이동 수단은 달리는 두 다리이다.
 주택이든 아파트든 1층이라면 뛰어다녀도 걱정할 것이 없지만, 지금 살고 있는 집은 아래 사는 세대를 괴롭힐 수밖에 없는 구조이다. 게다가 이 아파트는 발코니가 없고 창문을 닫고 생활하게 되어 있어 아이가 뛰어다니면 아마 아래 세대는 마치 집 전체가 북이 되고 아이가 그 북을 거칠게 연주하는 것 같은 안타까운 상황에 처해질 것이다.

 그러니 점잖은 분들이 계신 아래 세대에서 인터폰이 온다. 사실 아래 세대의 어르신들보다는 그 댁의 중학생 정도 되어 보이는 아이들이 견디기 힘든 모양이다. 이해가 된다. 나라도 북 통 속에서 온종일 내 아이가 쳐 대는 북 소리를 듣고 싶진 않다.

아랫집은 왜 이사 갔을까?

아이는 왜 뛰어다닐까. 성장 과정에서 분출하는 에너지 때문이겠지만, 나도 아래 세대에게 윗세대 사는 사람으로서 할 수 있는 윤리를 다하고 싶다. 그렇다고 본능과 발달 단계에서 나타나는 뜀뛰기를 아이를 위협하거나 때리면서까지 하지 못하게 막을 수도 없을 것 같다. 솔직히 아이에게 뛰지 말라고 아무리 요구해도 대화가 되지 않는다. 마치 아이가 유아일 적 노리개 젖꼭지를 찾듯이 아이는 맹목적으로 뛴다.

 조치를 하지 않은 것은 아니다. 카펫도 깔고, 놀이 매트도 깔고, 침실에는 라텍스도 깔았다. 깔 만한 건 다 깔았다. 더욱이 아이가 신지 않으려 울고불고 떼를 쓰며 거부하는데도 밑창이 고무로 된 크록스 샌들까지 집에서 신겨 보려 애도 써 봤다. 하지만 집 안 전체에 라텍스를 깔지 않는 한 아래 세대 분들에게 윤리를 다하기는 불가능할 것 같다. 아이를 위해서 1층으로 이사 가는 방안, 주택으로 옮기는 방안 등을 고민해 봤지만, 그게 마음처럼 쉬운 일은 아니지 않은가.

 그런데 아래 세대가 우리보다 먼저 이사를 가셨다. 같은 아파트 옆 동이다. 이유가 우리 집 때문인지는 불분명하다. 아래 세대가 이사 나간 날, 새로운 가정이 전입을 하셨다. 우리 아이의 북 연주가 듣기 괜찮으신 걸까? 그럴 리 없는데 전입한 지 한 달이 넘도록 아직 단 한 번의 인터폰도 오지 않고 있다. 층간 소음은 그냥 소음과는 달라서 듣는 사람에게 매우 큰 불쾌감을 준다. 그런데도 참고 계신 것인지, 이해해 주시는 것인지, 아니면 안 들리시는 것인지(결코 그럴 리는 없겠지만) 엘리베이터에서 만나도 반갑게 웃어 주신다. 이래도 되는지 모르지만, 마음만은 해방된 기분이다. 그래도 우리는 아이를 예전 수준보다도 더 뛰지 못하게 제어하고 있다.

층간 소음의 에티카

그렇다고 문제가 다 해결된 것은 아니다. 아래 세대 분들이 보여 주시는 관용에 우리가 어떻게 응답할 것인가 하는 문제만큼은 남아 있다. 마음 같아서는 어떻게 해서든지 아이가 뛰지 않도록 하고 싶지만, 그리고 그것이 제대로 된 응답이고 이 문제를 대하는 윤리이지만, 뛰는 아이를 뛰지 않게 막는 일은 노리개 젖꼭지를 찾는 아이에게 주지 않는 것만큼이나 어렵고 어떤 의미에서 불가능에 가까운 것이다.

  아이가 있는 집에서 발생하는 층간 소음 문제를 해결하기 어려운 진짜 이유는 여기에서 비롯되는 것이 아닐까. 뛰지 않아야 하는 것이 아래 세대에 대한 윤리이고 예의이지만, 아이는 뛸 수밖에 없고 뛰지 말아야 할 이유를 알지 못하며 이 윤리에 대한 이해와 자각이 없다는 사실 말이다. 그래서 층간 소음과 관련된 윗집-아랫집 갈등을 에티켓이나 법 개정 등으로 풀기란 참 어렵다. 아파트 관리사무소나 구청에서도 '윗집이 아랫집을 배려하자'는 식의 캠페인을 벌이지만 말이 제대로 통하지 않는 아이에게 집에서 뛰지 말아야 하는 이유를 설명하기란 여간 어려운 일이 아닐 수 없다. 이제부터 층간 소음을 근원적으로 해소할 만한 자재와 공법으로 아파트를 짓는다 해도 이전 아파트에 사람이 살지 않는 것도 아니지 않나.

운 좋게 내가 지금 살고 있는 아파트에는 모든 불편을 감내하기로 결의하신 관용적인 분이 살고 있어서 다행이지만, 그럼에도 내 편에서 윤리를 다하자고 하면 이제 어떤 방법이 있는 것일까. 1층으로 이사 가는 것, 아니면 아파트에 살지 않는 것만이 답일까.

아이 키우는 입장에서 층간 소음을 둘러싸고 생겨나는 윤리적 문제는 다른 많은 상황에서 비슷한 구조로 반복된다. 아이는 뛸 수밖에 없고 뛰지 말아야 하는 이유를 알지 못하며 이 윤리에 대한 이해와 자각이 없듯이, 기차나 고속버스 안에서 아이가 울 때도, 쇼핑 중 매장에서 정돈된 옷을 어지럽힐 때도, 식당에서 이리저리 뛰어다니고 고함을 칠 때도 아이는 그렇게 할 수밖에 없고 그렇게 하지 말아야 하는 이유를 알지 못한다. 설령 기차와 고속버스 승객들이 널리 이해해 주고 매장 직원과 식당 사장이 웃으면서 아이를 귀엽다고 말해 줘도 이 문제가 해결된 것은 아니다.

아이 키우는 부모는 승객과 직원과 일정한 불편을 겪는 모든 이들의 희생을 강요할 권한이 있는가. 부모가 아니라면 아이에게는 있다고 말할 수 있는가. 뉴욕에서 돌아오는 비행기에서 아이는 몇 시간을 울었고 어느 누구도 불평을 하지 않았다. 하지만 모든 승객이 관용하기로 결의했다 한들 부모 마음이 편해지는 것은 아니다.

1 | 그렇게 할 수밖에 없고, 그렇게 하지 말아야 하는 이유를 알지 못하며, 이러한 윤리에 대한 이해와 자각이 없는 자(제1항)에게 윤리란 무엇인가?
2 | 그리고 그렇게 하는 것을 제재하는 게 불가능하고, 그렇게 하지 말아야 하는 이유를 전달하는 것이 불가능하며, 이러한 윤리에 대한 이해와 자각을 시키는 것도 불가능한 자(제2항)에게 윤리란 무엇인가?
3 | 덧붙여 그렇게 할 수밖에 없는 것으로 인해 불편을 겪고 있고, 그렇게 하지 말아야 하는 이유를 알면서도 당해야 하며, 이러한 윤리에 대한 이해와 자각이 없는 자로부터 예기치 못한 스트레스와 공격을 받고 있는 자(제3항)에게 윤리란 무엇인가?

여기에서 제3항의 사람들은 자신이 당하고 있는 피해에 대해서 자신의 권리를 주장할 수 있다. 대개는 제2항에 해당되는 자들에게, 예를 들면 소아나 유아의 부모들이나 치매 환자의 보호자들, 반려견의 주인들이 이 범주에 들어갈 것인데, 자신의 권리를 보호해 줄 것을 요구한다.

그러나 제3항에 있는 사람이나 제2항에 있는 사람이나 제1항에 해당하는 존재들과 의사소통하기 어려운 것은 매한가지이다. 제2항의 사람들이 부모, 주인, 보호자라고 해서 당연히 제1항의 존재들과 의사소통이 자유롭다고, 혹은 더 나을 것이라 기대해서는 안 된다. 제2항은 단지 제1항을 사랑하거나 사랑해야 하는 의무가 있을 뿐이고, 의사소통에 더 노력해야 할 책임이 있을 뿐이다. 이것이 책임 능력이 있거나 의사소통 능력이 있다는 것과는 다른 의미이다.

층간 소음에 대해 에티켓을 강조하는 것의 어리석음이 여기에 있다. 이

사 가기 전 아래 세대에 계셨던 분들은 우리에게 불가능한 소통을 가능하게 해야 한다고 요구하셨던 것은 아닐까. 정기적인 인터폰은 '사실로서의 의사소통 능력'과 '당위로서의 의사소통 지향*'을 구분하지 못했기 때문이 아닐까. 우리에게 에티켓을 강조하신 것이 아니라면 다른 곳으로 이사를 가길 바라신 것일까. 후자는 명백히 아닐 것이기에, 상식적인 수준에서 우리의 책임 있는 윤리적 조처, 즉 에티카(ethica)를 기대하셨던 것일 터인데, 나는 무엇을 할 수 있었고 무엇을 해야 했던 것일까?

우정의 윤리가 필요하다

가라타니 고진이 《윤리 21》에서 묻는 질문, "아이가 저지른 일에 왜 부모가 '책임'을 지는가?" 그는 서구나 한국의 가부장제와 일본의 그것을 비교하며 오히려 일본의 가부장제에서는 확실히 부모가 아이를 구속하지만, 그 이전에 먼저 부모가 아이에게 구속되어 있다고 말한다. 부모와 아이 사이에 상호 규제가 작동하고 있다는 말이다. 왜냐하면 "아이가 무언가 사건을 일으키면 반드시 부모의 책임을 묻는 구조이기 때문이다." 이것이 비단 일본의 가부장제에서만 존재하는 구조인가. 정도의 차이가 있을지언정 우리의 경우도 마찬가지이다.

가라타니 고진의 질문에 가장 먼저 떠올릴 수 있는 대답은 바로 이러한 책임 구조를 강요하는 '사회'라는 어떤 힘이다. 제3항의 다른 이름은 사회

---

* 우리는 너무 많은 경우 사실과 당위를 혼동한다. 할 수 있는 일과 해야 할 일은 엄연히 다르다. 아이와의 의사소통을 할 수 있다는 말과 해야 한다는 말은 다른 의미이기에 아이와 부모 사이의 의사소통을 당연시 여길 수 없다는 것은 자명하다.

아닌가? 그에 따르면 그 책임 구조의 한 축은 가부장제와 같은 것이다.

여기서 한 발 더 나아가 보자. 뛸 수밖에 없고 뛰지 말아야 할 이유도 알지 못하며 이 윤리에 대한 이해와 자각이 없는 자의 다른 이름은 무엇일까? 그것은 타자이다. 타자는 의사소통이 불가능한 자 그 자체이며, 칸트가 말한 공통 감각이 적용될 수 없는 자이며, 고진의 표현대로 하자면 우리 마음대로 감정이입이 될 수 없는 자이다. 따라서 진정한 윤리, 진정한 공공성, 진정한 세계 시민 윤리는 이러한 타자에 대한 것이어야 한다. 이를 더 확대하자면 아직 태어나지 않은 자, 치매 환자, 반려견도 타자이다. 레비나스에게 고통 받는 타자의 얼굴은 신의 얼굴이다.

내 아이도 타자라는 점을 상기하면, 아이가 저지른(를) 일에 대해 부모가 (당연하게) 책임지(게 하)는 (맹목적) 구조는 타자를 자기화하도록 강제하는 폭력이 될 수 있다. 따라서 제3항이 제2항에게 이러한 구조를 강요하지 말아야 한다면, 제2항은 제1항을 자기화하지 않아야 한다. 그런 의미에서 제2항에게 요구되는 윤리는 제1항인 타자에 대한 존중과 사랑이며, 제3항에 대해서는 타자에 대한 상상력을 바탕으로 적극적으로 연대하며 우정을 쌓아 가는 것이다. 상상력을 바탕으로 한 진정한 연대와 우정이다.

그리스도가 세상과 하나님을 화해시키려 오셨다고 했던가? 그리스도의 사명을 제2항의 모든 이들에게 부여된 소명이라고 하면 어떤가. 그러면 제3항은? 제3항에게 요구되는 윤리는 제2항을 자유롭게 하는 것이며, 제1항을 타자로 인정하는 관용이다. 그와 더불어 제3항은 제1항의 타자와 '불가능한 의사소통'을 계속 해 나가야 한다.

우리가 만일 신을 자기화, 즉 인간화시킨다면 그것은 우상이 되며 우상

숭배 금지 규정을 위반하는 것이 된다. 그럼에도 인간은 신과의 소통을 '불가능성의 가능성'으로 항상 남겨두지 않았던가. 그렇다면 층간 소음은 에티켓의 문제가 아니라 책임, 자유, 사랑과 관련된 에티카의 문제이다.

기차 안에서 울음을 그치지 않는 아이의 부모가 가질 수밖에 없는 곤혹감과 당혹스러움은 우리 사회가 부모에게 아이를 제지할 것을 강요하고 있다는 느낌이다. 그리고 이 느낌은 한국 사회가 의사소통이 불가능한 존재와 끊임없이 대화하고 협력하고자 하는 우정이 각박한 공동체라는 사실에서 기인한 것이 아닐까?

객실에서 다른 아이가 울고 있을 때 아이가 있는 부모라면 발휘되는 상상력이 있기 마련이다. 아이가 울기 시작했을 때 느끼는 당혹스러움, 주변 사람의 시선으로 인한 불편함, 아이를 빨리 조용하게 해 달라고 부탁하는 승무원에 대한 원망 등. 그 아이의 울음소리는 내 아이의 울음소리처럼 들린다. 아, 바로 그때 세상의 모든 아이가 내 아이가 된다.

층간 소음으로 인한 갈등이 서로를 배려하는 차원에서 해결될 수 있을까? 위아래로 맞대고 사는 우리의 주거 형태에도 불구하고, 서로를 친구와 이웃으로 환대하지 못하기에 생겨나는 갈등인 만큼 배려만으로는 부족하다. 타자에 대한 상상력이 필요하다. 이웃에 대한 우정의 윤리가 필요하다.

...

새로 이사 오신 아래 세대는 감당할 수 없는 층간 소음에도 부모인 우리에게 책임을 묻지 않는다는 점에서 자유를 주셨고, 아이는 그러는 것이 당연하다고 격려해 주신다는 점에서 소통을 해 주신다. 아이가 너무 뛰어 죄송하다 말씀 드릴 때마다 아래 세대의 아주머니께서는 "아이는 당연히 뛰기 마련입니다. 저희 아이들도 자랄 때 그랬습니다. 너무 신경 쓰지 마세요"라고 해 주신다.

부모인 우리에게 남겨진 윤리적 책임은 이 아이에 대한 사랑의 책임을 다하는 것이며 아래 세대 분들과 우정을 쌓는 것이다. 더 나아가 아래 세대 아주머니처럼 내 아이를 넘어서 다른 아이도 내 아이로 만날 수 있는 상상력을 키워 나가야 할 것이다. 층간 소음은 에티켓의 문제라기보다는 우정의 문제, 사랑의 문제, 소통의 문제, 상상력의 문제이다.

> 살아 있는 어른의 '행복'만을 생각해서는, 또 그들 사이의 '합의'만으로는 불충분하다. 윤리성은 아직 존재하지 않는 미래의 타자와의 관계에서도 존재한다. (중략) 그것은 미래의 타자를 목적으로 대하는 일이다.
>
> —가라타니 고진, 《윤리 21》 중에서

18

TV에 홀린 아이, 혹은 부모

〈뽀롱뽀롱 뽀로로〉와 〈로보카 폴리〉, 〈꼬마 버스 타요〉는 참 좋은 애니메이션이다. 폭력성도 없고 진부한 윤리관을 심어 주지도 않는다. 스토리도 비교적 다양하고 교육적 효과도 높아 보인다. 뽀로로의 외전 격이라 할 수 있는 〈똑똑 박사 에디〉는 아이들에게 기초적인 산수 개념을 비롯한 지적인 내용을 전달해 주고 부모에게는 너무 당연해서 설명하기 어려운 것도 논리적으로 설명해 준다.

이처럼 유아용 애니메이션이 주는 교육적 효과 때문에 아이에게 TV를 시청하게 하는 부모도 있겠지만, 대개는 아이의 관심을 다른 곳으로 돌려 시간을 벌고자 하는 경우가 많은 듯하다. 나도 아이를 데리고 미국에 갈 때

가장 먼저 태블릿 PC에 〈로보카 폴리〉 시리즈를 챙겼다. 기내에서나 미국 생활 중에 아이를 제어하기 힘들 때 사용하겠다는 목적이었다. 그뿐 아니라 몸이 좀 고되거나 아이의 어리광이 심해지면 아이를 유혹한다.

"뽀로로 볼래?"

아, 이토록 유익한 프로그램이 또 있을까. 유아용 애니메이션 프로그램들은 부모에게는 시간과 교환할 수 있는 현금과 같은 존재들이다.

TV가 나쁜 100가지 이유 중 4가지

어린 자녀에게 TV를 보여 주지 않아야 한다는 사실을 모르는 부모는 아마도 거의 없지 않을까? TV가 아이들에게 미치는 부정적 영향에 대한 연구는 간단한 인터넷 검색을 통해서 아주 쉽게 접할 수 있고, 그 수가 엄청나서 일일이 열거하기도 힘들 정도이다. 내가 가진 책의 내용을 몇 가지만 정리해 보면 다음과 같다.

1 | 오드리 맥알렌의 논문 〈활동 혹은 텔레비전〉에서는 경험 많은 유치원 선생님들의 증언을 토대로 TV에 많이 노출된 아이가 예전보다 덜 독창적이고 자라서 무엇인가를 해 보겠다는 기대가 감퇴된다고 보고한다. 그녀에 따르면 TV가 보급된 1950년 이후 아이들의 집중 시간은 갈수록 줄고 있다. 참고로 구글에서 '뽀로로를 보는 아이'로 검색해 보라. 에너지가 넘쳐 끊임없이 뛰어다녀야 할 아이들이 뭔가에 집중하고 있다.

2 | 발터 뷸러의 글 〈TV와 자라는 아이〉에서는 자라나고 있는 자아의 존재 (Ego-Being)는 환경과 구체적이고 개인적인 관계를 맺기 위해서 기본적으로 자신의 시력, 자신의 발걸음, 자신의 손으로 직접 경험하고 싶어 하고, 삶이 지닌 구체적이고 객관적인 현실과 그 완전함과 만날 때만, 그리고 그 저항을 경험할 때만 자아는 계속 자라날 수 있으며, 결국에는 자신을 되찾을 수 있다고 권고한다. 즉 가장 훌륭한 TV 교육 프로그램조차도 아이를 수동적으로 만들며 자아의 성장을 방해한다는 것이다.

3 | 조셉 칠턴 피어스에 따르면, TV는 아이의 두뇌 발달에 부정적 영향을 미친다. 두뇌에서는 이야기를 통해 단어를 받아들이고 이미지가 발달하면서 중뇌에 있는 비유를 담당하는 조직을 통해 지능이 외부 세계와 연결된다. 특히 중뇌에서 상징적이고 은유적인 언어를 발달시키는 것이 이후 발달에 매우 중요하다. 그런데 TV는 아이의 감각기관을 소리와 영상 이미지로 채워서 이 심상을 파괴하고 장악해 버린다.

4 | 제인 힐리의 〈위험에 처한 마음〉에서는 다소 충격적인 사건을 보고하고 있다. 1997년 〈포켓몬스터〉를 시청하던 3~20세까지의 시청자 650명이 그 프로그램 영상이 주는 현란한 이미지로 인해 갑작스런 구토와 발작을 일으켰다.

한 마디로 정리해서 TV는 아이에게 신체, 정서, 지능 발달에 부정적인 영향을 미친다는 것이다. 대체로 11세는 되어야 아이가 TV 프로그램에서 교육적 효과를 얻을 수 있는 정도가 된다는 것인데, 이것은 아이에게 TV를 보여 주며 시간을 벌어 왔던 나 같은 부모에게는 재앙에 가까운 보고이다.

영상통화와 영상 메시지는 어떤가

하지만 내게는 이런 TV 프로그램보다 더 효과적이고 교육적이고 훨씬 더 정당화하기 쉬운 도구가 있는데, 바로 스마트폰 영상통화 기능이다. 나와 파트너의 스마트폰은 통화 끊김 현상이 없고 언제 어디서나 무료로 이용할 수 있는 영상통화 기능을 제공한다.

비행기로 14시간이나 떨어져 있는 파트너가 아이와 만나는 방법은 이 영상통화를 통한 것뿐이다. 아이 역시 엄마를 그리워하고 있기에 아이와 파트너가 영상통화로 동요를 부르고 대화를 하는 시간만큼은 내게도 어느 정도 자유가 부여된다. 엄마와 지내지 못하는 아이에게 스마트폰을 준다고, 영상을 보게 한다고 누가 나를 비난할 것인가. 앞서 언급한 전문가들조차도 이것은 용인해 주지 않을까?

대개 영상통화로 시간을 '사는 것'은 그리 어려운 일이 아니지만, 어떤 경우에는 생각처럼 되지 않을 때도 있다. 아이는 엄마의 다그치는 말이나 잔소리가 듣기 싫은 경우 그냥 스마트폰의 종료 버튼을 눌러 버리면 그만이다. 엄마가 많이 그립거나 재밌게 놀고 있을 때는 내가 외출을 해야 할 때도 스마트폰을 내놓지 않고 억지를 부리지만 자기 마음에 들지 않으면 통화 중에라도 전화를 끊어 버리는 것이다.

그럴 때 쓰는 최후 방법은 엄마가 예전에 스마트폰으로 보낸 영상 메시지를 아이에게 하나씩 보여 주는 것이다. 이 역시 그 누구도 아이가 멀리 떨어져 있는 엄마의 영상을 보고 있다고 비난할 수는 없을 것이다. 영상 메시지 내용은 대부분 엄마가 아이에게 동요를 불러 주거나 잠자리 인사를 건네고 재밌는 장난감을 보여 주는 것이다. 흥미롭게도 아이는 똑같은 영상 메시지를 수없이 봐 왔지만 그때마다 엄마의 질문에 대답하고 엄마와 대화를 한다. 엄마의 "잘 자"라는 잠자리 인사에 아이는 오늘도 어김없이 "네"라고 대답한다. "우리 아기 오늘 뭐했어?"라는 질문에 "오늘 아빠하고 놀았어"라고 대답한다.

영상통화가 실시간 대화라면 영상 메시지는 일종의 녹화 방송이거나 혹은 실시간이 아니라는 점에서 가상 상황이다. 아이는 실시간 대화에서 기분이 좋으면 대화를 지속하고 원하지 않으면 언제든지 끊어 버린다. 그리고 실시간이 아닌 가상 상황에서도 대화를 나누며 교섭한다. 처음에는 그 모습이 재밌어 웃었지만, 지금 돌이켜보면 TV나 영상 메시지, 영상통화는 모두 구조적으로 거의 동일한 매체적 문제가 존재하는 것은 아닐까 싶기도 하다.

책임을 회피하게 하는 구조적 장치

TV를 시청하는 행위는 마치 영상통화처럼 아이에게 '사실'의 문제를 취사선택할 수 있게 만든다. 영상통화는 실상은 현재적이지 않은 것, 즉 엄마와의 대화를 현재적으로 느끼게 만든다는 점에서 데리다가 개념화한 인공적 현재성을 만들어 낸다.

데리다는 TV를 분석하며 인공적 현재성이라는 개념을 사용했는데, TV는 어떤 사실을 대단히 사실감 있게, 그리고 매우 빠른 속도로 전달하여 시청자가 안방에서 어떤 현재성을 경험하게 만든다. 이때 경험하는 현재성은 실제 현실과 "매우 작은 시간 차이"를 두고 TV가 가능하게 했다는 점에서 현재적이지만, 한편 TV가 부여하고 만든 현재성이라는 점에서 구성된 것이고 인공적인 것이다. 그런데 TV로 전달된 사실과 실제 사실 자체 사이에 벌어진 이 작은 시간적 차이는 두 사실의 지위를 전혀 다르게 만든다. 사실 자체가 부여하는 현재성은 피할 수 없고 일정한 책임을 요구하지만, TV로 전달된 사실, 즉 인공적 현재성은 원하면 얼마든지 피할 수 있고 어떠한 책임을 져야 할 의무를 부여하지 않는다.

한 예로 극동아시아에 살고 있는 사람은 TV를 통해 중동에서 일어나는 전쟁이나 테러가 주는 비극을 비교적 생생하게 경험하지만, 거의 대부분 그 비극에 대해 의무적으로 책임감을 느끼지는 않는다. 보드리야르에 따르면, "전쟁도 시뮬라크르로 대체"되었다. TV를 통해 이라크 전쟁을 본 사람은 FPS 게임(1인칭 슈팅 게임)을 하는 것과 비슷한 느낌을 받았을 것이다. 우리가 게임이라는 가상(시뮬라크르)에 책임을 느낄 이유가 있는가? 우리가 그 책임과 비극이 주는 고통스러운 현실을 피하는 방법은 간단하다. TV를 끄기만 하면 된다.

영상통화가 만들어 주는 인공적 현재성에 힘입어 파트너는 과거 떨어져 살았던 다른 모자(母子)들에 비해 더 생생하게 서로를 경험할 수 있게 되었다. 하지만 이 생생함과 현재성은 인공적이기에 아이는 원하지 않을 때는 언제든지 끄면 된다.

다시 TV 교육용 프로그램으로 돌아가 보자. 아이들은 TV를 통해 현실을 체험하는 중이다. 그 현실은 매우 아름답고 이상적이고 교육적이다. 아이들은 그 현실보다 열악한 지금 소파에 앉은 자신의 현실로 돌아오지 않으려고 한다. 이것이 아이가 오늘도 뽀로로를 보겠다고 조르는 많은 이유 중 하나가 아닐까. 그리고 아이는 소파에 앉은 자신의 현실보다 더 열악한 현실이 TV에 나온다면 TV를 끄기만 하면 바로 그 현실에서 벗어날 수 있다는 것을 알 것이다. 그렇다면 꾸준한 TV 시청이 아이에게 가져오는 결과는 둘 중 하나일 것이다. 아이는 TV 속 세상으로 도피한 채 열악한 자신의 현실에 대한 책임을 지려 하지 않을 것이다. 혹은 TV가 알려주는 자신이 처한 상황보다 더 열악한 현실에 대한 책임을 지려 하지 않을 것이다. 어느 쪽이든 책임을 지지 않기는 매한가지다.

사실과 사실 아닌 것 사이

아이가 영상 메시지와 대화하는 장면은 아이가 사실 아닌 것을 얼마든지 사실로 만들어 이해할 수 있다는 점을 보여 준다. 아이가 과거에 녹화된 영상과 대화하며 거기에 뽀뽀까지 해 주는 것을 보고 있노라면 우리가 아이에게 진정한 경험을 제공해 주고 있는지 자문하게 된다.

이것은 분별력 있는 성인, 청소년에게도 마찬가지이다. TV라는 동일한 매체에서 나오는 정보에는 사실과 사실 아닌 것이 혼재되어 있다. 정확히 말해, 경우에 따라서는 명백히 사실이 아닌 것이거나 혹은 TV라는 매체로 해석된 사실이 섞여 있다. TV 시청자는 받아들이고 싶지 않은 것은 그것이 사실이라도 '사실 아닌 것'으로, 받아들이고 싶은 것은 그것이 사실이 아니라도 '사실인 것'으로 인식하면 된다. 이 손쉬운 인식의 변환 틀을 TV가 제공해 주는 것 아닌가.

이런 반문도 가능하다. "당신의 주장은 과장된 듯합니다. 사람들은 사실과 사실 아닌 것을 대부분 구분해요." 맞는 말이다. 나는 이 구분이 어렵다는 이야기가 아니라 우리는 얼마든지 사실을 사실 아닌 것으로, 사실 아닌 것을 사실인 것으로 여길 수 있도록 TV가 만들어 주고 우리의 인식(판단) 체계를 새로이 구조화하고 있다고 지적하는 것이다.* 아이는 TV 속 환상으로 자신의 현실을 이해하기 시작하고 있다.

> TV가 우리를 보고, TV가 우리를 소외시키고, 조작하며, 우리에게 정보를 제공해 준다.
>
> ─보드리야르, 《시뮬라시옹》 중에서

실제의 현실에서 사람들은 뽀로로 마을의 친구들보다 훨씬 더 많은 노동을 해야 하고, 로보카 폴리가 사는 브룸스타운에 비해 현실 사회에서 문제를 해결하는 일은 훨씬 어려우며, 꼬마 버스 타요가 운행하는 도로에 비해 실제의 도로는 훨씬 혼잡하고 지저분하다. 아이가 대화해야 하는 상대는 녹화된 영상 속에서 듣기 좋은 말만 해 주는 엄마가 아니라 잔소리하고 다

---

* 사실과 사실 아닌 것을 구분하는 게 그렇게 쉬운 것만도 아니다. 보드리야르는 《시뮬라시옹》에서 현실과 가상현실 사이의 경계가 점점 모호해지고 있다는 사실을 지적한다. 그에 따르면 우리는 실재하지 않는 것을 실재한다고 믿고 살아가는 일들이 점점 많아지고 있다. 영화 〈매트릭스〉에서 주인공들은 무엇이 현실인지, 가상인지 혼란을 느낀다. 디즈니랜드는 가상인가, 실재인가?

그치는 실제 엄마이듯이, 아이들이 봐야 하는 세계는 영상물의 세계에 비해 훨씬 무질서하고 고단하고 지저분한 현실 세계 그 자체이다.

안녕! 뽀로로, 폴리, 타요…

아이에게 뽀로로를 더 이상 보여 주지 않겠다고 결의한 날, 아이와 놀이터에서 한참을 놀고 가까운 커피전문점에서 함께 코코아를 마시며 동화책을 읽었다. 그리고 쉴 시간이 필요했던 아빠와 할머니는 근교로 나가 아이는 사촌동생과 놀게 하고 한가한 여유를 즐겼다.

나는 앞에서 우리 문명이 흠집 내기를 두려워해 무엇이든지 현실을 그대로 경험하게 하지 못하고 있다고 썼다. TV는 그런 의미에서 우리와 아이들이 현실에 대한 책임감을 손쉽게 회피하게 하고, 현실 그 자체를 경험하는 시간을 감소시키며, 그래서 현실과 환상의 경계를 모호하게 함으로써 아이의 발달을 더디게 하는 도구가 되었다.

뽀롱뽀롱 뽀로로, 로보카 폴리, 꼬마 버스 타요. 이제 우리 아이와 안녕하자! 뽀로로, 에디, 루피, 패티, 로디, 통통이, 포비, 크롱, 뽀뽀, 삐삐, 드래곤, 그리고 폴리, 로이, 앰버, 헬리, 지니, 스푸키, 미니, 캡, 포스티, 클리니, 휠러 씨, 그리고 타요, 로기, 가니, 시투, 라니, 하나 누나, 페트, 루키, 봉봉… 모두 모두 안녕!

19

 이야기에 갇힌 아이,
이야기로 해방되는 아이

"옛날 옛날에 커다란 괴물이 살았어. 그 괴물이 나타나서 사람들을 막 괴롭혔어. 그런데 갑자기 내가 나타나서 괴물을 때려서 이겼어. 그래서 행복하게 오래오래 살았답니다!"

아빠 팔을 베고 옛날이야기를 듣던 아이가 언제부터인가 아빠더러 자신의 팔을 베게 하고서는 이야기를 들려준다. 아이의 이야기에는 괴물이 나타나고, "그런데 갑자기" 아이가 나타나고, 이기고, 행복하게 살았다는 내용이 꼭 나온다.

30개월 전후부터 이런 이야기를 자기 전마다 할머니와 아빠에게 해 주기 시작했는데, 몇 달이 지난 지금도 이야기의 기본 구조는 늘 반복되고 있다.

아이의 이야기를 듣고 한참을 깔깔대며 웃다가 어느 순간 좀 섬뜩해졌다. 아이의 이야기가 기묘하게 아빠의 이야기를 단순화시키고 있다는 생각에서였다.

보통은 자기 전 할머니가 아이 수준에 맞는 동화책을 읽어 준다. 그러다 아이와 함께 잠깐 엄마가 있는 미국에서 지내게 되었는데, 그때 우리말 동화책이 없다 보니 부득불 아빠와 엄마의 이야기 주크박스가 작동해야 했다. 모두가 침대에 누운 채로 아빠와 엄마가 번갈아 가며 아이에게 소위 옛날이야기를 해 줬다. 대체로 〈아기 돼지 삼형제〉, 〈백설공주〉, 〈금도끼 은도끼〉 등이었다.

그런데 회를 거듭할수록 아이 수준과 국적을 불문하고 생각나는 이야기가 없어서 여간 곤혹스러운 게 아니었다. 나중에는 도저히 생각나는 게 없으면 결국 이야기를 만들어서 해 주게 되었다. 대체로 괴물과 싸워서 이기는 이야기, 사촌동생이 위기에 처했을 때 사촌형인 우리 아이가 구해 주는 이야기, 뽀로로가 마귀할멈과 싸워서 위기에서 탈출하는 이야기, 코딱지를 파거나 지저분한 아이들이 당하게 되는 이야기 등이었고, 어떤 이야기든 항상 "그래서 행복하게 살았답니다!"로 끝났다.

언 발에 오줌 누는 식으로 이야기를 들려주고 나면 아이는 이런 말도 안 되는 이야기도 재밌는지 "또! 또 해 줘!"라고 졸라 댄다. 더 이상 생각나는 이야기도 없고, 이런 이야기가 얼마나 유치한지 잘 아는 나와 파트너는 오히려 아이에게 옛날이야기를 해 달라고 한다. 그러면 아이는 괴물과 싸워 이기는 아주 짤막한 이야기를 들려준다.

'할머니'의 이야기

아이의 괴물 이야기는 단순히 아빠가 들려주는 이야기의 '단순화'가 아니라 어떤 의미에서는 '원형'이다.

> 부엉 부엉새가 우는 밤
> 부엉 춥다고서 우는데
> 우리들은 할머니 곁에
> 옹기종기 모여 앉아서
> 옛날이야기를 듣지요

철학자 김상환이 〈문화에 대한 단상〉에서 말한 대로 이 동요는 이야기의 원형, 그리고 그 원형으로부터 나오는 이야기의 기능을 잘 보여 준다. 부엉-부엉새-밤-추움은 '괴물'과 하나의 계열을 이루며, 우리들-할머니-옹기종기-온기는 '괴물에 대한 극복'과 또 하나의 계열을 이룬다. 어쩌면 모든 이야기는 이질적이고 야만적인 것의 극복, '우리들-옹기종기'로 이해하는 사회의 탄생, '할머니'가 상징하는 주체의 탄생과 관련된다.

사실상 모든 이야기는 실재적 대립이라 할 수 있는 모순을 갈등으로 형상화하고 있다는 점에서 보면 아이의 저 단순한 이야기는 원형으로서의 이야기인지도 모른다. 문제는 옹기종기 모여 앉은 아이들의 이야기가 할머니의 이야기에 지배되고 있는 것은 아닌가 하는 것이다. 즉 아이의 이야기, 내러티브, 서사가 아빠의 이야기에 종속되지 않게 해야 하지 않느냐는 말이다.

모든 국가가 국사를 갖는 것은 역사가 이야기라는 점, 그리고 그 이야기가 행위의 정당성을 확보해 주는 기능을 한다는 점, 더 나아가 역사 속에서만 국가가 행위할 수 있다는 점 때문일 것이다. 예컨대 남북한의 서로 다르게 서술된 국사가 각자에게 서로 다른 정당성을 부여하고 국가 정책과 행동의 방향에도 서로 다른 영향을 준다.

개인에게도 마찬가지다. 모든 개인은 자신의 이야기 속에서만 자유롭고, 또 한편으로 자신만의 서사 구조에 갇힌 채 살아간다. 영화 〈26년〉에서 1980년 계엄군의 일원이었고 전두환의 경호실장인 마상렬이 죽기 전에 "당신은 죽지 말고 내 삶의 정당성을 확보하라"고 절규하던 대사는 우리가 이야기 속에서 자기 자신을 정위시키고 그 속에서 하나의 주체로서 자라나게 된다는 점을 보여 준다.

마상렬의 이야기는 1980년 광주의 희생자들의 이야기와 충돌하고, 각자의 이야기는 자신을 이해하고 세상을 바라보는 하나의 창, 즉 해석틀로 기능한다. 두 해석틀, 이야기, 서사구조의 극단적 충돌에도 불구하고 인간은 누구나 이야기하고 이야기 속에서 살아간다는 점에서 의미를 찾는 존재이며, 의미의 온기로 무의미의 추움을 견디려는 자들이다.

노예의 이야기, 이야기의 노예

국가에 속한 국민에게 '이야기하는 할머니'가 국사를 편찬하는 집단이라면, 마상렬의 '할머니'는 전두환과 그를 비호하는 사람들일 것이며, 내 아이의 '할머니'는 아이에게 이야기를 들려주는 아빠, 엄마, 할머니, 어린이집 선생님 등일 것이다.

특히 내 아이에게 최초의 '이야기하는 할머니'는 바로 아빠인데, 내가 들려주는 이야기는 다분히 남성 중심적이며 가부장적이고 이분법적이고 비논리적이고 패권주의적이다. 괴물을 이기는 멋진 아이라는 이야기 구조는 야만과 문명의 이분법을, 동생이나 마녀를 구하거나 물리친다는 것은 가부장적, 패권주의적 태도를, 맥락 없이 나오는 "그런데 갑자기"라는 접속어는 마치 '기계장치로서의 신(deus ex machina)'처럼 이야기의 비개연성을 드러내며, 항상 행복한 결말로 끝맺는 구조는 아이를 행복한 삶이라는 내용 없는 허상 속에서 살게 만든다.

갈등 구조가 있는 이야기뿐만 아니라 아이의 생활을 지도하기 위한 이야기의 서사 구조도 비슷한 문제가 있다. 아이의 생활 습관을 잡아 주는 동화에는 아이가 자신을 이야기의 주인공과 동일시하게 하여 건전한 생활 습관 즉, 아이의 양치, 잠자리, 정리 정돈 습관 등을 심어 주려는 서사 구조가 있다. 이것은 분명 바람직하고도 필요한 일이다. 그러나 어두운 면도 있다. 아이가 사회적 존재로서 삶을 살아가는 데 '할머니 이야기'가 필요하겠지만 거기에는 사회나 국가가 암묵적으로 강요하는 '노예의 내러티브'도 개입해 있다는 사실을 알아야 한다.

TV 애니메이션 〈로보카 폴리〉를 보자. 브룸스타운의 구조대, 경찰관 폴리, 소방차 로이, 구급차 앰버, 헬기 헬리는 어떤 의미에서 공권력을 의미한다. 이들은 결코 실수하지 않고, 이들 사이에는 갈등도 존재하지 않으며, 리

더 폴리의 역할 배분에 따라 항상 멋지게 일을 처리한다. 그리고 무엇보다 자신들의 삶 전체를 브룸스타운 공동체를 위해 헌신한다.

하지만 이것은 슬프게도 우리가 당면하는 공권력의 모습과는 매우 다르며, 아이들에게 국가 권력에 대한 환상을 제공할 수 있다고 한다면 너무 지나친 격의인가? 더욱이 이 네 주인공을 제외하고는 모든 등장인물이 예기치 못한 문제를 만나 어려움을 겪게 되는데, 그들은 스스로 문제를 해결하지 못한 채 공권력을 표상하는 구조대에 항상 의존하는 모습을 보인다. 만약 아이가 이 등장인물들과 자신을 동일시하게 된다면 결국 아이는 니체가 말한 노예 도덕 이상을 가질 수 있을까?

이야기는 혁명이다

그러면 아이에게 어떤 이야기를 해 줘야 할까? 아이는 어떤 의미의 온기로 무의미의 냉기를 견뎌야 하는 것일까?

대학 시절, 공산주의 혁명이 진정 가능하려면 공산주의 사상이 과학이기 이전에 이야기가 되어야 한다고 생각한 적이 있다. 예수의 설교가 혁명적이었던 이유는 그의 소통 방식이 비유라는 이야기 구조를 지녔기 때문이고, 오늘날 학문 영역에서 혁명이 기획될 수 없는 이유는 이 세계의 소통 양식인 논문이 이야기와 동떨어져 있기 때문이라고 생각했다.

사람들은 논문의 화자와 자신을 일치시키려 하지 않는다. 사람들은 이야기의 주인공과 자신을 동일시하려 한다. 우리는 왜 분노하지만 혁명하려 하지 않는가. 분노하더라도 이길 수 있다는 이야기가 우리 사회에 부재하기 때문이다. 대화체로 글을 썼던 플라톤은 논문 형식으로 글을 쓴 아리스토텔레스와 달리 사회에 큰 변화를 가져올 수 있었고, 논증하려 했던 바울보다는 이야기했던 예수가 더 급진적인 사회 혁명가였다.

무등산 타잔으로 알려진 박흥숙에 대한 입에서 입으로 전해진 이야기와 1980년 5월의 광주는 무관한 것일까?* 1970년대 재개발 과정에서 무등산 타잔 박흥숙은 국가 권력과 홀로 싸웠고 결국 사형까지 당하고 말았지만, 1980년 5월, 박흥숙의 모친과 동생 박정자 등 그의 가족은 시민군을 물심양면으로 지원했다. 박흥숙의 이야기는 국가의 서사에 종속되지 않았고, 그의 삶은 그의 가족들에 의해 이야기되었으며, 이것은 다시 광주 시민들에 의해 이야기되며 혁명을 불러온 힘이 되었다고 하면 지나친 비약일까?

결국 혁명을 이루고 혁명적이려면, 온건하게 말해, 창의적인 것을 만들고 창의적이려면, 사회와 국가의 이야기, 타인의 이야기가 아니라 자신의 이야기에 거주해야 한다. 나는 이것이 니체가 말한 초인으로 가는 경로라고 생각한다. 예수의 말을 패러디해 보자.

"제대로 된 이야기를 알지니 이야기가 너희를 자유케 하리라."

그럼에도 아빠의 이야기는 여전히 빈곤하고 혁명적이지도 않고 생산적이지도 못하다. 여전히 우리 사회가 지닌 맹목적인 믿음들을 강력한 전달

---

* 박흥숙은 1977년 4월 20일, 무등산 무당골에서 자신의 가족은 물론 오갈 데 없는 할아버지 할머니가 살던 무허가 건물에 철거반원들이 불을 지르자 철거반원 7명 중 4명을 죽이고 사형 언도를 받았다. 박흥숙은 1980년 12월 24일에 사형을 당했다. 박흥숙의 최후 진술은 다음과 같다.
"당국에서는 아무런 대책도 없으면서도 그 추운 겨울에 꼬박꼬박 계고장을 내어 이에 응하지 않았다고 마을 사람들을 개 취급했고, 집을 부숴 버리는 것까지는 좋았는데, 당장 올데갈데없는 우리들에게 불까지 질러, 돈이나 천장에 꽂아 두었던 봄에 뿌릴 씨앗 등이 깡그리 타 버리고 말았다. 하물며 당국에서까지 이처럼 천대와 멸시를 받아야 하는 우리들에게 누가 달갑게 방 한 칸 내줄 수 있겠는가? 옛말에도 있듯이 태산은 한 줌의 흙도 거부하지 않았으며, 대하 또한 한 방울의 물도 거부하지 않았다고 하지 않는가? 세상에 돈 많고 부유한 사람만이 이 나라의 국민이고, 죄 없이 가난에 떨어야 하는 사람들은 모두가 이 나라의 국민이 아니란 말인가?"

수단인 이야기를 통해 아이에게 재생산하고 있는 것이다. 이를테면, '나이 많은 사람이 어린 사람을 보호해야 한다'거나 '행복하게 사는 것이 가장 중요한 가치이다'거나 '기왕 무엇이 되려면 영웅이 되어야 한다'처럼 명제화 시켜 놓으면 쉽게 긍정하지 못할 신념들, 즉, 영웅주의, 행복 전체주의, 가부장주의를 말이다.

아빠의 이야기, 아이의 이야기

이야기와 관련하여 가장 독보적인 연구를 수행한 폴 리쾨르의 개념을 떠올려 보자. 모든 이야기는 미메시스* 1의 전형상화 단계와 미메시스 2의 형상화 단계를 거쳐 미메시스 3의 재형상화 단계에 이른다. 여기서 미메시스 2의 형상화가 이야기의 줄거리라고 할 수 있는데, 이때 줄거리는 이를 이해할 수 있는 기본적인 '실천적 이해'라 할 수 있는 미메시스 1에 의존한다. 형상화된 줄거리를 읽으며 독자나 청중은 줄거리의 세계와 자신의 세계를 교차시키게 되는데, 이것이 바로 재형상화를 의미하는 미메시스 3이다.

 삶 전체에서 최초의 이야기를 듣는 아이들에게 부모는 어떤 이야기를 해야 할까? 아이의 세계와 아빠가 이야기하는 세계의 교차, 즉 아이의 재형상화 과정을 고려하고 염두에 두어야 한다. 우리 모두가 이야기의 수인(囚人)으로 살아가지 않으려면, 그 이야기는 속박과 종속의 이야기가 아닌 해방

---

* 플라톤이 문학의 본질을 설명할 때 사용한 개념으로 일반적으로 재현, 모방의 의미를 가진다. 이야기는 현실의 모방이다.

과 자유의 이야기여야 하며, 아빠의 이야기, 즉 미메시스 2는 아이의 순수하지만 아직은 좁은 세계를 더 넓은 세계로 확장하는 것이어야 한다.

아이가 "번개 파워"를 외치며 아빠가 쓰러지기를 바랄 때, 아이가 다소 불결한 곳을 피하고 무당벌레를 비롯한 곤충류를 싫어할 때, 무엇이 되고 싶냐고 물으면 아이가 '폴리'가 되고 싶다고 할 때, 아이의 세계와 이야기가 실재가 아니라 환상에, 기쁨이 아니라 공포에, 자유가 아니라 질서에 토대를 두기 시작한 것은 아닌가 싶어 불안하다.

나는 이것이 잘못되었다거나, 그래서 이야기를 해서는 안 된다고 하는 것이 아니다. 아이가 시작하게 되는 이야기의 첫 시작, 아이가 써 내려 갈 인생 이야기의 첫 서술이 '올바른' 결말을 '올바르게' 지향할 수 있어야 한다는 점을 생각하는 것이다. 아이의 이야기는 아이의 키가 자라듯이, 세계가 자라듯이 살아 있는 것일 테니까. 아이는 아빠의 이야기로 자신의 이야기를 시작하고, 스스로 이야기를 이어가다, 어느 순간 그 이야기가 아이의 이야기를 해 나갈 테니까.

의미의 세계로 들어온 아이에게 이야기가 빈곤한 아빠는 들려줄 만한 것이 참 없다. 아이에게 들려줄 이야기가 많지 않다는 사실은 나 자신이 얼마나 독자적이고 주체적으로 살아오지 못했는가를 자각하게 한다. 미안하다 아이야. 대신 네가 재밌는 이야기 들려줄래?

20

 엄마를 기다리는 시간,
2시

한동안 아이에게 "언제?"라고 물으면 대답은 항상 "2시"였다. "할아버지 집에서 언제 왔어?" "밥은 언제 먹었니?" "아빠 언제 올까?" 어떤 질문을 해도 언제나 대답은 "2시"였고, 그러고 나면 웃기기도 하고 매번 묻는 내가 우습게도 보였다. 아이가 2시의 의미를 제대로 이해하고 대답한 것은 물론 아니다. 나나 할머니에게 들어서 '2시'라는 것이 '언제?'라는 질문에 호응되는 말이라는 것 정도는 알 테지만, 1시, 3시, 4시, 12시 등 다른 시간도 많고, 날짜도 다양한데 왜 하필 아이는 2시만을 고집스럽게 되풀이하는 것일까.

추측하건대 내 파트너, 즉 아이의 엄마가 직장에서 일을 마치고 돌아온 시간과 무관하지 않은 것 같다. 미국으로 떠나기 전 파트너가 집에 돌아오는 시간이 대략 오후 2시 전후였는데, 아이가 보채거나 엄마를 찾곤 하면 습관적으로 "응, 엄마 2시 되면 온다"는 말로 달래곤 했다. 아이가 이해하리라 생각하고 했던 말이 아니다. 보채고 우는 아이 앞에서 당황한 내가 스스로를 격려하려고 한 말이었다. "조금만 더 견디자. 2시가 되면 파트너가 온다." 단언할 수는 없지만, 아이가 '2시 타령'을 하는 이유를 다른 데서 찾지 못하겠다. 내가 믿기로 아이에게 2시는 엄마의 시간이다.

아이가 태어난 지 860일 되는 날부터 1,052일이 되는 날까지 꽤 긴 시간 동안 아이에 관한 일기를 쓰지 못했다. 이 일기가 거기에 대한 핑계나 보충이 될 수 있을까. 그 사이 우리 부자는 아이 엄마가 있는 곳을 두 번 왕복했다. 그리고 파트너가 한 번 들어왔다가 나갔다. 우리 가족은 6월에 두 주간, 10월에 한 달을 뉴욕에서 보냈고, 12월을 이곳에서 함께 지냈다. 그러니까 아이와 아이 엄마에게는 세 번의 재회가 있었다. 아니, 우리 가족의 기억에는 세 번의 재회는 없다. 단지 세 번의 헤어짐만이 있다.

첫 번째 헤어짐

누군가 내게 시간이 흘러가고 있다는 것을 느끼는 감각이 가장 예민해진 시기를 하나만 꼽으라고 하면 군 입대 후 처음 나온 100일 휴가를 들고 싶다. 아마 남자라면 누구나 공감할 듯하다. 휴가 기간에는 몸에서 마치 살점이 떨어져 나가듯이 1분 1초가 내게로부터 멀어져 간다. 아이와 보낸 두 주간의 뉴욕 체류는 100일 휴가를 상기시켰다. 자신이 다시 돌아가야 한다는 사실을 모르는 아이는 엄마와 즐거운 한때를 보냈지만, 나와 파트너는 우리가 함께 지내고 있다는 것에 기뻐하면서도 하루하루 다가오는 귀국 날짜 때문인지 '무거운 기쁨'이라 해야 할 감정을 느낀 것 같다.

돌아오는 날, 뉴욕 지하철을 타고 JFK공항으로 가는 내내 아이도 말이 없었고 아이 엄마도 말이 없었다. 아이도 큰 짐들을 보고 눈치를 채 버린 것일까. 공항에서도 수속을 밟는 내내 엄마에게 안겨 떨어지려 하질 않았다. 아빠더러는 "아빠 가. 아빠 싫어. 엄마 좋아"라고 한다. 공항 검색대에 길게 늘어진 줄 앞에서 아이에게 "이제 아빠한테 안기자"라고 했다. 뭔가 이해하고 있는 듯 엄마 품에서 내게로 오는 아이 모습을 보니 안쓰러운 마음에 내가 먼저 울고 말았다. 파트너도 곧장 따라 흐느끼기 시작하자 아이가 "엄마… 엄마…"라고 하면서 평소와 다르게 입을 꼭 다물고 울기 시작했다. 아! 지금도 아이의 그때 울음을 생각하면 마음이 아프다. '우리가 도대체 이 아이한테 무슨 짓을 하고 있는 거지?' 수십 번을 되물은 것 같다. 울면서, 달래면서, 파트너에게 손을 흔들면서, 불친절한 JFK공항의 검색대를 빠져나왔다.

얼마 남지 않은 탑승 시간 때문에 탑승구를 향해 아이를 안고 달려가면서 아이에게 말했다. "우리 엄마 만나러 다시 오자. 언제 또 올까?" 이번에도 아이 대답은 "2시에"였다. 그러고는 아이가 갑자기 이상한 말을 하기 시작했다. "하하하, 비행기 큰 거 우습다. (탑승장에 놓인 파라솔을 보고서는) 우산 큰 거 봐. 우습다." 아, 2시! "응, 우리 2시에 엄마 보러 다시 오자." 먹먹한 가슴을 가누기가 어려웠다.

두 번째 헤어짐

6월의 재회 후 돌아온 아이는 엄마를 한참 동안 찾지 않았다. 자다가 엄마를 찾는다거나 엄마가 보고 싶다는 식의 말도 다시 미국행 비행기를 탄 10월까지 거의 한 적이 없다. 아이는 엄마가 매우 먼 곳에 있다는 것을 알게 되었고, 쉽게 그곳으로 갈 수 있는 것이 아니라는 것도 알게 된 것 같았다. 더욱이 6월 방문 전까지 약간 불안해 보였는데 엄마가 어디에 있는지를 알게 된 탓인지 오히려 상당히 안정된 것 같았다.

첫 방문 후 두 번째 방문 일정이 10월로 정해졌다. 아이가 칭얼댈 때마다 다시 엄마를 만나러 갈 거라고 말해 주었다. 10월의 의미를 이해할 리 없어서 할머니는 두 달이나 남았는데도 "열 밤만 자면 엄마한테 간다"고 거짓말을 하곤 하셨다. 그리고 한 달 남았을 때도 열 밤, 보름 남았을 때는 다섯 밤, 열흘 남았을 때는 세 밤, 사흘 남았을 때는 한 밤, 하루 남았을 때는 오늘 간다고 하셨다. 아이는 출발 전날 밤 잠을 자지 않고 옷을 입은 채 "지금 가자"고 생떼를 부렸다.

뉴욕은 아이에게 최소한 지금은 엄마의 고장이다. 아이와 파트너가 지내는 모습을 보니 루돌프 슈타이너가 "만 3세 아이는 엄마와 생명이 연결되어 있다"고 한 말을 실제적으로 이해할 수 있었다. 아이는 그 시간과 느낌을 완전하게 만끽하고 있었지만 역시 나는 그러지 못했다. 돌아가는 날만을 두려워하고 있었다.

나는 이미 한 번의 경험이 있는 만큼 그래도 최소한 울지는 않을 것 같다고 공항 검색대 앞에 서기 직전까지 믿고 있었다. 파트너도 울지 않기로 다짐하고 있는 듯 보였다. 그런데 유모차에 아이를 앉힌 후 줄을 서자 아이가 "엄마! 엄마!"를 부르기 시작했다. 파트너는 한참 동안 자리를 뜨지 못하고 아이 얼굴을 조금이라도 더 볼 수 있는 지점으로 달려와 흐느끼며 아이에게 손을 흔들었다. 제길. 이게 경험이 쌓인다고 익숙해지는 것이 아니다. 6월의 이별만큼이나 고통스럽다.

검색대를 통과하고 나서 아이를 달래려 "엄마 얼마 안 있으면 오니까 우리가 먼저 가서 기다리자"고 했다. 그러자 아이는 "엄마 없다. 엄마 안 온다"고 했다. "아니야. 엄마는 비행기 표가 없어서 지금은 안 되고, 비행기 타고 2시에 올 거야." 그래도 아이는 "엄마 없다. 지금, 지금. 같이, 같이" 그런다. 설명할 말이 없다. 또 거짓말을 했다. "아니야. 엄마 2시에 올 거야." 파트너는 한 달 후에 집안 사정으로 일시 귀국한다.

세 번째 헤어짐

파트너의 귀국 날짜와 관련된 할머니의 거짓말이 계속되었다. 이번에도 한 달이나 남았는데 "열 밤"만 자면 온다고 아이를 달래곤 하셨다.

아이 엄마는 크리스마스와 새해를 가족과 함께 맞이했다. 덕분에 아이의 산타클로스는 엄마가 되었지만, 아이 엄마는 세 번째 헤어짐의 방식을 '야반도주'로 선택했다. 아침 비행기인 탓에 아이가 자는 동안 키스만 남기고 아이 엄마는 공항으로 떠났다. 떠나기 며칠 전부터 "엄마가 잠깐 미국 다녀올 거야"라고 누차 설명하기는 했지만, 아이는 그때마다 딴청을 피우거나 다른 말로 화제를 돌렸다. 그날 눈을 뜨자마자 아이는 엄마를 찾기 시작했다. 방마다 하나하나 들어가서 엄마가 있는지 없는지 확인했다. 그러고는 울며 내 품에 한참을 안겨 있었다.

'2시'에서 '열 밤'으로

파트너가 처음 미국으로 출국한 것까지 포함하면, 아이는 지난해부터 지금까지 엄마와 네 번을 헤어졌고, 세 번을 재회했고, 이제 네 번째 기다리고 있다. 그런데 아이의 네 번째 기다림은 앞선 기다림과 양상이 다르다. 아이는 자주 자다가 깨서 엄마를 찾고, 간혹 1시간 이상 울 때도 있다. 엄마가 보고 싶다고, 엄마가 빨리 왔으면 좋겠다고 때를 가리지 않고 이야기한다. 이제 아이는 "엄마 곧 오지. 엄마 언제 오니?"라고 물어도 더 이상 "2시에"라고 하지 않고 "열 밤 자면 온다"고 한다. 할머니 거짓말에 속고 있다. "그래? 엄마가 열 밤 자고 몇 시에 오지?" 그러면 어김없이 대답은 "2시에"이다. 아이야. 아빠가 미안하다.

아이는 왜 세 번째 헤어진 후, 다시 말해 네 번째 기다림부터 엄마를 찾기 시작한 것일까? 엄마가 미국으로 갔을 때도, 엄마가 미국에 있다는 것을 확인했을 때도, 엄마가 일시 귀국하는 날을 기다릴 때도 자다 일어나 엄마를 찾는다거나 엄마가 보고 싶다고 말한 적이 없었다. 그런데 어째서 네 번째 기다림부터 이토록 애타게 엄마를 부르며, 찾으며, 그리워하는 것일까? 아이가 엄마를 이토록 그리워하게 만든 것에 대해서는 평생 마음의 빚이 될 것 같다.

한편 아이의 이런 태도 변화가 아이의 시간 의식 형성과 연관되어 있을 거라는 생각도 해 본다. 즉, 이 말도 가히 적정한 것은 아니며 다시 설명하겠지만, '지금'만을 아는 아이가 '지금'을 넘어서는 관념이 생긴 것과 무관하지 않으며, 이는 다시 시간에 대한 의식이 언어에 의존하고 있다는 것을 방증하고 있다는 생각이다.

6월 방문 전 아이는 방문을 기다리지 않았고 귀국 후에도 엄마를 찾지 않았다. 그리고 첫 번째 헤어짐은 슬펐지만 아이는 미리 슬퍼하지 않았다. 그러나 나는 만남을 기다렸고, 방문 후 파트너를 그리워했고, 첫 번째 헤어짐을 슬퍼했을 뿐만 아니라 미리 슬퍼하고 고통스러워했다. 이런 차이는 아이와 나의 시간 의식이 지닌 차이에서 비롯된 것일 터이다.

선 vs 원

이러한 시간 의식이 지닌 차이에 대한 가장 흔한 설명은 동물이나 아직은 동물에 가까운 아이에게는 오로지 지금만 있는 반면 나에게는 지금을 넘어서는 관념이 있다는 설명일 것이다. 그러나 나는 이 설명이 사실은 시간 의식이 아니라 시간관에 따른 설명이라는 점에서 절반만 참이라고 생각한다. 이런 설명을 하는 사람들은 그리스도교적 혹은 헤겔적인 시간 도식, 즉 시간은 직선적으로 흐른다는 관념과 니체적인 시간 도식, 즉 시간은 순환하는 것이며 원환적으로 흐른다는 관념을 대비시킨다.

직선상의 시간은 현재가 끊임없이 미래에 의해 부정당하는 과정을 겪게 된다. 예를 들어, 계몽의 완성이나 메시아를 기다리는 자들에게는 현재의 시간은 미래의 시간에 의해 끊임없이 부정되어야 하는 것이기에 필연적으로 결여를 내포하고 있다. 따라서 최종적 심급은 시간의 끝에 있다. 그래서일까. 헤겔은 객관을 "여러 가지 것의 완전한 자립성인 동시에 구별되는 것의 완전한 비자립성이라는 절대적 모순"이라고 말한 것인지도 모른다. 모든 존재는 현재와 미래 사이에 있다는 점에서 모순적이다. 이런 시간관념 속에서 자기 자신을 그 자체로 긍정하기란 사실상으로는 가능하더라도 논리상으로는 불가능하다.

그러나 원환적 시간관에서는 현재는 다시 반복되어 돌아오는 것이기에 현재 이후의 것에 의해 부정되지 않으며 오히려 가장 미래적이면서 가장 오래된 것이 된다. 도대체 지금을 부정할 어떤 것이 없다면 지금의 자기를 긍정하지 말아야 할 어떤 다른 이유가 있다는 말인가. 이러한 원환적 시간관은 니체에게서 영원회귀라는 말로 표현된다.

아이에게는 모든 순간이 지금이며 지금만 있기에 내일을 위해 지금을 희생하거나 앞선 걱정을 할 필요가 없다. 시간 의식이 아닌 시간관에 따라 설명하려는 사람들이 당시 우리 아이를 보았다면 아이는 니체적인 시간 세계 속에서 살고 있다고 했을 것이다. 그렇다면 나는? 지금을 끊임없이 내일에 희생시키고 억누르고, 그래서 앞서 염려하고 슬퍼한 헤겔적 시간 세계 속에서 살고 있다고 했겠지.

시간관을 넘어 시간 지평으로

하지만 내 생각은 조금 다르다. 이런 설명은 모두 시간을 매우 정적으로 생각한다는 한계가 있다. 뿐만 아니라 시간관에 갇혀 그 시간관을 형성하는 기초인 시간 의식을 고려하지 못하고 있다. 그런 의미에서 초, 분, 시, 일, 월, 년 등으로 표현되는 시간은 시간을 정적으로 보이게 할 뿐, 시간의 본질을 반영하지 못한다. 시계나 달력의 시간으로 우리가 시간을 형상화하기는 쉽지만, 실재로서의 시간은 그저 어떤 순간의 집합이자 흐름이라는 사실을 잊어서는 안 된다.

후설의 설명처럼, 지금이라고 부르는 순간은 (과거) 파지, 근원인상, (미래) 예지라는 세 요소로 이루어진다는 점에서 넓이가 있는 '폭'이다. 이것이 시간 의식의 핵심이다. 즉, 지금이라 불리는 순간은 점이 아닌 폭을 지닌 것이다. 말은 어려워도 결코 이해하기 어려운 사태는 아니다. 쉽게 설명해서, 어떤 음악을 들을 때 하나의 음(근원인상)이 인식되면, 새로운 다른 음에 의해 계속적으로 연결되면서 충족되고(미래 예지), 이것들은 마치 행성의 꼬리처럼 새로 등장하는 음들에 의해 연속체를 이루다(과거 파지) 시간이 지나면 소실된다. '지금'은 이런 폭으로 구성된 것이며, 더 나아가 새로 등장하는 음들에 의해 계속 이어진다는 점에서 '의식의 흐름'이기도 하다.

사실 아이가 직선적 시간관을 갖고 있는지, 혹은 순환적 시간관을 갖고 있는지는 중요한 문제가 아니다. 실제로는 아이의 지금을 구성하는 폭이 점차 넓어지고 있다는 것을 몇 번의 헤어짐과 기다림의 과정을 통해 알게 되었다는 것이 중요하다.

첫 번째 헤어짐에서 아이는, 비유컨대 10초짜리 음악만을 이해하고 즐기는 아이였다. 그러나 세 번째 헤어짐과 네 번째 기다림 앞에서는 바야흐로 3분짜리 음악을 이해하는 단계에 이르고 있다. 날짜와 시, 분으로 표현되는 시간은 여전히 알지 못하지만 시간 의식이 확장되고 있다. 아이에게 지금은 불과 몇 분에 불과하던 것이 열 밤까지 예기하는 폭을 지닌 것으로 자라난 것이다. 나의 경우는 시간 의식의 구조는 아이와 동일하지만 지금이 갖는 폭은 아이에 비하기 어려울 만큼 넓다 해야 할 것이다. 전문적인 용어를 하나 더 써 보면, 아이의 시간 지평보다 더 넓은 지평에서 지금을 보고 있다. 나는 때때로 나의 부모님의 죽음이 당도할 시점과 내가 죽게 될 시점까지도 바라보고 있다.

폭과 서사의 문제

아이의 시간 지평이 확장되는 현장을 목격하면서, 나는 두 가지를 정리하고 싶다.

첫째, 지금을 긍정하느냐 부정하느냐가 아니라 실존하는 지금을 어떤 넓이의 폭에서 보느냐가 중요하다는 점이다. 지금을 좁은 폭에서 보는 것이 지금을 부정할 가능성을 축소시킨다는 점에서 행복을 얻기 위한 보다 나은 조건이 될지는 모르겠다. 하지만 의식이 자라나면서 넓어지는 시간 의식의 성장이라는 사태 자체를 거스를 수는 없을 것이다. 또한 지금의 폭을 좁히는 것이 당연할 만큼 행복이 인간사에서 그다지 자명한 삶의 목표도 아니다.

나는 내 아이가 보다 넓은 폭의 지금을 살아가는 아이로 자라났으면 한다. 이것은 《마시멜로 이야기》처럼 순간의 유혹을 참고 이겨 더 큰 보상을 받으라는 식의 바람이 아니다. 매우 잘 준비된 오케스트라의 연주는 처음과 끝이 팽팽한 긴장을 유지하며 모든 순간의 음들이 시작과 끝을 향하고 의식한 것이듯, 아이가 자기 삶의 시작과 끝을 두고 자신을 검토하고 반성할 줄 알게 되었으면 하는 바람이다. 더 나아가 자신의 삶의 지평을 넘어 역사적 지평이라는 폭에서 자신의 삶을 돌이켜볼 수 있는 아이가 되었으면 하는 바람이다. 고백컨대, 아빠인 나의 지평은 아직 역사적 지평은커녕 몇 년에 불과한 좁은 폭인지도 모른다. 나도 더 자라나야 한다.

둘째, 지금이라는 폭의 넓이가 언어(서사)에 의존적일 수 있다는 것이 아이를 보면서 해 보게 된 생각이다. 아이에게 지금이라는 폭은 열 밤이다. 아이의 시간 폭은 열 밤을 넘어서는 지평까지 확대되었다. 첫 번째 헤어짐에서 "하하하 큰 비행기 우습다"고 하면서 몇 분을 넘기지 못하던 지평에 비해 이토록 넓어진 데는 아이가 지금 숫자 10 정도까지 인지한다는 것과 무관하지 않다. 아이에게 엄마가 몇 달 후에, 혹은 며칠 후에 온다고 하는 말이 이해될 리 없을 터이고, 10이 아이에게 가장 큰 숫자임을 생각해 보면, 할머니의 거짓말은 거짓말이 아니라 아이의 지금의 폭을 고려한 수사라고 하는 편이 나을 것이다.

나아가 아이가 만들어 나가는 시간 의식, 지금의 폭은 (언어적인) 서사와 긴밀히 연관되어 있다. 모든 이야기는 시간을 반영하고 모든 시간은 이야기에서 형상화된다. 생각해 보라. 갈등과 해결이 있으려면 시간을 전제할 수밖에 없다. 또한 시간 의식은 의식의 흐름이기도 하다는 점에서 아이가 자신의 삶을 만들어 갈 좋은 서사를 갖는 것은 아이가 만들어 가는 지금의 폭과 무관하지 않을 것이다. 그리고 아이가 자신의 지평을 더 넓게 만드는 것은 어떤 이야기를 갖느냐와 무관하지 않을 것이다. 좋은 초중고 진학, 명문 대학 진학, 대기업 취업에서 노년에 이르는 단조로운 서사는 아이의 시간 지평을 얼마나 심심하게 만드는가! 리쾨르는 모든 삶이 이야기될 만한 가치가 있다고 했는데, 좋은 학교에 가서 좋은 직장에 들어가고 좋은 노년에 이른다는 이 단순한 서사가 얼마나 이야기될 만한 가치가 있는지는 잘 모르겠다. 나의 삶 역시 마찬가지지만 말이다.

간절한 기다림

2시는 아이에게 엄마의 시간이다. 엄마가 돌아오는 시간이다. 2시가 무엇인지, 그게 1시나 3시와 무슨 연관성이 있는지, 2시라는 것이 언제 즈음인지 지금 우리 아이는 인지하지 못하지만, 아이에게 약속된 시간, 보장된 시간, 와야 할 시간, 올 수 밖에 없는 시간이 바로 2시이다.

이미 말했듯이, 아이와 엄마 사이의 만남과 헤어짐이 1년이라는 시간 동안 몇 차례 반복되는 것을 보면서 도대체 우리가 이 아이에게 무슨 짓을 하고 있는지도 반복적으로 물었다. 나는 거기에 대해서 여전히 대답하기 어렵지만 아이가 부모에 의해 다소간 강요된 기다림을 보내고 있는 것에 대해 몹시 미안하고 슬픈 마음이 드는 것이 사실이다.

마치 내가 종말론적 비전을 가지고 메시아를 대망하듯, 이 세상의 모든 불의함이 사라질 그날을 기다리듯, 모든 숨겨진 것들이 드러나게 되기를 바라듯, 우리 아이에게 있어서 2시라는 시간은 최종적인 심급처럼 보인다. 또한 마치 내가 나의 죽음이 언제 닥쳐올지, 지구가 언제 그 수명을 다하게 될지 모르듯, 아이는 지금으로서는 때와 시를 알 수 없다. 그러나 나는 아이가 그 2시를 간절히 기다리고 되뇌고 반복하듯 메시아를, 정의를, 진리를 희망하는가. 아이가 엄마를 오매불망 찾듯이 나는 무언가를 그토록 찾고 희망하는가.

　나는 나의 구원을 그다지 많이 바라지 않고 살아왔음을, 사실은 이기적으로 살아왔음을 깨달았다. 좁은 시간적 지평 속에서만 살고 있음을, 단순하고 보잘 것 없는 이야기에 나 자신을 배치시켜 놓고 있음을 깨달았다. 그럼에도 '엄마'는, 확실히, 온다. 언제? 2시에.

21

 눈 깜박임, 틱,
그리고 스트레스

2달 전부터 아이의 눈이 이상하다. 오른쪽 눈을 마치 윙크하듯이 깜박인다. 아프냐고 물어도 "아니야, 괜찮아"라고 하기에 정말 괜찮은 줄 알았다. TV를 보거나 책을 읽을 때처럼 대체로 정적인 활동을 할 때 눈 깜박임은 더 자주 나타난다. 처음에는 단지 졸려서 그런가 보다 했는데, 엄마가 함께 지내다 다시 미국으로 돌아간 후 증상이 더 심해져 안과에 가 봤다.

의사는 최근에 아이에게 큰 변화가 있지 않았냐고 물었다. 그러더니 대수롭지 않게 스트레스를 받아서 그렇다며 아이가 원하지 않으면 어린이집도 보내지 말고 가능한 한 아이가 하고 싶어 하는 대로 해 주라고 했다. 그제야 아이의 눈 깜박임이 안과적인 문제가 아니라 소아과적 문제인 것을 알았다. 얼마 후 소아과에 가니 이번에도 아이가 스트레스를 많이 받는 것 같으니 많이 보듬어 주라고 했다. 정신이 순간 멍해졌다. 태어난 지 만 3년도 안 된 아이에게 스트레스라니.

아이에게 가벼운 틱 증상이 나타나고 있다. '가벼운'은 나의 바람일까, 사실일까. 아이의 눈 깜박임은 두 종류가 동시에 나타나는 복합 운동틱이 아니라 단순 운동틱으로 분류할 수 있다는 점, 아이들이 일시적으로 겪다가 길어도 1년 이내에는 회복되는 경우가 많다고 보고되고 있는 점으로 보아 큰 문제는 아니라고 자위하고 있다.

병원에 다녀온 후 아이 앞에서는 '눈'이라는 말조차 꺼내지 않는다. 아이가 인지하게 되면 스스로 스트레스를 더 받게 되고, 이것이 증상을 더 강화시킬 수 있다는 의사의 조언 때문이다. 아이가 혹시나 일부러 눈을 찡그리는 것은 아닌가 해서 "눈을 자꾸 찡그리면 바보 된다"고 으름장을 놓았다. 그랬더니 오히려 증상이 일시적으로 더 심해졌다. 그 이후로는 이전보다도 더 눈 이야기는 입 밖에도 꺼내지 않는다.

혹시 자녀가 비슷한 증상을 보이는 경우, 포털 사이트 검색창에 '아이 눈 깜박임', '틱 증상' 등의 키워드를 입력하지 말라고 말해 주고 싶다. 의사의 설명을 듣고 몇 권의 책을 찾아본 바로는 이 월령의 아이들에게 이런 증상은 흔하기도 하거니와 대체로 증상을 일으킨 압력이 줄거나 부모가 아이의 스트레스 원인을 잘 파악하면 빠른 시일 내에 완화된다.

그러나 인터넷에는 부모를 잠 못 이루게 하는 정보들이 넘쳐난다. 한의원, 발달 상담 센터 등에서 정보를 올린 블로그는 이 증상이 학습 능력 저하와 상관이 있다는 식의 광고성 글로 가득 차 있다. 그리고 운동 치료를 하면서 경우에 따라 한약을 먹여야 한다는 안내를 보는 순간 가슴이 철렁 내려앉는다. 나는 틱 증상과 관련된 정보를 얻기 위해 인터넷을 검색하고 책을 읽느라 밤새 한숨도 자지 못했다.

아, 나는 얼마나 나쁜 아빠인가

틱 증상의 근본 원인은 스트레스에 있다는 것이 전문가들의 일반적인 분석이다. 내 아이의 경우 어린이집을 다니지도 않고 글자를 배우지도 않는다. 아이는 대부분의 시간을 나나 할머니와 보내고 주로 집에서 책을 읽거나 (불과 얼마 전까지는) 한동안 TV 애니메이션 시리즈를 보곤 했다.

 틱 증상의 가장 큰 원인이 스트레스에 있다는 사실을 아이의 친할머니, 외할머니에게 문자로 보내 드렸는데, 두 분도 밤새 잠을 제대로 이루지 못하셨다고 한다. 할머니들이 잠 못 이룬 이유는 바로 아이에 대한 죄책감과 답을 찾을 수 없는 질문 때문이었을 것이다. '도대체 내가 아이에게 무엇을 잘못한 거지?'

 두 분의 할머니에게 무슨 잘못이 있겠는가. 하지만 나의 경우, 아이에게 잘못했던 일이 그날 밤새 햄릿의 아버지 유령처럼 내 앞에 나타났다. 한가한 토요일 오후 바깥 날씨가 춥다는 이유로 종일 아이에게 뽀로로 시리즈를 보게 한 일, 아이가 내 얼굴을 신경질적으로 때렸다는 이유로 손을 잡고 엄하게 혼을 낸 일, 아이가 그토록 거칠게 저항하며 가기를 거부하던 쇼핑몰을 유모차 벨트를 채워 반나절을 끌고 다닌 일, 안아 달라는 간절한 요구를 피곤하다는 이유로 무시했던 일….

아, 나는 얼마나 나쁜 아빠인가. 쓰고 있던 이 육아 일기조차 더 이상 써 내려가기 힘들 정도로 죄책감에 휩싸였다. 나쁜 아빠의 육아 기록을 남기는 것에 무슨 의미가 있겠는가. 밤새 자책하고 불안해하고 후회했다. 다음 날 아침 두 분 할머니가 전화를 하셨다. "괜찮아. 너무 걱정하지 마. 아이 엄마가 오면 금방 해결될 일이야."

엄마! 어디 가?

아이 엄마가 미국에 있다는 것이 아이의 스트레스에 가장 중요한 원인인 것은 분명하다. 사실 파트너가 지난 크리스마스를 가족과 함께 보내고 있을 때부터 아이의 눈 깜박임 증상은 있었다. 우리 부부는, 엄마가 곧 다시 미국으로 떠나게 될 것이고, 그러면 아이가 엄마의 갑작스러운 부재를 감당하지 못할까봐 틈만 나면 엄마가 갔다가 금방 다시 올 거라는 이야기를 했다. 그런데 시간관념이 정립되지 않은 아이 편에서는 엄마가 언제 떠날지도 모르고 떠났다가 언제 다시 올지도 모르기에 엄마와 함께 있을 때부터 이미 불안감을 느꼈던 듯하다.

몇 개월 만에 돌아왔는데 다시 가야 한다는 엄마. '엄마는 언제 가는 거지?' 갔다가 다시 온다는 엄마. '엄마는 언제 오는 거지?' 아이가 불안해하고 스트레스를 받는 것은 어쩌면 당연하다. 있어야 할 엄마가 없지 않은가.

파트너가 미국에서 얼마간의 시간을 보내기로 결정할 때, 부모와 아이의 안정적인 애착 관계가 갖는 중요성을 우리가 모르고 있었던 것은 아니다.

그럼에도 우리가 어려운 결정을 할 수 있었던 이유는 부모가 부족하지만 도전을 두려워하지 않는 사람이었다는 점을 가르쳐 주고 싶었던 마음과 아빠인 내가 아이와 함께 있을 수 있고 또 아이는 생각보다 강하다는 어떤 믿음이 있었기 때문이다.

지금도 이 결정이 반드시 올바른 결정이었다고 생각하지 않는다. 또 우리가 이런 결정을 내리게 된 믿음에 불합리한 부분이 많이 있다는 것도 안다. 지금 같은 상황을 만나게 될 줄 알았다면 아이가 생각보다 강하다는 믿음 따위는 결코 갖지 않았을 것이다. 그때 우리의 결정에 침묵할 수밖에 없는 아이에게 동의를 강요한 것에 불과하다. 얼마 전 직장 생활을 하면 꼭 몇 년 동안은 육아 휴직을 하겠다는 어떤 분의 말씀을 듣고 반드시 그렇게 하라고 했다.

어쩔 수 없는 경우가 더 많긴 하겠지만, 그렇지 않아도 되는 경우라면 아이가 엄마의 부재를 잘 견딜 것이라 믿지 않는 편이 낫고, 그럴 수밖에 없는 상황이라면 그때는 아이를 철저히 믿어야 한다. 우리 아이는 엄마의 부재를 자기 몸으로 견뎌 왔고, 그것이 신체적으로 어떤 반복되는 증상으로 드러나고 있다. 이것은 아이가 부모보다 훨씬 더 강한 힘으로 스트레스와 불안, 고통을 외부에 쏟아 붓지 않고 스스로 견뎌 왔기 때문에 나타난 것이기도 하다.

스트레스 유발 사회

오래된 철학적 질문, '좋은 삶이란 무엇인가?' 그것은 아리스토텔레스의 말대로 중간 수준의 재산을 가진 중간 계급의 삶도 아니고, 공리주의자의 말대로 고통보다 쾌락이 더 큰 삶도 아니다. 고통이 있거나 중간 수준의 재산을 가지고 있지 못하다고 해서 '노예'가 되는 것은 아니기 때문이다. 그러나 스트레스를 자발적으로 해소할 수 없는 삶, 스트레스를 내성화하여 자기 강박화할 수밖에 없는 삶은 자신이 자신을 학대하는 노예의 삶이며, 좋은 삶과는 반대되는 삶이다. 한병철은 이를 자기 착취적 관계라고 하면서 이런 관계로 가득 찬 우리 사회를 피로 사회로 부른다.

자연에 적응하거나 자연을 극복하기 위해서라면, 또 사회 속에서 살아가기 위해서라면 강제와 압박, 우리가 원하지 않는 일이라도 해야 한다는 의무로 인한 스트레스는 필연적으로 존재할 수밖에 없다. 그리고 스트레스는, 프로이트의 말처럼, 한 명의 아이가 문명화, 사회화되게 하는 하나의 외적 강박의 다른 이름이기도 하다는 점에서 도덕의 조건이 된다.

어른 아이 할 것 없이 누구나 스트레스 받는 것을 피할 길은 없으며, 경우에 따라 필수적이며 유용하기까지 하다. 하지만 성인에게는 어떤 종류의 스트레스를 받든 나름대로 배출구가 존재하지만 아이들에게는 스트레스를 자발적으로 해소할 길이 거의 마련되어 있지 않다. 아이들은 부모의 보호 아래에 있는 탓에 부모의 허락 없이 어떤 활동을 성인이나 청소년의 경우처럼 스스로 하기란 불가능하다. 그런 의미에서 아이들은 스트레스에 가장 취약하며 스트레스 배출의 사각지대에 놓여 있다.

나는 아이에게 스트레스를 줬다는 사실만으로도 괴롭지만, 아이에게 적절하게 스트레스를 배출할 통로를 주지 못했다는 사실이 더욱 괴롭다. 우리 아이는 부모의 이기심과 야망에 자의적으로 휘둘릴 수밖에 없었다. 더 나아가 아이는 자신의 스트레스를 해소할 통로가 부모에 의해 차단된 채 자신의 불안을 신체적 수준에까지 내면화하고 말았다.

좌뇌-우뇌의 불균형

틱 증상의 원인을 스트레스 외에 우뇌와 좌뇌의 불균형에서 찾는 설명도 있었다. 이 월령의 아이들에게는 우뇌 발달이 집중적으로 이뤄지는데, 이것이 제대로 이뤄지지 않고 좌뇌가 불균형을 초래할 만큼 발달하게 되면 틱 증상이 올 수 있다는 이야기다.

우뇌는 이 시기에 아이들의 신체 활동과 감각을 자극하는 놀이, 친구들과의 관계를 통해 발달하는데, 우리 아이는 지난가을 이후 바깥 활동을 거의 하지 않고 대부분 양육자들과 집에서만 시간을 보냈다. 그러니 주로 하는 놀이라고는 TV 시청, 책 읽기, 그림 그리기 등 혼자서 하는 정적인 활동들뿐이었다.

아이가 충분한 신체 활동을 못하는 것이 틱 증상의 원인이 되기도 한다는 말인데, 그렇다면 앞서 틱의 가장 중요한 원인이라고 한 스트레스와는 무슨 관련이 있는 것일까?

아이가 자라면서 스트레스를 완전히 회피할 수는 없다. 더욱이 스트레스가 모든 면에서 나쁜 것도 아니다. 꼭 필요한 스트레스는 삶을 발전시킨다. 가능한 한 스트레스를 적게 받고 불필요한 스트레스를 최소화하는 것이 가장 좋겠지만, 스트레스가 불가피하다면 결국 어떻게 해소할 것인가 하는 문제가 남는다.

지난겨울 우리 아이에게는 스트레스를 해소할 통로가 없었다. 아이들은 활발한 신체적 활동으로 스트레스를 해소하게 되고, 이것이 성공적으로 이뤄지면 우뇌에 활발한 자극을 주어 뇌의 불균형도 초래하지 않기에 틱도 나타나지 않게 되지 않을까. 어디까지나 하나의 가설에 불과하지만, 나는 아이에게 나타나는 틱 증상의 필요조건을 스트레스로, 충분조건을 스트레스 해소를 위한 통로의 부재로 정리하고 싶다. 즉, 우리 아이에게 틱 증상이 나타나는 이유는 엄마의 부재로 인한 스트레스 요인이 가장 크지만 실상 스트레스 해소가 잘 되었다면 상당히 완화되었을 것 같다는 생각이 든다.

스트레스 요인 → 스트레스 → 스트레스 해소 → 좌뇌-우뇌 균형 발달 → 틱 증상 없음

스트레스 요인 → 스트레스 → 스트레스 해소 못함 → 좌뇌-우뇌 불균형 발달 → 틱 증상 나타남

지금은 아이의 스트레스 해소를 위해 TV 시청, 책 읽기와 같은 정적인 활동을 모두 중지하고 가까운 키즈 카페에 등록해 주 2~3회씩 나가는 중이다. 다행스럽게도 아이의 눈 깜박임은 최근 들어 눈에 띄게 완화되었다. 무엇보다 아이 엄마가 곧 귀국한다는 것에 새삼 감사하게 된다.

아이의 스트레스 해소에 둔감한 사회

다시 한 번 반복하거니와, 인간 삶에서 제한은 없을 수 없고 성장해 가는 아

이 역시 스트레스를 피할 수 없다. 가장 좋은 삶은 스트레스가 없는 삶일 테지만 그것은 이 세상 이야기가 아니다. 최선의 삶이라 할 수는 없어도 좋은 삶이라 부를 수 있는 삶은 스트레스를 해소할 적절한 배출구가 있는 삶이 아닐까.

우리 아이는 나 때문에, 혹은 나 때문이 아니더라도 다른 이유 때문에 좋은 삶을 살고 있지 못하다. 우리 아이는 부모로 인해 스트레스를 받고 있고, 또 부모와 사회적 환경으로 인해 스트레스를 해소할 적절한 배출구가 존재하지 않는 삶을 살고 있다. 이번 일을 겪으면서 아이에게 신체적 자극을 주고 아이의 스트레스를 해소하기 위해 다른 곳이 아닌 키즈카페를 갈 수밖에 없다는 사실이 참 서글프게 다가왔다.

우리 사회는 사람들의 스트레스를 관리해 주지 않는다. 직장, 학교 등 곳곳에서 스트레스를 부단히 생산하지만 그들 중 어느 곳도 스트레스를 관리해 주지는 않는다. 스트레스 관리는 자기 책임이다. 회사가 해 주는 스트레스 관리라고는 회식, 학교가 해 주는 것은 학교 축제 정도에 불과하다. 대신 사람들은 술이나 섹스, 종교, 스포츠, 그 밖의 다양한 취미 활동으로 스트레스를 해소한다.

물론 어른들이 건전하게 스트레스를 해소할 수 있는 공간을 사회가 아주 제공하지 않는 것은 아니다. 대부분 개인적이고도 사적인 방식으로 스트레스를 해소하지만, 국가나 시가 운영하는 음악 연주 단체나 미술관, 동물원, 국가적 차원의 스포츠 게임 등은 그나마 공적 영역에서 좋은 삶을 마련해 주기 위한 시도이다. 그러나 영유아나 청소년 편에서 스트레스를 배출할 수 있는 공적 공간은 거의 없다. 청소년의 경우 공교육만 무너진 것이 아니다. 어른들이 술 마시고 섹스하고 도박을 하는 동안 청소년은 여가 시간 대부분을 '어른들에 비해' 건전하게 피시방에서 보낸다. 공교육만이 아니라 공적인 여가 공간도 없다.

영유아들이 처한 현실은 어떤가. 내가 살고 있는 도시에서 시나 국가가 운영하는 놀이터를 찾기란 매우 어렵다. 오늘 다녀온 곳은 시내 한복판에서 1시간을 차로 가야 하는 도립 공원 내 놀이터였다. 내가 살고 있는 집에서 걸어서 1시간 이내에 당도할 수 있는 시영 놀이터는 없다. 국가는 개개인의 좋은 삶을 위해 영유아 보육비를 지원하고 무상으로 어린이집을 다닐 수 있도록 해 주는지는 모르겠지만, 이것은 마치 우리 부부가 아이에게 도전하는 삶의 모습을 보여 주기 위한다는 선의로 포장된 스트레스를 줄 수밖에 없었던 것처럼 아이들에게 불필요한 스트레스를 주는 요인이 되기도 한다는 사실을 기억해야 한다.

우리 삶의 질을 결정하는 것은 스트레스를 받느냐 받지 않느냐의 문제가 아니라 이것이 적절히 해소될 수 있느냐의 문제이다. 집에서는 층간 소음 때문에 마음 놓고 놀 수 없고 공공 놀이터는 주변에서 찾기 어렵다. 이것은 아이가 스트레스를 해소하지 못하는 또 다른 이유이며, 부모가 잘 놀아 주지 않거나 놀아 주기 힘든 이유의 초월적 조건이 된다.

놀이방

내가 살고 있는 주상 복합 아파트는 어린이 놀이방 시설을 단지 내에 갖추고도 입주 후 2년 이상을 개방하지 않았다. 놀이방을 개방해 운영하려면 운영비가 필요한데 입주민들이 그 비용을 내는 것에 동의하지 않기 때문이라는 것이 그 이유였다. 노인정은 아파트 건축을 승인받기 위해 반드시 운영해야 하지만 아이들의 놀이방과 관련해서는 그 같은 규정이 없다. 그래서 놀이방은 날씨가 춥거나 더울 때 층간 소음으로 아랫집에 고통을 주지 않고 신체적 활동을 하려면 반드시 필요한 공간인데도 층간 소음은 발생시키지 말라면서 2년씩이나 묵혀 둘 수 있었다.

우여곡절 끝에 몇 사람의 요청으로 드디어 운영하게 되긴 했지만 불과 30평이 조금 넘는 그 공간을 이용하기 위해서는 입주민이라도 매달 3만원씩 내야 한다. 아파트 근처 키즈카페의 연간 회원권이 12만원인 것에 비해 지나치게 비싸다. 더욱이 입주민 중 일부는 지금도 이 공간이 적자로 운영되는 만큼 폐쇄시키고 탁구대를 설치하자고 한다.

키즈카페

키즈카페는 놀이 공간의 사유화를 보여 주는 대표적인 곳이다. 우리 세대가 클 때도 이런 곳이 있었나? 키즈카페는 내 생각에 네 개의 집단을 모두 만족시키는 공간이다. 운영하는 업자, 아이들이 정신없이 놀수록 시간을 벌고 수다를 떨 수 있는 부모들, 정신을 쏙 빼 놓을 만큼 재밌는 온갖 인공적이고 시끄러운 놀이기구들을 즐기는 아이들, 그리고 놀이터 시설을 만들기 위해 예산과 세금을 쓰는 것에 동의하지 않는, 아이를 키우지 않는 사람들과 공무원들. 이 공간은 정말이지 완벽하다!

업자는 돈을 벌기 위해서 아이들에게 더 자극적인 놀잇감을 가져다 놔야 한다. 아이 스스로 생각하지 않아도 되고 놀이 규칙을 만들지 않아도 되는 놀이. 반짝 반짝 윤이 나 마치 맛있는 사탕처럼 보이는 기차와 회전목마가 있으면 금상첨화다. 놀잇감이 자극적이라 아이가 빠져들면 빠져들수록 부모에게는 더 많은 시간이 주어진다. 아이가 매우 즐거워하는 곳이라는 말로 그 키즈카페는 엄마들의 입소문을 탄다. 아무 것도 생산하지 못하는 놀이터 따위를 국가나 시가 만들기 위해 세금을 낭비할 필요도 없다.

자본주의 사회의 사유화된 놀이 공간에 아이-중심이라는 놀이터 철학이 존재할 리 없다. 업자는 사고만 나지 않으면 그만이다. 돈만 되면 남의 자식이 어떻게 되든 상관할 바 아니다. 부모는 자기 시간이 많아지기만 하면 된다. 놀이터에서 묻혀 올 흙, 한낮의 더위, 안전사고도 걱정하지 않아도 된다. 그래서 이 공간의 명칭은 다음과 같이 바뀌어야 한다.

'Kids CAFE for Adult'

놀이터

뉴욕의 예를 볼 때, 시나 국가가 운영하는 놀이터는 키즈카페보다는 더 아이-중심적이다. 블록마다 크고 작은 놀이터가 숨어 있다. 어디서든 아이들이 놀다 갈 수 있다. 아이들은 땅과 하늘과 공기를 직접 느낀다. 부모가 돈이 없어도 아이들은 스트레스를 해소할 수 있다. 영유아를 위한 미술관과 박물관이 있다. 거기에는 최소한 아이들의 놀이 공간만큼은 공적인 것이라는 인식이 바탕에 깔려 있다.

반면 내가 사는 도시에는 놀이터가 아파트 안에만 있다. 아파트가 없다면 놀이터가 없다. 아파트 놀이터에 들어가기 위해서는 관리인의 허락을 받아야 한다. 아이들은 부모가 돈이 없으면 놀이터에서 놀고 부모가 돈이 있다면 키즈카페에서 논다. 다세대 주택에 사는 아이에게 놀이터는 허락되지 않는다. 여기에는 놀이 공간이 꼭 필요하지 않으며 필요한 사람들은 사적으로 해결하면 된다는 인식이 바탕에 깔려 있다.

아이들은 3세에 이르기 전부터 스트레스를 해소하기 위해 자본에 의존하게 된다. 이토록 공공 놀이터도 제대로 갖추어지지 않은 사회에서 도대체 둘째를 어떻게 가지라는 말인가. 아이들이 노는 놀이 공간에 대해 매달 3만 원씩 내라고 하는 사회에서 어떻게 공적 돌봄을 기대할 수 있다는 말인가. 그런 의미에서 내 아이의 틱은 내 책임이지만 남의 책임이기도 하다. 그래서 지금 나를 자책한다. 또 아이의 스트레스에 대한 배려가 없는 지금의 우리 사회가 불만스럽다.

현대인에게 좋은 삶은 스트레스를 해소할 수 있는 삶이다. 현대인에게 스트레스가 없을 수는 없으나 스트레스를 해소하는 과정을 자본에 의지하지 않아도 되는 사회가 좋은 사회이다. 내 아이의 스트레스 때문에 가슴이 떨렸다. 이 가슴 떨림 때문에 우리 사회에 살아가고 있는 수많은 아이들의 고단한 삶, 해소되지 않은 내재화된 불안이 보이기 시작했다.

아이에게 "오늘 키즈카페에 갈래?"라고 물으면 언제나 대답은 "안 가. 가기 싫어"이다. 그래도 일단 가면 또 정신없이 논다. 다시 묻는다. "내일 산에 가서 공놀이 할까?" 어김없이 대답은 "지금. 지금 가자." 아이들이라도 알 건 다 안다. 그것이 누구를 위한 공간인지 말이다.

· · ·

내가 조사해 본 바에 의하면 틱 증상이 학습과 직접 연관되어 있는 것은 아닌 것 같다. 틱은 일시적인 경우도 있고 만성인 경우도 있는데, 일시적인 경우라면 학업 능력에 영향을 거의 미치지 않는 듯하다. 하지만 만성의 경우라면 지속적인 아이의 특이한 행동이 친구들에게 놀림을 받게 되면서 사회성 형성에 장애가 올 수 있고 그 결과 학습에도 부정적인 영향을 주게 되는 듯하다. 더 나아가 만성이 되었다는 것은 틱 증상의 원인이 되는 스트레스 유발 요인이 아이의 환경에서 사라지거나 완화되지 않았다는 것을 의미하기에 불안증, 강박증 등을 동반하게 된다. 틱 자체가 영향을 주기보다 불안감, 강박 증세가 아이의 주의를 산만하게 하여 학업 능력에 부정적 영향을 주기도 하는 것 같다.

22

 아이의 가위 바위 보

아이의 놀이가 발전하고 있다. 공을 주고받거나 스케치북에 낙서를 하는 수준을 지나 드디어 가위 바위 보를 하는 수준에까지 이르렀다. 승부를 내는 놀이를 아이와 함께 할 수 있게 되자 아이와의 놀이가 점점 더 흥미진진해진다.

가위 바위 보를 하다 보면 아이의 패턴을 발견한다. 아이는 바위-바위-가위-가위-보-보 패턴을 가지고 있다. 아빠인 나는 이상하게 져 주는 선택을 하기보다 이기는 선택을 하게 된다. 보-보-바위-바위-가위-가위. 아이가 몇 번을 연속으로 지면 "아빠 이기지 마! 아빠 왜 자꾸 이겨!"라고 고함을 친다. 자꾸 이기지 말라는 아이의 말이 얼마나 웃긴지 모른다. "아니. 그러지 말고 네가 이기도록 아빠가 바위를 내면 보를 내!" 하지만 그러든가 말든가이다. 아이는 다시 자기 패턴에 따라 내고, 나는 또 그 패턴을 읽고 아이를 지게 만들고, 아이는 고함을 치고, 나는 깔깔대며 웃는다.

요즘은 가위 바위 보를 응용해 계단 오르기 놀이를 한다. 가위 바위 보를 해서 이기는 사람이 계단 한 칸씩 올라가서 끝까지 먼저 오르는 사람이 이기는 놀이다. 8칸 정도로 된 계단에서 아이와 함께 이 놀이를 했다. 첫 번째 게임, 아이가 이겼다. 먼저 계단 정상에 오른 아이가 펄쩍펄쩍 뛰며 좋아한다. 두 번째 게임, 세 번째 게임, 모두 아빠가 이겼다. 아빠는 아이의 패턴을 읽었다. 사실 이번에는 져 주려고 했는데, 무작위로 냈음에도 아이한테 이기고 말았다.

두 번을 연속으로 진 아이가 냉정하게 말한다. "아빠, 저리 가. 아빠하고 안 해." 그러고서는 나를 두고 한 쪽으로 가더니 혼자서 "가위 바위 보!", "가위 바위 보!" 하면서 한 칸씩을 올라간다. 혼자 가상의 상대와 가위 바위 보를 하는 아이에게 패배가 존재할 리 없다. 가위 바위 보 여덟 번 만에 아이는 계단 끝에 올랐고 혼자서 뛰며 "이겼다"고 외친다. 그러고는 이제 재미없으니 다른 놀이를 하자고 아빠 손을 끌고 간다.

아버지와의 권투 시합

아이가 혼자 가위 바위 보 놀이를 하는 모습을 보고서 문득 어릴 적 일이 떠올랐다. 국민학교(지금의 초등학교) 시절 아버지께서 권투 글러브를 사다 주셨다. 다른 분들에 비해 출근 시간이 늦으셨던 아버지와 아침 식사를 마치면 집 안 곳곳을 누비며 권투를 했다. 그때마다 나는 잽과 스트레이트를 일방적으로 아버지께 퍼부었고 아버지는 코너에서 한참을 맞으신 후 비명과 함께 다운되셨다. 심판인 어머니는 원, 투, 쓰리를 세며 KO 넘버링을 하셨고, 아버지는 KO 패 판정 직전에 일어나셔서 다시 내게 한참을 맞으셨다. 경기는 항상 나의 일방적 승리였다. 나보다 훨씬 더 덩치가 큰 아버지에게 KO 승을 할 수 있다면 마이크 타이슨과 붙어도 문제없이 이길 수 있을 것만 같았다.

　야구, 축구를 비롯해 다른 운동에는 별 재능이 없던 나는 반 친구들을 불러 모아 놓고 권투를 했다. 대부분의 아이들은 내 적수가 되지 못했는데, 거기에는 내가 나보다 훨씬 더 큰 아버지를 이길 수 있을 만큼 강한 주먹을 가졌다는 자신감도 한몫 했다. 그러던 어느 날 자신도 아버지와 권투를 한다는 다른 친구를 만났다. 승부는 박빙이었고 그 친구 역시 물러서지 않았다. 둘은 흥분한 상태에서 얼굴이 부어오를 때까지 한참을 치고받았다. 그날 시합은 무승부로 마쳤지만 마음 한 편은 이기지 못했다는 속상함보다는 그동안 내가 아버지를 이겼던 것이 아니라 아버지가 내게 져 주신 거구나 하는 생각에 뭔가 모를 이상한 감정이 올라왔다. 그날 이후로 아버지와의 권투 놀이도 하지 않았다.

지는 법을 배우지 못한 탓

돌이켜 보면 나는 지는 법을 제대로 배우지 못했다. 아버지는 권투뿐만 아니라 모든 놀이에서 항상 일부러 져 주셨다. 나는 이기는 법만을 배웠고 이길 것만을 요구받았다. 그래서 내가 질 수밖에 없는 것은 물론이고 질 수도 있다고 생각하는 것은 적극적으로 회피하며 살아왔다. 항상 이길 수밖에 없고 이길 가능성이 높은 것만을 선택하며 살아왔다.

아버지는 내가 항상 이길 수 있도록 적극적으로 져 주셨다. 아들이 세상에서 이겼으면 한다는 희망이 그 적극적 패배에 있었음을 안다. 나는 이기는 것에 익숙했고 그 때문에 자신감 있는 아이였지만 내가 질 수 있는 것은 시작하지도 않았다. 지금도 마찬가지이다. 카드 게임이나 화투, 스타크래프트를 비롯한 일체의 컴퓨터 게임을 나는 하지 않는다. 이것이 긍정적일 수도 있지만, 사실 나는 내가 확실히 열세이고 잘할 수 없는 것을 하고 싶어 하지 않는 마음이 더 크기 때문에 하지 않는 것이다. 지는 것은 싫다. 지는 것은 내 자존심을 상하게 하는 일이다.

또 한편으로 남과의 경쟁이라 할 수 있는 상대적 경쟁보다는 나 자신과의 경쟁이라는 의미에서 절대적 경쟁의 성격이 더 강한 활동, 예를 들어 책을 읽거나 공부하는 것에 더 관심이 많은 것도 그 때문이었던 것 같다. 아버지께서는 내가 싸움에서 이기는 사람이 되길 바라셨을 테지만 역설적으로 이기는 것에 익숙해진 나는 지고 싶지 않아 싸움을 하고 싶지 않은 사람이 되었다. 나는 이것이 꼭 나쁘다고 생각하지는 않지만 그렇다고 꼭 좋은 것이라고도 생각하지 않는다.

눈치 챘겠지만, 심지어 나는 아이와 가위 바위 보 놀이를 하면서도 일부러 져 주지 않는다. 아이의 패턴을 읽어 냈기에 아이에게 이길 수도 있고 질 수도 있었다. 하지만 나는 한 번을 져 준다면 두 번은 이겨야 하는 사람이다. 자식에게도 지고 싶지 않았던 것일까? 아니면 내 아버지께서 내게 적극적으로 져 주셨던 것과는 반대로 아이에게 전달하고 싶었던 메시지가 있었던 것일까? 그와는 별개로 아이가 만 3년을 살아오면서 지는 것을 불편하게 여기게 된 것은 분명하다.

아이는 이길 때 당연히 환호하고 질 때는 화를 낸다. 그리고 자신이 이기기 위해서 혼자서 가위 바위 보를 한다. 혼자서 가위 바위 보를 하면서 환호하는 아이, 항상 이겨 왔기에 질 수도 있는 것은 무엇이든 회피하고 싶어 하는 아이. 이 두 아이의 공통점은 이기는 것 외의 다른 가능성은 생각해 내지 못한다는 것이 아닐까.

사실 나는 이기는 것에 대한 집착이 진화에 따른 인간 본능의 일부라고만 생각해 왔다. 최초의 인간에게 자연이 지닌 거대한 힘과의 대결에서 이기는 것은 생존을, 지는 것은 죽음을 뜻하는 것이었으리라. 누구나 이기고 싶어 한다. 지고 싶어 하는 사람이 어디 있겠는가? 이기고 싶다는 것은 본능의 일부이기 때문에 세상은 온통 승리의 수사로 가득 차 있는 것이지 않겠는가?

아이는 "번개 파워!"를 외친다. 아빠고 할머니고 누구든 아이의 '번개 파워'를 맞으면 쓰러져야 한다. 하지만 아이에게 '번개 파워'가 아닌 '번개 파파워'를 발사해도 아이는 결코 쓰러지지 않는다. 아이는 불사조다. 아이에게는 패배가 없다. 세 살밖에 되지 않은 아이를 보면 이것이 본능이라는 생각에 확신을 갖게 된다.

아이의 할머니는 나더러 아이에게 자꾸 져 주라고 하신다. 아이에게 가위 바위 보도 져 주고 번개 파워도 발사하지 말라신다. 아이 기 죽이지 말라는 것이다. 키즈카페에서 가지고 놀던 장난감을 또래 아이가 뺏으려 하자 아이가 성을 내면서 장난감을 낚아채고 그 친구를 밀어냈다. 할머니는 대견하다고 웃으시며 아이에게 "잘했다"고 하신다. 이겼으니 잘한 것이다. 아이에게 밀침을 당한 또래 아이의 엄마가 아이 할머니 맞은편에 있었다는 사실은 사실임에도 사실이 아니라고 믿고 싶다. 아이의 할머니이자 내 어머니는 아이의 성향, 이 본능을 사랑하신다.

아, 아니다. 어쩌면 이기는 것에 대한 집착은 후천적인 요소, 즉 양육 태도의 결과일지도 모르겠다.

'지더라도 잘한 것'의 가능성

'이겼으니 잘한 것이다'는 공리주의자들의 명제인 '행복, 좋은 것, 쾌락을 유발하는 행위는 옳은 것이다'와 넉넉히 봐서 의미가 통한다. 어떤 행위의 올바름이 그 행위가 유발하는 쾌락에 있다는 것은 올바름을 이익에 환원해 버리는 것이다. '이겼으니 잘한 것'이라는 말은 공리주의자들의 명제보다 어떤 점에서는 더 구체화된 것이다. 이기는 것은 쾌락을 가져다주는 행위 중 하나다. 따라서 이기는 것이 지는 것보다 좋은 것이며, 아름다운 것이며, 심지어 윤리적인 것이다. 이런 생각의 기반에는 힘에 대한 숭배가 자리 잡고 있다. 생명 보존이 생명체에게 절대적으로 중요한 것이라면 생명을 보존할 수 있도록 하는 힘은 찬미의 대상이 된다.

그러나 이긴다는 것은 언제나 상대와의 싸움을 전제하며, 모든 싸움은 넓은 의미에서 규칙을 전제한다. 호이징하는 "놀이는 넓은 의미에서 항상 규칙을 내포한다"고 한다. 규칙 없는 놀이가 있는가? 아무런 규칙이 존재하지 않고 오로지 최종 결과만을 강조하는 것처럼 보이는 싸움에도 양자가 동시에 가질 수 없는 배타적 가치를 가지기 위해서는 무엇이든 해도 좋다는 규칙만큼은 있다. 한 예로, 전쟁은 무자비할지언정 이기고 지는 것을 판정하게 하는 최소한의 규칙만큼은 존재한다.

다른 한편, 모든 규칙은 어떤 가치를 실현하기 위해 존재한다. 그리고 규칙은 필연적으로 불확실한 것을 어떤 힘을 통해 극복하기 위해서 수립된다. 전쟁을 위한 전쟁은 있을 수 없고, 모든 전쟁은 각자가 생각하는 평화를 수립하기 위한 것이다. 경제적 가치를 실현하겠다든지, 정치적 목적을 실현하겠다든지 등의 자기 집단이 존중하는 가치에 지배되어 전쟁을 하는 것이다. 스포츠 게임에도 일정한 규칙이 존재하는 것은 공정성이든, 신체의 균형적 발달이든, 재미이든, 어떤 가치를 실현하기 위해서이다.

규칙을 위한 규칙은 존재하지 않는다. 최초의 규칙은 자연의 거대한 힘에 대항해 생명을 보존하려는 힘이 작동한 결과로 생겨난 것이다. 법의 탄생은 자연 상태의 무질서를 극복하고 질서를 만들기 위해 어떤 힘이 작동한 결과이다. 그렇다면 '이겼으니 잘한 것이다'라는 명제는 그 이김을 가능하게 한 규칙을 존중하는 한에서만 의미가 있다. 만일 우리가 그 규칙을 존중하지 않는다면 더 이상의 이김은 무의미하다. 그럼에도 많은 사람들은 우리에게 부여된 이 규칙에서 누군가를 이기는 자아상만을 유일한 자아로 인식한다.

하지만 그 규칙 내에서 이기는 힘보다 더 강한 힘은 그 규칙을 가능하게 하는 힘을 이기는 힘이다. 즉, 그 규칙을 상대화시키는 힘, 규칙을 무력하게 하는 힘이다. 체제의 승리자보다 체제의 전복자가 훨씬 강한 자이다. 만일 우리나라의 대학 입시 경쟁과 그 경쟁이 가져다주는 가치를 더 이상 존중하지 않는다면, 이 경쟁에서 이기는 것은 무의미하다. 역설적이게도 이 규칙과 체제를 전복시키는 가장 강력한 힘은 이 경쟁을 중지하겠다는 용기, 즉 적극적으로 지기에 있다.

우리는 누구도 지는 것을 열망하지 않지만, 이기는 것 외의 다른 가능성으로서의 진다는 것은 이기기만 했다면 결코 볼 수 없었을 수많은 은폐된 사실들을 탈은폐시킨다. 그런 의미에서 '지더라도 잘한 것'도 있다. 왜냐하면 진다는 것은 현재의 규칙대로라면 결코 드러나지 않았을 이 규칙과 체제의 허약성을 드러내고 새로운 미래의 가능성을 탐지하게 하는 조건이 되기도 하기 때문이다.

은폐된 미래 혹은 은폐시킨 미래

정리하자면, 규칙은 모든 불확실한 것을 통제하기 위해 태어났고, 이 규칙을 가능하게 한 것은 어떤 힘이다. 대부분의 사람은 이 힘이 가능하게 한 규칙 속에 거주하고 이 규칙에 충실하게 따를 때 이기는 자가 된다. 그리고 이 규칙에서 이기는 자는 그렇지 못한 자보다 강한 자이다. 사람들은 모두 이 규칙에서 이기는 것을 강요받기 때문에 이기지 못하거나 질 수 있는 가능성을 생각하지 못한다. 공부를 잘해 명문 대학에 진학해야 하는 이유, 돈을 많이 벌어야 하는 이유, 더 나은 외모를 가져야 하는 이유 모두 현실이 지닌 규칙에서 이겨 미래가 지닌 근원적인 불확실성을 극복하기 위해서이다.

나와 아이의 경우도 마찬가지다. 혼자서 가위 바위 보를 하면서 환호하는 아이와, 항상 이겨 왔기에 질 수도 있는 것은 무엇이든 회피하기를 원하는 아이는 모두 이기는 것 이외의 다른 가능성을 생각하지 못한다는 점은 물론, 모든 것이 자기 통제 하에 있기를 바라기에 주어질 미래에서 도피하려는 성향도 함께 가지고 있다. 아이와 나는 이기는 것 이외의 다른 가능성을 생각하지 못하고 있다는 점에서 미래가 자신을 은폐하기도 전에 우리 스스로 미래를 은폐시켜 버리고 있다. 요컨대, 질 수도 있다는 미래이며, 졌기 때문에 탈은폐될 수도 있는 미래의 가능성이 바로 그것이다.

> 우리가 전혀 예기치 않은 곳에서 고통은 자신의 치유력을 선사한다.
> —하이데거, 《들길》 (하이데거 전집 13권) 중에서

하이데거는 본래적 인간은 불안이라는 근본 기분에 사로잡히면 자신에게 본래 의미 있던 모든 것들이 무화(無化)되어 버리고 세계가 근원적인 의미에서 새롭게 열리게 된다고 한다. 이때 세계를 근원적으로 새롭게 여는 불안은 결국 죽음에 대한 불안이다. 죽음에 대한 불안은 세계의 모든 규칙과 가치를 무의미한 것으로 만들며 세계를 새롭게 바라보도록 하여 은폐된 존재의 진리를 탈은폐시킨다. 심지어 그는 "우리가 사상을 갖게 되는 것이 아니라 사상이 우리에게 온다"는 말로 우리 앞에 열려진 미래에 대해 완전히 개방적인 태도를 가질 것을 촉구한다.

하이데거에게 죽음에 대한 불안이 세계의 의미를 해체시키는 것이라면 나는 모든 것이 경쟁 일변도인 우리 사회에서 '적극적으로 질 수 있는 것'이 세계를 새롭게 볼 수 있는 진정한 힘이자 용기가 아닐까 생각한다. 은폐된

미래는 우리가 아무리 가로막으려 해도 반드시 오며 통제하려 해도 절대로 통제될 수 없다. 어떤 미래학자도 미래를 선점할 수 없으며, 가장 안전해 보이는 사회도 본질적으로 울리히 벡의 표현대로 '위험 사회'이다. 은폐된 미래를 은폐되지 않은 것으로 만들려는 것이나, 은폐된 미래가 자신을 드러내는 탈은폐의 사건까지도 막아 버리도록 미래를 은폐시키는 것이나 모두 지양해야 한다.

미래를 열어 두지 않으려 할 때 망상이 생긴다. 망상은 미래를 은폐시킨 결과이다. 반드시 이루고, 반드시 이겨야 한다는 기필지심은 자신이 모든 싸움에서 이길 수밖에 없는 존재라는 과대망상을 낳고, 이길 수 없었을 때는 피해망상을 낳는다. 사회적으로 성공한 사람일수록 자기 주변의 모든 것을 스스로 통제할 수 있다는 믿음에 사로잡히고, 패배의 이유를 자신이 아닌 외부로 돌린다. 소위 명문대로 이름 난 학교에 망상증 환자들이 더 많은 것은 우연이 아니다.

학창 시절 늘 1등을 해 오던 어떤 박사 학위 소지자는 교수 임용에 실패했을 때 주어진 현실을 받아들이기보다 자신이 믿고 싶은 현실을 망상이라는 방식으로 구성했다. 그는 임용 탈락의 원인을 자신과 경쟁하던 교수 후보가 뇌물을 썼기 때문이며, 일본 정보부에서 자신이 교수가 되지 못하도록 막았기 때문이라고 믿었다. 이기는 것 외의 다른 가능성, 즉 은폐된 미래를 한 번도 제대로 생각해 보지 못했기 때문에 미래를 은폐시켜 버렸다. 질수도 있다는 가능성을 배제한 결과, 졌기 때문에 열릴 수도 있는 모든 미래의 가능성을 제한하고 만 것이다.

'적극적 패배자' 예수의 급진성

철학자 김영민은 인문학의 사명이 무능(無能)을 급진화하는 데 있다고 한다. 무용(無用)하다는 것, 항상 진다는 것에 철학의 진정한 효용이 있다는 것이다. 쓸모 있는 것, 이기는 것이 결코 지닐 수 없는 급진성은 오히려 무능함에, 적극적으로 지는 것에서 찾을 수 있다. 철학은 그 무용함으로 유용하다고 믿어지는 일체의 것을 반성하게 하는 기회를 마련하는 데 그 쓸모가 있다. 철학의 유용성은 그 무용성에 있다. 물론 현실에서 철학이든 인문학이든 자본주의 기업의 '이기는 싸움'을 위해 이용되기 시작했지만 말이다.*

진다는 것의 급진성을 보여 주는 진정한 사례는 그리스도의 수난이다. 그리스도는 인간이며 동시에 신이었지만 골고다 언덕에서 못 박히길 자처했다. 에렌베르크의 말대로 "성서에서 승부를 가리는 투기를 찾아보는 일은 헛수고이다." 그리스도는 로마와 체제 경쟁을 하지 않는다. 유대인 정치 지도자들과도 경쟁하지 않는다. 제자들이 그를 철저히 정치적인 의미에서 메시아로 이해하고 예수가 고난에서 승리할 것을 기대했던 것과는 반대로 그는 오로지 고난 겪기를 자처했고 적극적 패배를 당했으며 마침내 죽음에 이르렀다. 그리스도의 수난은 가장 철저한 패배였다는 점에서 가장 놀라운 급진성을 이룩했다. 그것은 그리스도교가 세계 종교로서 탄생할 수 있게 했다는 것에 그치지 않는다. 그리스도 이후 모든 힘과 권력

---

* 오늘날 인문학은 광고를 만들고, 기업의 혁신을 도모하며, 리더가 되는 데 필요한 것으로 소비되고 있다. 이것을 부정적으로 평가하고 싶지 않다. 다만 이것이 인문학의 주된 기능은 아님을 말하고 싶다.

은 그리스도의 죽음 앞에서 상대화되어 버리게 되었다는 점에 그 발본성(radicality)이 있다.

철저한 패배는 부활로 대변되는 진정한 생명의 조건이다. 우리는 아이에게 싸움에서 이기는 것 외에도 다른 가능성이 있다는 것, 그것이 오히려 더욱 가치 있고 더 강한 것이며 급진적일 수 있다는 것을 가르쳐야 한다.

불가능성의 가능성을 위해, "번개 파워!"

아이들의 경쟁은 어린이집 등원과 함께 시작해 거의 일평생 동안 지속된다. 그런 아이에게 져야 한다고 가르치자는 게 아니다. 그것은 반드시 이겨야 한다고 가르치는 것만큼이나 문제적이다. 오히려 '질 수도 있다'는 것을 가르쳐야 한다. 그렇게 해야만 아이들은 입시 경쟁에서 지더라도, 경제적 투쟁에서 지더라도 자신을 지킬 수 있다. 질 수도 있고 이길 수도 있다는 양쪽의 모든 가능성을 열어 두어야 미래는 통제되지 않은 채, 은폐되지 않은 채 우리에게 그 자신을 그대로 드러내게 된다.

또한, 질 수 없으면 지는 것으로부터 아무 것도 배우지 못한다. 이기기 위해서 지는 것에서 배우라는 것이 아니다. 이기기만 해서는 이 싸움이 진정 의미 있는 것인지 묻기란 매우 어렵다. 싸움에서 질 때만 열리는 미래의 새로운 가능성이 있다는 사실을, 바로 그 사실을 배울 수 있다.

이와 같은 다짐은 아이의 싸움과 경쟁이 부모에게까지 첨예화된다는 점에서 나 자신에 대한 명령이기도 하다. 부모는 아이가 다른 또래 아이들보다 잘난 것을 은밀하게 즐거워한다(드러내 놓고 즐거워하는 것은 위악적인 것이다). 그 즐거움에 중독되는 경우, 아이의 미래는 부모에 의해 은폐될 가능성이 크다. 아이는 부모의 대리 경쟁에 희생양이 되고, 공부 잘하는 아이, 서울대 학생, 의사, 판검사, 전문 경영인, 외교관, 회계사, 교수 등 몇몇 협소한 자아상만을 가진 채 아이 자체가 지닌 인격의 전체성은 은폐되어 일생을 살아가고 만다.

질 수밖에 없는 싸움이라도 싸울 수 있어야 한다는 사실도 가르쳐야 한다. 나는 이길 가능성이 없는 싸움은 늘 피하고 싶었다. 그래서 나는 늘 현실적인 사람이었다. 세계를 불신했고 미래를 제한하고 있다. 부조리한 세상을 만날 때마다 세상에 침을 뱉어 왔다. 아이에게 질 수밖에 없는 싸움이라도 싸워야 한다고 가르치는 것은 아이에게 아이가 살게 될 부조리하지만 너무나 강력한 힘을 지닌 이 세계에 대한 희망을 지닌 채 살아가도록 하는 데 도움을 줄 것이다.

아이와 내 아이 세대는 질 수밖에 없는 싸움을 두려워하지 않기를, 적극적으로 질 수 있어서 세상의 부조리를 낳는 모든 규칙을 무너뜨리기를, 이 불가능성의 가능성을 실현하게 되기를 바란다. 아래는 데리다의 말이다.

> 사건의 가능성의 조건은 또한 불가능성의 조건이기도 하다는 것을 보여 주는 것은 쉬운 일, 너무도 쉬운 일일 것이다. 하지만 이러한 불가능성의 경험이 없이는 정의와 사건은 포기하는 게 나으리라는 것을 보여 주는 것 역시 아주 쉬울 것이다.
>
> —데리다, 《마르크스의 유령들》 중에서

질 수 있다는 것, 그 불가능의 경험, 그것은 미래에 대한 개방의 조건이자 동시에 정의의 가능성이다. 친구가 아닌, 이 세계의 부조리를 낳는 모든 규칙을 향해 '번개 파워!'

|에필로그|

일출봉 오르는 길

　　　　　아이가 태어난 지 70일 조금 지났을 무렵 가까운 선생님 내외와 제주도에 있는 성산일출봉에 올랐다. 성산일출봉은 높다고 할 수는 없지만 그렇다고 단번에 쉽게 오를 수 있는 곳도 아니다. 완만한 둔덕을 올라가다 보면 어느 순간부터 경사가 가팔라지는데 좁은 계단을 따라 일출봉 정상까지 올라가는 길은 제법 힘이 드는 코스다. 아직 백일도 지나지 않은 아이와 함께 한라산에 오르는 것은 무리라서 아쉬운 마음을 달래려 자는 아이를 아기 띠로 업고 성산일출봉에 올랐다. 그것이 아이와의 첫 등반이었다.

　아이와 함께 다시 제주도를 찾았다. 이번에는 아이의 할아버지, 할머니와 함께 성산일출봉을 올랐다. 하지만 더 이상 등에 업혀 있을 아이가 아니다. 만 3세인 아이는 계단이 시작되는 지점까지 힘껏 달려갔다. 첫 번째 쉼터에서 조금 숨을 고른 후부터는 아이도 힘이 들었는지 할아버지와 아빠의 손을 붙잡고 연신 "안아, 안아" 노래를 부른다. 그때마다 아이 엄마는 이제 거의 다 왔으니 조금만 더 걷자고 아이를 달랜다. 지금 안아 줬다가는 아이도, 나도 정상까지 가기란 어려울 것이다.

수많은 중국인 관광객 사이로 아이는 할아버지 손과 아빠 손, 엄마 손을 번갈아 붙잡고 계단을 오른다. 300미터가 조금 넘는 성산일출봉의 정상에 아이가 마침내 올랐다. 아이는 다시 힘이 나는지 일출봉 전망대에서 이리 저리 뛰어다니기 시작하다 일출봉 분화구를 한참이나 내려다보았다.

내려오는 길은 오르는 길보다 아이에게 더 힘든 코스였다. 아이가 계단 하나하나를 조심스레 내려오려 하다 보면 금세 뒤쪽에서 버스 시간에 맞춰 내려가야 하는 중국인 관광객의 조바심 내는 목소리들이 들렸다. 아이도 힘이 빠졌는지 다시 아빠에게 "안아, 안아"라고 하며 다리에 매달린다. 어쩔 수가 없다. 안고 가기는 위험하고 내리막길에 엎는 것도 위태롭다는 생각에 목말을 태웠다. 아이는 신이 나서 엉덩이를 들썩대며 콧노래도 흥얼거린다.

어쩌면 아이 키우기란 아이와 함께 산에 오르는 것과 비슷한 일인지도 모르겠다. 아기띠로 업힌 채 아빠 등 뒤에서 잠만 자던 아이가 이제는 혼자 힘으로 산 정상에 오른다. 일출봉 정상까지 아이가 넘어지지 않도록, 다른 사람과 부딪혀 다치지 않도록 손만 잘 잡아 주면 된다.

간혹 아이가 아빠 손을 놓은 채 계단을 오르기 시작하거나 내리막길을 넘어질 것을 생각지도 않은 채 힘껏 내달리는 모습을 보면 가슴이 조마조마해지기도 한다. "조심해!", "여기서는 뛰지 마!"라고 아이에게 외치면 내 아버지께서 한 말씀 하신다. "괜찮다. 안 넘어진다. 조금 다쳐도 된다." 그 말씀에 이상하리만큼 마음이 편안해지는 것은 아이가 부쩍 자라서 일출봉 정상을 스스로 오르게 된 만큼 아빠인 나도 그간 좀 더 자랐기 때문이 아닐까. 아이의 다리가 튼튼해진 만큼 내 마음도 보다 단단해졌기 때문이 아닐까. 아이 키우기란 아이가 자라는 동안 아이의 손을 잡아 주는 것, 불안을 내려놓고 아이를 믿는 것, 그렇게 아이와 아빠가 함께 자라는 것일지도 모르겠다.

아이는 얼마 지나지 않아 내가 목말을 태우지 않아도 내려올 수 있을 만큼 다리에 힘이 붙겠지. 그리고 또 얼마 지나지 않아 이 정도 높이라면 아빠의 손을 붙잡지 않고도 다녀올 수 있겠지. 아이가 자라나는 만큼 내 마음도 더 크고 단단해지길. 하여, 비록 이 책은 끝이 났지만 불안은 아직 끝이 나지 않았기에, 아이가 자라는 동안 일기도 계속될 것이다.

...

이 책이 있도록 도움을 준 분들께 고마움을 전하고 싶다. 파트너 이은희가 없었다면 아이도 없었을 것이고, 이 책도 없었을 것이다. 그리고 그녀는 이 책의 진실성을 담보해 주는 유일한 존재이다. 친구 신용준은 나의 거친 문장을 교열해 주었으며 내용적인 조언도 아끼지 않았다. 이 책의 숨어 있는 세 명의 저자인 아이의 할아버지 권태경 옹, 아이의 할머니 이숙자, 김미순 여사에게 진심으로 감사드린다.

| 부록 1 |
아빠와 아들의 변증법

나는 아이가 없었다면 하지 않았을 선택들을 하며 살아가고 있다. 예전이라면 대통령 선거에서 어떤 후보를 찍을지 고민조차 하지 않았을 것이다. 그러나 지금, 더 이상 나는 자신만을 생각하며 살아가지 않는다. 그래서 사실 내 생각을 아는 이들에게는 좀 부끄럽지만 어떤 후보를 선택할지 며칠을 고민해야 했다.

만일 아이가 없었다면 모든 판단과 결정을 현실 원칙에만 두지는 않았을 것이다. 슈베르트가 괴테의 시에 곡을 붙인 가곡 〈마왕〉에서 아이는 마왕을 만나 그의 목소리를 듣고 마왕의 딸들을 만난다. 하지만 아이를 안고 가는 아버지에게 보이는 것은 오로지 '그저 엷게 퍼져 있는 안개', '마른 잎이 바람에 흔들리는 소리'이며 '잿빛 바래 버린 늙은 버드나무 가지'일 뿐이다. 아이를 안은 아버지는 현실 원칙에 지배된 채 꿈과 환상은 물론이거니와 진실도 제대로 바라보기 어렵다.

나는 어떤 이유에서든지 질 가능성이 높은 싸움은 잘 하지 않는, 소심하고 다분히 현실적인 사람이기도 했지만 아이가 태어나자 모든 결정과 선택을 할 때 현실이 더욱 더 중요한 기준이 되고 말았다.

아이가 없었다면 나는 종신보험이나 생명보험에 가입하지 않았겠지만,

혹시 내가 잘못되더라도 아이와 파트너는 계속 살아갈 수 있어야 한다는 염려에서 값비싼 보험을 들었다. 또 부동산 문제 역시 관심 밖이었지만, 아이를 안정적으로 키우려면 내 집이 있어야 한다는 생각 때문에 우리 부부는 주택 가격에 민감하다. 피트니스 센터에도 등록했다. 아이가 있기 전에도 뚱뚱한 몸을 좀 가볍게 하기 위해 운동을 했었지만, 지금은 이유가 다르다. 건강해야만 아이를 지킬 수 있다!

이런 유비가 적절하지 않을 수도 있지만, 엄마들이 아이를 임신하고 있는 9개월 동안 신체적으로 철저히 보수화된다면 아빠들은 아이의 출생과 동시에 상당한 기간 사회적으로 보수화된다. 파트너도 아이를 임신한 동안 흔한 감기약, 커피는 물론 아이에게 해가 될 수 있는 음식을 일체 섭취하지 않으려 했다. 아이를 보호하기 위해 신체적으로 철저히 보수화되던 엄마들은 아이가 출생하고 나서야 비로소 일정 수준의 신체적 자유를 다시 얻게 된다.

엄마들이 신체적 자유를 얻게 된 바로 그 순간부터 아빠들은 보수화되기 시작한다. 우리 사회의 전통적인 성 역할상 아빠는 경제적인 투쟁에 대한 1차적 책임을 지닌다. 비록 이 책임이 자명하거나 당연시될 수 없는 것이기는 하지만, 이 때문에 아빠들은 사회적인 의미에서 철저히 가족, 특히 자녀를 지키기 위한 결정과 선택을 하게 된다. 이것은 엄마들이 음식 섭취와 몸가짐을 절제하는 것과 다르지 않다. 아빠와 엄마의 성 역할 의식이 변화되지 않는 한 아이들이 최소한 부모로부터 독립할 때까지 아빠들은 현실원칙에 지배되어 살아가게 된다. 그렇다고 모든 아빠나 엄마를 일반화하는 것은 아니다. 앞서 밝힌 대로 이것은 허점이 많은 하나의 유비이다. 나는 아빠들이 처한 이러한 상황을 아이의 독립이라는 출산을 위한 '사회적 임신'으로 부르고 싶다.

아빠들의 보수성은 이러한 사회적 임신과 무관하지 않다. 가까운 형은 형수가 임신한 동안 대학원을 수료했지만 아이가 태어나자 논문 쓰는 것을 무기한 연기했다. 논문에 드는 시간과 집중력을 생계와 관련된 일에 쏟아붓기로 한 것이다. 또 대학 선배 한 사람은 결혼한 지 8년이 되었고 이제 곧 마흔을 목전에 두고 있지만 아직 아이가 없다. 선배 부부의 관점에서 아이는 논문 작성의 훼방자이다. 내 아버지는 내가 대학을 다니고 있을 때뿐만 아니라 결혼해서 경제 활동을 하지 못하고 있을 때까지 생활비와 용돈을 주셨다. 아버지는 그것이 몹시 자랑스러우셨던지 지금도 자주 그 사실을 이야기하시지만, 한편 그것은 아버지가 그렇게 하기 매우 힘들었다는 사실을 방증하는 것이도 하다. 아빠들은 자기 나름대로 현실에 맞춰 선택하고, 그래서 자기 수준에서 아이 출생 전보다는 보수화된다. 그리고 이것은 사회적 출산, 즉 아이가 독립할 때까지 지속된다.

여기서 보수는 엄마가 태아를 보호하기 위해 자신의 몸가짐을 조심하는 것, 정확히 그 수준에서의 보수이다. 태아를 보호하기 위해 급격한 외부 환경의 변화는 지양되어야 한다. 임신부는 임신부 수칙에 따라 커피, 담배 등을 피해야 하고 과격한 운동도 해서는 안 된다. 이제 사회적 임신부인 아빠 역시 아이를 보호하기 위해 급격한 외부 환경의 변화를 거부한다. 지금 나는 옳고 그름과는 무관하게 이 사회의 질서 속에서 살아가고 있으므로 이 질서가 그대로 유지되기를 바란다.

그러기 위해서 사회적 임신부인 아빠는 사회와 문명이 제시하는 도덕, 규율, 관습을 따라야만 한다. 과격한 변화, 혁명이나 전쟁은 그렇기에 무섭고 두려운 것이다. 그것은 환경뿐만 아니라 도덕까지 변화시킨다. 아이를 키우자면 큰 폭의 사회적 변화는 감당하기 힘들다. 경제적 삶에서 누가 변화를 기회라고 했던가. 그것은 자기 위안일 뿐이다. 안정된 수입이 있는 사람에게 사회적 변화는 그저 위협일 뿐이다. 왜 사람들은 급여가 다소 낮더라도 안정된 직장을 선호할까. 이것은 사회적 임신이 가져온 보수성을 제외하고서는 쉽게 설명되지 않는다.

이중섭이 아이를 모티프로 그린 작품들에는 유독 게가 집게발로 아이의 고추를 집으려는 장면이 많다. 그것은 누군가의 말대로 이중섭이 유복자로 태어나 자신의 어머니가 욕망하는 팔루스(남근)를 그도 욕망했던 흔적인지도 모른다. 아니면 자신과 떨어져 지낼 수밖에 없는 부인을 독점하고 있는 아들에 대한 일종의 거세 위협일 수도 있다. 하지만 내가 보기에 이 그림은 이중섭의 거세 불안이 형상화된 것이다. 이중섭은 아이와 부인을 지키거나 돌볼 수 있는 상황이 아니었다. 이는 한국전쟁과 무관하지 않았다. 전쟁과 같은 급격한 변화는 아이를 지키는 것을 더욱 어렵게 만든다.

이러한 배경을 이해한다면 이 작품에서 이중섭이 하나의 기대와 하나의 두려움을 보여 주려 하고 있음을 읽어 낼 수 있다. 하나의 기대는, 이 작품 전체를 연결하는 낚싯줄은 가족의 유대감을 뜻한다는 것이다. 하나의 두려움은, 집게발이 아이의 고추를 집는 것은 이중섭이 가족을 지킬 수 없는 자신의 남근성을 의심하고 있었음을 보여 준다는 것이다. 이것은 아빠가 보수화되는 것에 대한 정신분석학적 이미지를 제공하는 것이 아닌가. "아빠는 아이를 지키지 못하면 거세된 것과 마찬가지이다." 급격한 변화는 불안을 가중시키고, 이런 불안이 아빠를 보수적으로 만든다.

정립(Thesis) : 아빠와 대타자

아빠는 현재의 질서와 규범을 지키려 하고 변화를 거부하려 한다는 점에서 아들의 대타자(Other)가 된다. 라캉은 대타자라는 용어로 다음의 두 가지 상황을 나타내려 했다. 먼저 대타자는 개별 주체들이 경험하는 상징적 질서(법과 제도 등)를 가리키는 말로 사용된다. 사회의 질서나 도덕 체계는 개인에게 있어 대타자라 할 수 있는 것들이다. 또한 라캉은 이러한 도덕 체계나 법질서 같은 상징계를 대리하여 표상하는 주체를 가리킬 때도 대타자라는 용어를 사용한다. 경찰은 법 제도를, 성직자는 도덕 체계를 대리 표상하는 존재이다.

그렇다면 아빠라는 존재가 대리하여 표상하는 것은 무엇일까? 아빠는, 라캉의 표현대로라면, 현실에서 작동하는 상징적 질서가 그대로 유지되길 바란다. 마치 경찰이 법을 수호한다는 점에서 대타자이듯 아빠는 현재의 질서가 유지되길 바란다는 점에서 대타자이다. 이것은 아빠 자신의 희망과 무관하다. 아빠가 아이에게 대타자가 되는 것은 아빠의 숙명이다.

아빠는 아이에게 세계와 사회의 도덕, 규칙, 질서의 대리 표상이다. 아빠가 대타자라는 것이 잘못되었다거나 문제라고 말하려는 것이 아니다. 오히려 사회의 도덕과 규칙의 존재는 아이에게 통일된 정체성을 부여하는 기능을 한다. 아빠로 표상되는 질서가 존재하기 때문에 아이 인격 안에 존재하는 서로 다른 측면들은 동등한 지위를 갖게 된다. 예컨대 이것은 일종의 인정 투쟁이다. 김연아 선수가 동계 올림픽 금메달을 목에 걸기 전이나 후나 실력 자체는 변함이 없다. 단지 대타자라 할 수 있는 올림픽 대회에서 인정받음으로써 그 실력이 '상징적인 효력'을 갖게 된 것이다. 마찬가지로, 아이의 다양한 인격들은 대타자인 아빠에게 인정됨으로써 그 지위나 위치를 확인할 수 있다.

한 가지 예를 더 들어 보자. 내 아버지는 법적인 이유로 한동안 운전면허 없이 운전해 오셨지만 법이 효력을 잃자마자 즉시 면허를 취득하셨다. 아버지의 운전 실력이 달라진 것은 아니지만 아버지는 기뻐하셨다. 사회의 규칙, 도덕, 질서에서 자신의 위치를 확인하신 것이다. 아이가 일생 동안 아빠로 표상된 이 질서, 대타자와의 인정 투쟁을 하게 된다는 것은 아이의 숙명이다.

반정립(Anti-thesis) : 오이디푸스와 라이오스

얼마 전 가깝게 지내던 고향 후배가 큰 사고를 당했다. 술을 마신 후 무단횡단을 하다 달리는 택시에 치여 큰 상처를 입고 오랫동안 입원을 해야만 했다. 소식을 내게 알리며 부디 누구에게도, 특히 자신의 아버지에게 알리지 말아 달라고 부탁했다. 나는 그러기로 했다. 나보다 한 살 어린 후배는 지금도 아버지를 두려워한다. 아버지에게 사고 소식을 알리지 말아 달라는 이유는 두 가지였다. 하나는 아버지께 혼날까 두렵다는 것이었고, 다른 하나는 아버지 일에 장애를 줄까 걱정이 된다는 것이었다. 후배의 아버지는 목사로 일하신다.

후배는 어릴 적 엄하셨고 근엄하셨으며 강한 체벌도 주저하지 않으셨던 아버지에 대한 인상에서 지금도 자유롭지 못하다. 아버지는 여전히 도덕적 검열자이며, 후배는 거세 위협에 시달리는 오이디푸스이다. 다시 말하건대, 후배는 오이디푸스이다. 오이디푸스가 부왕 라이오스를 물리적으로 죽였다면, 후배는 한국에서 가장 보수적인 기독교 신앙을 기반으로 지닌 아버지 목사님을 철학을 무기로 자기의식 속에서 해체했다.

후배는 아버지 목사님의 신앙을 공격하지 않았다. 다만, 가장 자유로운 기독교 신학의 관점에서 아버지의 신앙은 토대가 허약하고 아버지로 대변되는 교회의 질서가 사실상 강고하지 않다는 사실만큼은 지적으로 깨닫게 되었다. 최소한 학문적, 신앙적으로 후배-오이디푸스는 아버지-라이오스를 능가하고 이겼다. 더 이상 그에게 아버지는 김연아 선수에게 올림픽이 갖는 것과 같은 대타자라 할 수 없는 존재다. 후배는 오이디푸스로서 라이오스를 능가했지만 그럼에도 아버지의 질서로부터 자유롭지 못하다. 이러한 역설은 어디에서 비롯하는 것일까?

후배의 아버지는 신앙뿐만 아니라 정치적, 경제적, 윤리적인 측면에서 모두 보수적이다. 그것은 후배 아버지가 '아버지'이기 때문이다. 후배는 아버지에게 혼이 날까봐 사고 소식을 알리지 않는 것이 아니다. 그것은 아버지로 표상되는 질서가 이미 허위가 되어 버렸을지라도 그 질서가 여전히 후배에게서 작동하고 있기 때문이라 해야 한다. 후배는 아버지의 질서에서 인정 투쟁을 하고 있다. 술을 먹고 무단 횡단을 하다 발생한 사고를 목사 아버지와 교회가 인정해 줄 리 없다.

후배는 아버지로부터 자유롭지 않다. 후배 그 자신이 획득해야 할 인정과 보상의 최종 심급은 어쩌면 신도 아니다. 그것은 목사 아버지이자 교회이다. 후배는 자신의 신학으로 라이오스를 끝없이 무찌르지만, 오이디푸스에게 라이오스는 죽어도 죽어도 환상으로 끊임없이 다시 돌아오듯이, 목사 아버지는 여전히 강고하다. 후배는 아버지를 능가하고자 하고 아버지의 질서를 해체하며 아버지와 다른 선택을 하고 다른 성취를 이뤄 내지만, 여전히 아버지라는 대타자에게 등록되지 않는 한 그는 면허를 취득하지 못한 운전자 신세와 유사하다. 그래서 사고 소식조차 어쩌면 가장 먼저 그리고 반드시 알아야 할 아버지께 알리지 못하는 것이다.

후배에게 아버지는 도덕적 검열자이자 허약한 신학의 수호자이다. 후배는 도덕적 검열자인 아버지를 두려워하지만, 자신이 허약하게 만든 그 신학의 수호자, 그 질서로부터 자유롭지 못하다. 자신의 학문적 무기로 아버지를 극복하고 아버지는 허약하게 된다. 다시 아버지를 두려워하고, 극복하고 허약하게 하고, 다시 두려워한다. 이것이 후배와 후배 아버지 간에 놓인 실재적 대립으로서의 모순이며 정립과 반정립 사이의 투쟁이다.

후배가 아버지에 대해 내게 가장 자주하는 말은 "노인네, 환갑이 지나서인지 꺾이셨어"이다. 이것은 극복의 표현인가 두려움의 표현인가. 후배에게 아버지는 단순하게 고정된 실체가 아니다. 그에게 아버지 개념은 계속해서 새로이 만들어지고 있다. 억압된 것은 반드시 돌아오기 마련이다. 하지만 부정되고 다시 돌아오는 아버지는 아들에 의해 그 의미가 새로이 고양되고 점점 더 '아버지'가 된다. 오이디푸스가 마차가 다닐 수 있는 세 길이 만나는 곳에서 죽인 자는 아버지가 아닌 오래된 질서의 수호자인 왕-라이오스였지만, 오이디푸스가 왕이 되어 모든 것을 지배하게 된 후 죽인 자는 왕이 아닌 아버지-라이오스였다. 이것은 '아버지' 존재의 의미가 아들에 의해서 점점 변화한다는 것을 보여 주는 것이라 해도 좋을 것이다.*

종합(Synthesis) : 아빠 아버지

폴 리쾨르의 《해석의 갈등》 중 〈아버지, 환상에서 상징으로〉라는 글에는 성서 중에서 비교적 먼저 쓰인 모세오경의 본문에서 신을 아버지로 부르는 모습을 찾기란 불가능하다는 내용이 나온다. 즉, 창세기, 출애굽기 등에서는 야훼를 아버지로 부르지 않는다. 모세오경의 신학에서 야훼는 철저히 율법의 부여자이며 심판자로 묘사된다. 거기에는 우상 숭배 금지 규정에

---

* 덧붙여, 리쾨르의 《비판과 확신》에 이런 내용이 나온다. 리쾨르는 아버지를 '마른 전투'에서 잃었고, 때문에 유복자로 태어난다. 아버지는 이미 저 세상으로 떠났지만 어린 리쾨르가 잘못된 행동을 할 때마다 사람들은 자주 "만약 너의 아버지께서 너를 보신다면!"이라고 했다고 한다. 리쾨르는 '부재하는 시선, 게다가 한 영웅의 시선'을 만족시키기 위해 행동해야 했다고 하는데, 이것은 상징적 질서를 대리 표상하는 대타자로서의 아버지가 아버지 자신의 뜻과 무관하게 만들어진다는 것을 보여 주는 하나의 사례이다. 어린 리쾨르는 죽은 아버지의 질서 속에서 살아가야 했다. 더욱이 리쾨르는 성장 과정에서 아버지가 전사한 것은 물론, 아버지가 참가한 전투나 전쟁 모두 무의미하며 헛된 것이라는 인식을 갖게 된다. 그러나 그것은 리쾨르에게 도덕적 검열자로서의 아버지로부터 해방을 가져다주었을까? 리쾨르는 아버지가 언제부턴가는 도덕적 검열자로 보이지 않게 되었다고 고백하지만, 그것은 오이디푸스의 라이오스 살해의 또 다른 형식은 아닐까.

따라 아버지 자체가 하나의 형상이나 우상이 될 가능성을 배재하려는 뜻이 담겨져 있을 것이다.

그 후, 여러 민족 가운데서 이스라엘이 선택되면서 야훼는 이스라엘만을 보호하는 신이 되고 이스라엘은 야훼의 아들이 된다. 바로 이 지점에서 야훼는 아버지가 된다. 이것은 상당한 진전이기는 하지만 구약성서는 여기에서 더 나가지는 않는다. 야훼는 아버지로 불리지만 구약성서 어디에도 이스라엘 사람들이 신을 아버지로 부르면서 기도하는 모습을 찾을 수는 없다. 제2이사야서에서 야훼는 '고난 받는 종'으로 묘사되고 핍박을 받는다. 야훼는 아들 이스라엘에 의해 부정된다.

그러다 신약성서에 이르게 되면 신의 아들이라 자처한 예수가 야훼를 아빠(Abba, 아랍어에서 아버지를 친밀히 부르는 말로, 우리 말 아빠와 발음이 같다) 아버지로 부른다. 신과 이스라엘 사이의 실재적 대립은 '아빠 아버지'로 고양되고 종합된다. 복음서 중 가장 먼저 쓰인 마가복음에는 이 표현이 4번밖에 나오지 않지만 누가복음에는 15번, 마태복음에는 42번, 요한복음에는 100번 이상 나온다. 신에 대한 아버지 표상은 점차 확대된다. 이제 사람들은 신을 아버지로 부르는 것에서 더 나아가 그를 아버지로 부르며 기도하기에 이른 것이다. 창조주이자 심판자인 야훼는 사랑의 아빠 아버지*가 되었고, 한편으로 야훼는 사람들을 사랑하여 인류가 자신을 아빠 아버지로 부르는 것을 허

---

* 나는 여기에서 '아빠 아버지'라는 성서의 개념을 권위를 상징하는 대타자인 아버지 모습과 아들에 의해서 극복된 라이오스 같은 아버지 모습 모두를 뛰어 넘는 아버지의 완성태, 모든 아버지들이 궁극적으로 도달해야 하는 상으로 제시하고자 했다. 권위적인 아빠, 무력한 아빠가 아닌, 사랑의 아빠를 가리키기 위해 아빠 아버지라는 말을 사용한 것이다. 아빠 아버지는 아들과 사랑의 대화를 하는 존재이며 아들과의 관계 속에서만 탄생하게 된다. 야훼는 원래부터 아빠 아버지였지만 이스라엘을 통해서 아빠 아버지로 완성된 것이다.

락했다. "하늘에 계신 우리 아버지여!"

- 신은 애당초 도덕적 검열자이며 질서의 수호자였다(이것은 후배가 목사 아버지를 형상화한 것이다).
- 아들 이스라엘은 또 하나의 오이디푸스로 인간이 된 바로 그 신, 예수를 고난받게 하며 마침내 죽음에 이르게 한다(후배는 목사 아버지의 신앙적 토대를 학문적 방식으로 해체시킨다).
- 그러나 신은 결코 죽지 않는다(그러나 후배는 여전히 아버지의 질서로부터 자유롭지 않다).
- 다시 돌아온 신은 이제 아빠 아버지로 형상화된다.

인간이 된 신은 라이오스가 돌아오듯이, 아니 어쩌면 그보다 더 생생한 방식으로 부활한다. 그러나 이 부활은 단순한 반복이 아니다. 이 반복은 질서의 수호자를 드디어 진정한 의미에서 아빠 아버지로 부르게 하는 '종합으로서의 반복'이다. 라이오스가 오이디푸스에게 죽임을 당할 때 오이디푸스에게 라이오스는 아버지가 아니다. (테이레시아스의 폭로에 따라) 다시 돌아온 라이오스는 오이디푸스에 의해 비로소 아버지라 불린다. 오이디푸스는 에리니에스의 사당에서 이를 참회하기 위해 남은 생을 바친다. 마찬가지로 성서에서 신은 야훼를 넘어, 또한 아버지를 넘어, 아빠 아버지로 불릴 때 드디어 종말론적 의미에서 구원의 유일한 심급이 된다. 아빠의 이미지는 아들에 의해서만 아빠 아버지로 형상화된다.

아빠와 아들의 변증법

신에 대해서 아빠 아버지로 부르는 단계에 이르게 되는 것, 그것은 '아빠와 아들의 변증법'에 의한 것이다. 대타자인 아버지의 거세 불안과 인정 투쟁을 하는 아들의 거세 불안, 이 양자의 거세 불안은 정립과 반정립의 투쟁의 원동력이며, 이 투쟁을 아빠 아버지라는 종합으로 끊임없이 고양시킨다. 그리고 이 변증법적 고양의 중심에는 아들의 아빠에 대한 사랑과 아빠의 아들에 대한 사랑이 있다.

도덕과 법, 질서의 대리 표상으로서 보수적인 아버지는 아들의 아버지 부정(거세 불안)에 의해서 극복되고, 부정된 아버지는 다시 돌아와 아들과 만난다. 신에 대한 모독과 살해에도 불구하고 신은 부활로 되돌아와 신 그 자신을 아버지로 부르는 것을 허락하듯이, 아들에 의한 끊임없는 부정과 복귀를 통해서만 아버지는 진정한 아버지, 아들이 부르는 그대로 사랑의 아빠 아버지로 계속 자라날 것이다. 또한 아이 역시 대타자인 아버지의 자신을 향한 부정(거세 위협)에도 불구하고 독립적이고 성숙한 인격체로 자라나 아버지를 아빠 아버지로 부르게 된다.

그래서 아이만 자라나는 것이 아니다. 아빠와 아들의 변증법은 아이뿐만 아니라 아빠도 자라고 자라나고 있고 자라야 한다는 것을 말한다. 아이는 아빠를 두려워하다 언젠가는 아빠를 넘어서게 될 것이다. 그리고 다시 두려워하고 다시 넘어설 것이다. 아빠와 아들의 이 끊임없는 넘어섬과 성장이 도달하려는 핵은 어디인가? 앞서 말한 바, 그곳은 사랑이다.

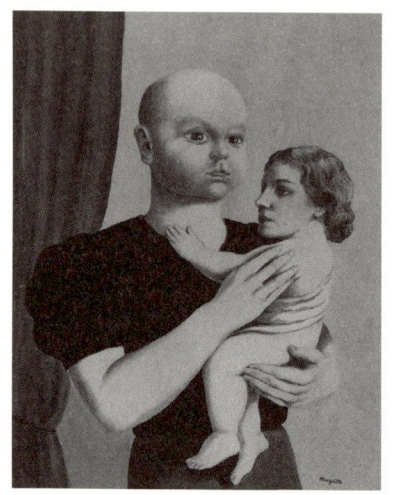
르네 마그리트, 〈기하학적 영혼〉

아빠와 아들의 변증법은 그런 의미에서 거세 불안을 원동력으로 하는 변증법이자 아빠 아버지가 되고 아빠 아버지를 부르기 위한 사랑의 변증법이다. 이 변증법을 통해서 오이디푸스-라이오스로 대변되는 아들과 아버지에 대한 이미지는 고착화되지 않고 움직이고 변화된다. 신약성서의 신이 더 이상 창조자, 구원자, 심판자이기만 한 신이 아니듯이 아빠는 그저 도덕적 규범과 질서의 대타자로서가 아닌 사랑의 아빠 아버지가 되는 것이다.

르네 마그리트가 〈기하학적 영혼〉이라 이름 붙인 이미지는 이러한 아빠와 아들의 변증법에 대한 형상화 작업이다. 아들에게 아빠는 끝없이 왜소해지고 아빠는 아들의 품에서만 아빠 아버지로 자라난다. 또 한편 아이의 얼굴을 한 아빠는 아빠의 얼굴을 한 아이를 보호하고 아이는 아빠의 품에서 독립된 인격으로 자라나게 된다. 이것은 기하학적 대칭이자 하나의 변증법적 고양이기도 하다.

내 아이는 아빠인 나를 어떻게 기억하게 될까? 도덕, 질서, 율법의 대리 표상이 아빠를 구성하는 전부가 될 수는 없다. 두려움을 주는 아빠가 전부일 수 없다. 그러면 아빠는 아이와 손을 잡고 걷는 것조차 어색하게 느끼게 될 것이다. 그렇다고 그저 모든 것을 용인해 주는 것 역시 아빠의 전부일 수 없다. 그 경우 아빠는 아이를 타락시키고 병들게 만들 것이다.

아빠는 아빠로 계속 자라야 한다. 끝없이 부정당하더라도 끝없이 사랑해야 한다. 아들과의 변증법적인 관계를 통해 새로운 차원의 아빠 아버지로 끊임없이 자라나게 된다. 아이가 '아빠'를 만들어 가고 그 말의 내포를 풍부하게 담아 가기를. 그 안에 자비와 친절과 경외가 포함되기를. 그리고 그 이상이! 그것이 바로 아빠인 내가 품는 종말론적 비전이다!

> 내 아버지께서 모든 것을 내게 주셨으니 아버지 외에는 아들을 아는 자가 없고 아들과 또 아들의 소원대로 계시를 받는 자 외에는 아버지를 아는 자가 없느니라.
>
> —마태복음 11장 27절

· · ·

영화 〈범죄와의 전쟁: 나쁜 놈들의 전성시대〉는 최익현(최민식 분)이라는 주인공의 시점으로 이야기가 전개된다. 최익현은 아버지다. 최익현은 범죄가 좋아서 범죄하는 것이 아니다. 세관원인 그는 가족을 위해서 삥땅을 치고, 세관원 옷을 벗고 나서는 깡패 아닌 깡패가 되기도 한다. 최익현은 세상이 바뀌었지만 세상이 바뀌었음을 인식하지 못한다. 그렇기에 그는 세상이 변하지 않기를 어느 누구보다 바라는 사람이다. 범죄와의 전쟁이 치러지던 시대에는 그의 수첩 속에 빼곡히 적힌 과거의 인맥이 더 이상 도움을 줄 수 없다. 그가 재미를 보던 과거의 방식은 이제 작동하지 않는다. 그럼에도 그는 자식을 지키기 위해 과거와 똑같은 방식으로 협잡을 하고 개처럼 권력을 핥으며 깡패들을 뒤치다꺼리한다. 모든 아버지들은 세상이 변하는 것을 좋아하지 않는다. 한편 최익현의 아들은 아버지 최익현의 범죄를 먹고 자란다. 아들은 인물도 빼어난 검사가 되었지만 실상은 아버지를 먹고 자란 괴물이다.

나는 영화 〈범죄와의 전쟁〉을 1980년대 아버지론으로 읽어야 한다고 생각한다. 최익현은 1980년대를 살아온 아버지들의 자화상이다. 나의 아버지도 마찬가지이다. 가족을 지키기 위해 무슨 일이든 하셨다. 최익현이 1억짜리라고 말하는 인맥 수첩을 챙길 때, 내 아버지는 청와대 비서실장의 명함 한 장을 십여 년 간 지갑의 중앙에 끼워 두셨다. 아버지는 내게 무슨 일이 생기면 도와주겠다고 하셨고 걱정 말라며 언제나 그 명함을 보여 주셨다. 그것은 아버지 시대의 방식이다. 세상은 변했고, 그래서 아버지는 더 이상 그 명함으로 자신과 나를 지킬 순 없을 것이다.

지금 나는 내 아버지의 방식과 삶을 먹고 자란 괴물이다. 아버지의 시대는 가고 아들의 시대가 왔다. 나쁜 놈들의 전성시대는 가고 괴물들의 전성시대가 왔다. 가족을 위해 범죄자가 되고 괴물을 위해 나쁜 놈이 된다. 사람들은 대체로 영화 〈범죄와의 전쟁〉에서 속물덩어리인 최익현에 대해 분노하기보다 연민의 감정을 가질 것이다. 그렇다. 누가 이 괴물을 비난할 수 있다는 말인가!

| 부록 2 |

아빠와 엄마가 뽑은
'생각하는 육아 추천 도서' 베스트 6

K(권영민) 이제 책을 마무리할 때가 되었네요. 우리의 육아에 가장 큰 도움을 준 책 베스트 3을 각자 뽑아 볼까요? 육아만을 이야기하는 책도 좋고, 육아에 도움을 준 인문 책도 좋아요. 덧붙여, 영화도 허용하는 걸로 합시다. 먼저 당신의 베스트 3을 이야기해 봐요.

P(파트너) 음, 어떤 책을 말해야 하나. 당신이 먼저 해요.

K 그러면 내가 먼저. 육아와 직접 관련된 책은 아니지만 엠마뉘엘 레비나스의 《시간과 타자(Le Temps et L'autre)》(강영안 옮김, 문예출판사)를 꼽고 싶어요. 이 책이 어렵다면 강영안의 《타인의 얼굴 ; 레비나스의 철학》(문학과지성사)이라는 해설서를 추천해요. 레비나스는 주체 중심주의 일변도로 흐른 서양 철학사에서 본격적으로 타자 문제를 다룬 최초의 철학자로 알려져 있어요.

P 철학본색 모임에서도 당신이 레비나스를 자주 언급했어요. 레비나스가 타자를 강조하긴 하지만 타자를 우회로로 삼아서 결국 새로운 주체를 기획

하려는 것 같다고 했죠.

K 네, 맞아요. 나는 이 책의 제4강에 나오는 〈에로스〉와 〈생산성〉이라는 장을 읽으며 아버지가 어떤 존재인지, 아이와 아빠는 어떤 관계인지에 대해 많은 통찰을 얻을 수 있었어요. 레비나스는 남녀 간의 애무가 주체의 존재 방식이라고 해요. 애무는 아무리 거머쥐고 싶어도 잡을 수 없는 상대의 몸을 대상으로 하는 것이지요. 우리가 자신의 몸이 아닌 서로의 몸을 애무할 수 있다는 것에서 그는 주체의 초월을 이야기하는 거예요. 애무는 주체가 타자를 결코 장악할 수 없다는 것을 형상화하는 개념이에요. 레비나스는 애무의 끝은 출산이며 이 출산 경험을 통해 아버지가 '자신을 넘어선 자신'을 만나는 경험을 하게 된다고 해요. 아이는 아버지 자신이기도 하지만, 아버지가 살아갈 수 없는 어떤 미래의 시간을 살아간다는 점에서 아이는 아버지 자신과 동일시될 수 없는 존재라는 거죠. 생각해 보면, 마이클 샌델 교수가 《생명 윤리를 말하다》 4장 〈자녀를 디자인하다〉에서 말하는 맥락도 비슷한 거예요. 부모는 자녀의 존재를 그대로 긍정하는 '받아들이는 사랑'과 자녀의 복지를 추구하는 '변화시키는 사랑'을 자녀에게 줄 수 있지요. 하지만 오늘날 부모들이 너무 '변화시키는 사랑'에 치우쳐 있다고 지적하며 그것이 우생학과도 닮았다는 것이 샌델의 생각이에요. 이런 태도는, 레비나스의 표현대로 하자면, 타자를 자기화하는 전체성에서 비롯한 것이에요. 《시간과 타자》는 아빠로서 아이에 대해 너무 수용적이기만 해도 안 되겠다, 또 규제적이기만 해서도 안 되겠다는 생각을 갖게 해 줬어요. 결국 아이라

는 존재와 아빠가 갖는 특수한 관계라 할까요? 예를 들면, 나 자신도 아니고 타자도 아닌 관계 말이죠.

P 게다가 《시간과 타자》는 철학책치고 길이도 짧고 그렇게 난해하지도 않지요. 우리 아이가 나중에 아빠가 자신을 타자라고 생각했다는 말을 들으면 어떤 생각이 들까요? (웃음) 다음으로 가 볼까요? 당신의 베스트 2는 뭔가요? 이번에도 철학책인가요?

K 이번에는 철학서가 아니에요. 그런데 철학서보다 어떻게 보면 조금 더 지루할 수도 있는데, 발자크의 《고리오 영감(Le Pere Goriot)》(박영근 옮김, 민음사)을 들고 싶어요.

P 나는 그 소설의 심리 묘사가 너무 자세하고 사실적이라서 조금은 지루하더군요.

K 그런 면이 있는 것 같아요. 게다가 이름까지 복잡하죠. 아나스타지 드 레스토, 델피느 드 누싱겐, 외제느 드 라스티냑… 등장인물 이름이 복잡하면 읽기가 싫어지긴 해요. 그래도 발자크 소설은 소설의 교과서라고 하니까 인내하고 읽어 봐야죠. 고리오 영감은 매우 수용적인 아버지예요. 자신의 두 딸과 부인을 행복하게 해 주기 위해 연금까지 털어 모든 것을 주지요. 하지만 그의 죽음은 비참해요. 동전 한 닢 없이 죽는데 어떤 딸도 아버지의

마지막을 배웅하지 않지요. 고리오 영감의 자식 사랑은 광기 어린 것이었다고 해야 할 것 같아요. 발자크는 그런 광기 어린 부성을 "개의 성격에서 볼 수 있는 숭고한 경지"라고 평하지요.

P 가끔씩 우리도 부모님들께 고리오의 딸들처럼 행동할 때가 있는 거 같아요. 우리의 야망과 자유를 위해 할아버지와 할머니 들을 무의식중에 이용해 버리는 거지요. 또 한편으로는 사회가 그런 광기 어린 부모상을 부모들에게 강요하는 것 같기도 해요. 자유로운 부모, 도전하는 부모보다 희생하고 헌신하는 부모를 더 당연시하고 아름답게 여기니까요.

K 아빠들에 대한 사회적 요구는 더한 것 같아요. 당신에게 어떻게 들릴지 모르겠지만, 결혼 전 여자들은 경제적으로 능력 있고 육아에 헌신적이며 가정에 충실한 남자를 이상형으로 생각하지 않나요? 아빠의 희생을 강요하는 구조가 사회 전반에 뿌리 박혀 있는 것 같아요. 나는 '친구 같은 아빠'나 '프렌디' 붐도 그런 까닭에 좀 부정적이에요. 지나치게 수용적이기만 한 아빠는 문제라고 생각해요. 어느 정도는 권위도 있고 규제적이어야 한다고 보거든요.

P 그건 엄마들에게도 마찬가지에요. 아이를 인격적으로, 사랑하는 마음으로 대하는 것과 아이와 친구가 되는 것은 다른 말이에요. 그런데 고리오 영감의 딸들이 아버지를 친구로 대한 것은 아니잖아요. 오히려 고리오 영

감 자신이 사랑과 돈만 있으면 충분하다고 생각했던 것 아닐까요?

K 맞아요. 내가 좀 더 신중하게 말해야 할 것 같네요. 고리오는 원칙, 가치, 교육을 중요한 것으로 생각하지 않고 오로지 돈과 사랑만을 주지요. 나는 원칙, 가치, 교육이 규제적인 양육의 요소에 해당되고, 돈과 사랑이 수용적인 양육의 요소에 해당된다고 생각해요. 그렇다면 딸들이 바란 것을 모두 주려고 한 고리오 영감은 지나치게 수용적인 거지요. 딸들의 패륜적인 태도도 결국 고리오가 올바른 아버지 상을 갖지 못했던 것에서 비롯한 것이라고 봐요.

P 아버지 상뿐만 아니라 올바른 어머니 상도 제대로 갖춰지지 못한 것은 마찬가지에요.

K (웃음) 발자크가 이 소설을 1834년 6월에 정부(情婦)와의 사이에서 딸을 낳은 직후인 1834년 9월부터 집필하기 시작해 불과 4개월 만에 썼다는 거 알아요? 발자크는 이 소설을 쓰면서 자신이 어떤 아버지가 되어야 하는지를 고민한 것 같아요.

P 자식이 자신의 삶의 전부가 되는 것을 경계하려 한 것이겠지요.

K 그게 참 어려워요. 나만 해도 이미 삶의 많은 부분을 아이를 위해서 선

택하고 결정하고 있지요. 고리오가 한심해 보일 정도로 모든 것을 딸들에게 주지만 어쩌면 내 모습도 그런지 모르겠어요. 고리오 영감님 이야기는 이쯤에서 마치고 이제 당신의 베스트를 한번 말해 봐요.

P 생텍쥐페리의 《어린 왕자(Le Petit Prince)》(김제하 옮김, 소담)를 먼저 꼽겠어요. 가끔 우리 아이가 말하는 것을 보면 정말 저 별에서 온 것이 아닐까 하는 생각이 들어요. 그리고 실제로 아이가 짧은 다리에 목도리를 한 노란 머리의 어린 왕자처럼 보이기도 하구요.

K 우리 아이를 아는 사람은 그 말에 동의하지 않을 것 같은데…. (웃음)

P 아이의 순수함을 끝까지 지켜 주고 싶어요. 어린 왕자의 말이나 속상해서 엎드려 울고 있는 모습이 머릿속에 떠오르면 우리가 아이의 동심을 너무 무시하며 양육하고 있다는 생각이 들 때가 있어요. 나도 어른의 시각, 기존의 시각을 벗어 던지고 아이의 눈으로 세상을 바라보고 싶고, 내 아이가 일평생 그런 동심을 가지고 살아갔으면 해요. 그래서 《어린 왕자》가 내게는 가장 좋은 육아 지침서예요. 내 육아의 목표이기도 하고…. 내가 지금 아이를 제대로 키우고 있는지 생각해 볼 수도 있어요. 이 책은 부모들이 1년에 한 번씩은 꼭 읽어야 한다고 생각해요.

K 《어린 왕자》에는 에피소드가 많이 나오잖아요. 기억에 남는 에피소드

있어요? 나는 개인적으로 이 책의 헌사를 좋아해요. "… 어른들은 모두 처음에는 어린이들이었다. (그러나 대부분의 어른들이 어린 시절에 대하여 기억하지 못한다.) 그래서 나는 나의 헌사를 이렇게 고친다. 어린이었을 때의 레옹 베르뜨에게." 당신도 기억하지요? 어른도 위로받아야 하고, 어른도 모두 한때는 어린이었다는 것을 상기해 주는 이 헌사가 제일 기억에 남아요.

P 나는 어린 왕자가 지구에 와서 처음으로 만난 사람인 전철수와 나누는 대화가 먼저 떠올라요. 기차역에서 사람들이 이곳저곳을 바쁘게 움직이고 기차가 출발하자 다음 기차가 출발하는 것을 어린 왕자는 놀라운 눈으로 바라보지요. 그러고는 이렇게 물어요. "저들은 자신들이 있던 곳에서는 만족하지 못했나 보지?" 그러자 전철수는 "사람들은 그들이 있는 곳에서 언제나 만족하지 않는단다"고 대답해요. 어린 왕자는 또 물어요. "저들은 첫 번째 손님을 뒤쫓아 가고 있나 보지?" 전철수는 손님들은 기차 안에서 하품을 하고 있으며 아이들만이 "천 조각으로 만든 인형으로 시간을" 보내고 있고 "누가 인형을 뺏으면 아이들은 운다"고 대답해요. 저는 사실 우리 아이와 둘만 있는 시간이 힘들 때가 있어요. 말도 통하지 않고 하품만 나요. 그냥 하루 종일 아이가 자 주면 좋겠다고 생각한 때도 많아요.

K 사실 나도 그래요. 아이와 둘이서만 시간을 보내는 것이 쉬운 일이 결코 아니에요. 그러면 안 된다는 것은 아는데, 어떤 날은 하루 종일 같이 뽀로로만 봤어요.

P 전철수와 어린 왕자의 대화를 보다 보면, 아이와 있는 나의 시간이 인형놀이보다 못해서는 안 되겠다는 생각을 하게 되요. 그러고 나면 지금 내 아이와 있는 시간에 만족할 수 있는 마음의 여유가 좀 생긴다고나 할까요. 그런 게 참 고마운 책이에요.

K 어떻게 하다 보니 지금까지 언급된 책의 저자가 모두 프랑스 작가들이네요. 그럼 당신의 두 번째 책은?

P 이번에는 미국인 저자의 책이에요. 로버타 미치닉 골린코프, 캐시 허시-파섹의 《아이는 어떻게 말을 배울까(How babies talk)》(문채원 옮김, 교양인). 이 책은 육아, 특히 아이들이 말을 어떻게 배우는지, 그 과정에서 부모의 역할이 무엇인지 소상히 알려 줘요. 아이가 없더라도 누구나 심리학 교양 도서로 읽을 만한 책 같아요.

K 우리 아이가 말이 늦은 듯해서 당신이 주문했던 책이었지 아마. 아이는 지금도 말을 잘하는 건 아닌 것 같아요.

P 아이가 다른 아이들보다 말이 늦는 것 같으니까 점점 불안해졌어요. 다른 아이들은 쉽게 말하는 것 같은데 우리 아이는 더딘 것 같고. 그런데 이 책은 언어와 관련해 아이의 선천적 능력보다 부모의 노력을 강조하는 것 같아서 좋았어요. 아이들은 누구나 말을 배울 준비가 되어 있고, 일정한 시

점이 되면 언어 구사 능력이 비슷해진다고 하더군요. 만일 그렇다면 내가 좀 더 노력하면 되겠구나 하는 용기가 생겼어요. 또 좋았던 점은 아이가 어떻게 하면 언어를 더 효과적으로 배우는지 구체적으로 알려 준다는 거예요. 다양한 연구들이 소개되니까 신뢰감도 생기고, 배우는 즐거움도 있고, 무엇보다 아이의 언어 능력도 신뢰할 수 있게 되었어요.

K 영어는 언제 가르치는 게 좋대요? 영어 가르칠 거예요?

P 책에서는 외국어 학습이 빠를수록 좋대요. 일찍 영어를 배운 아이일수록 영어를 더 잘 말하게 된다고 해요. 당신 질문 태도를 보면 지금 영어를 가르치는 것에 대해서 부정적인 것 같은데, 이 책은 언어 습득의 결정적 시기가 있는 만큼 한글 배울 때 같이 배우는 게 좋다고 해요. 아빠들은 왜 아이들이 일찍 영어를 시작하는 것에 부정적인지 모르겠어요.

K 나는 단지 아이가 더 좋은 우리말을 구사했으면 좋겠다고 생각할 뿐이에요.

P 이중 언어 사용자가 된다고 해서 더 좋은 우리말을 구사하지 못하는 것은 아니에요. 나는 이 책이 이래서 좋아요. 아이에게 언어를 언제, 왜 가르쳐야 하는지 분명한 이유를 알려 주거든요. 원칙을 세울 수 있도록 도와주죠. 예를 들면, 사춘기 이후의 외국어 습득은 효과가 적다는 내용이 있어요.

이런 연구 성과에서 볼 때, 영어는 나중에 필요할 때 배우면 된다는 생각은 과학적이지 못해요.

K 알았어요. 지금까지 서로 두 권씩 베스트를 선정했는데, 이제 마지막 한 권씩을 꼽아 볼까요. 나의 베스트 3은 필리프 쥘리앵의 《노아의 외투(Le Manteau de Noe)》(홍준기 옮김, 한길사)예요. 당신은요?

P 음… 정하기가 어려운데요. 마지막은 영화로 하겠어요. 로베르토 베니니 감독의 〈인생은 아름다워(Life is Beautiful)〉.

K 좋아요. 먼저 《노아의 외투》부터 볼까요? 이 책에는 '아버지에 관한 라캉의 세 가지 견해'가 부제로 붙어 있어요. 성서의 창세기에 나오는 어떤 사건을 모티브로 아버지를 라캉 정신분석학의 관점에서 해명해 보려는 거지요. 노아가 포도주를 마시고 벌거벗고 누워 자고 있어요. 하체가 다 드러난 외설적 상황이죠. 이 광경을 본 노아의 아들 중 하나인 함이 이 사실을 다른 형제 셈과 야벳에게 알리고, 셈과 야벳이 아버지 노아의 하체를 보지 않고 뒷걸음쳐 들어가 하체를 덮고 나왔다는 이야기예요. 깨어난 노아가 이 사실을 알고 함의 아들 가나안을 저주해 버리고 셈을 축복해요. 대체로 목사님들은 설교하실 때 이 부분을 노아가 타락한 모습을 보여 주는 것이라고 들 하시는데, 이 책의 저자는 그렇게 설명하지 않아요. 하체를 드러내고 자는 노아의 모습은 실재적인 아버지의 모습이라는 거예요. 권위도, 환상도

모두 벗겨진 아버지의 모습이라는 거지요. 특히 이 책의 1장에서 다뤄지는 '3중의 몰락'이라는 부분은 정말 흥미로워요. 아버지의 권리 내지 권위가 어떻게 무너져 내렸는지를 유럽 역사와 연결하여 분석하고 있어요. 요약하자면, 아버지는 원래 '지배자'였지만 지난 2세기 동안 사회는 더 이상 아버지의 권위보다는 형제애에 근거하게 될 정도로 일종의 부친 살해가 이뤄졌다는 것이죠. 정치, 종교, 가족 등 전 영역에 걸쳐 있던 아버지의 권위는 자본주의 사회 이래 가족에 대한 권리로 축소되어 버렸다는 거예요. 저자는 이렇게 말해요. "루이 16세의 사형은 부친 살해가 아니었겠는가? 프랑스인들은 정치적으로 고아가 됨으로써 서로를 형제로 받아들였다. 하이데거에 의해 형이상학적 '존재'론이 파괴되었듯이, 오늘날의 아버지 '존재'는 사회적으로 몰락했다."

P 당신이 '아빠와 아들의 변증법'에서 한 이야기들과 취지가 좀 비슷한 거 같네요.

K 나는 《노아의 외투》를 읽으면서 프렌디 개념도 아버지 권위의 몰락과 관련되어 있다고 확신했어요. 이 책에는 아버지의 권위가 해체되는 과정이 잘 정리되어 나타나는데요, 나는 이때의 해체가 지금까지 너무도 철저한 것이라 해체시키지 말아야 할 것까지 해체한 것은 아닌가 싶어요. '아빠와 아들의 변증법'에서 내가 하고 싶었던 말은 '야훼'가 '아빠 아버지'로 가는 과정이에요. 그러니까 권위적 심판자이던 신은 십자가에서 죽임을 당하고 다

시 사랑의 신으로 부활하는 거지요. 사랑의 신은 규제적이기만 한 것도 아니고 수용적이기만 한 것도 아니에요. 요즘 유행하는 아빠 육아도 마찬가지예요. 친구끼리 서로 밀고 당기고 눈치 싸움 하듯이 아빠가 아이에게 눈치 보는 프렌디로만 머물러서는 곤란하다 싶어요. 사실, 라캉은 너무 난해한 이론가인데요, 라캉의 논리를 설명하는 부분은 다 건너뛰고 아버지 상이 역사적으로 어떻게 변화해 왔는지를 살펴보는 것만으로도 이 책이 큰 도움을 줄 것 같아요.

P 아름다운 권위가 있기 마련인데, 그게 말처럼 쉬운 게 아니에요. 게다가 사람들은 그런 신중한 말들, 이것도 아니고 저것도 아니면서 이것이기도 하고 저것이기도 한 것을 싫어하죠. 우리 집에 그 책 있어요? 몰랐네. 나도 읽어 봐야겠어요.

K 이제 마지막으로 〈인생은 아름다워〉 이야기를 해 볼까요? 아, 이 영화의 제목은 왜 '인생은 아름다워'일까?

P 유태계 이탈리아인으로 강제 수용소에 끌려 간 가족의 상황이 사실 아름다울 리 없죠. 게다가 수용소로 끌려간 날이 아들 조슈아 생일이었죠? 로베르토 베니니가 맡은 아빠 귀도는 조슈아에게 수용소에 도착하면서 자신들이 처한 상황이 사실은 하나의 놀이이자 게임이라고 속여요. 수용소 규정에 따라 엄마 도라는 머리를 짧게 깎을 수밖에 없었는데 조슈아에게 사

실은 엄마의 헤어스타일이 바뀌었다고 해요. 장난감 탱크를 좋아하던 아이에게 이 게임에서 1,000점을 먼저 따면 진짜 탱크를 받게 된다고 하면서 아이가 이 잔혹하고 고통스러운, 그래서 조금도 아름답지 않은 삶을 될 수 있는 한 보여 주지 않으려 애쓰지요.

K 가슴 아픈 장면이 너무 많아. 특히 마지막에 귀도가 독일군에게 끌려가는 장면… 아이가 보고 있다는 것을 알기에 귀도는 우스꽝스러운 걸음걸이로 사지로 걸어가요. 감당하기 힘든 장면이었어요.

P 그뿐 아니에요. 조슈아는 아빠의 말을 그대로 믿고 수용소에서 도망 다니는 것도, 밥을 굶는 것도 모두 놀이라고 생각하죠. 조슈아가 귀도의 말을 듣고 잘 숨어 있다가 마침내 전쟁놀이의 우승 상품인 탱크를 탈 수 있게 되었을 때, 이 영화의 제목이 왜 '인생은 아름다워'인지 알게 되었어요. 조슈아는 아빠, 엄마의 노력으로 홀로코스트의 가장 비극적인 삶조차 아름답게 여길 수 있었던 것이겠지요.

K 당신, 감정이 올라오는 것 같아요. 이 영화를 베스트 3으로 뽑은 특별한 이유가 있어요?

P (눈물) 어쩌면 나는 귀도를 통해 돌아가신 내 아버지를 보는 것 같아요. 병환 중에도 현관문을 열자마자 큰 소리로 "쨍하고 해 뜰 날 돌아온단다"

를 부르며 들어오시던 아버지 덕분에 내 십 대가 어려운 상황에서도 그렇게 어둡지만은 않았던 것 같아요. 귀도는 조슈아를 완벽히 속였고, 조슈아는 아빠가 만들어 놓은 환상이라고 할까요, 가상세계에서 살고 있어요. 나는 결국 아이의 세계는 부모일 수밖에 없다는 생각이 들어요.

K 우리 아이는 지금 홀로코스트 상황 속에서도 즐거웠던 조슈아보다 더 행복할까? 더 재밌을까? 차마 그렇다고 대답하지는 못하겠어요. 아이의 영혼이 군홧발에 짓밟히지 않도록, 아이의 영혼에 따뜻한 날들이 더 지속되도록 더 기도해야겠어요.

P 영화에서 로베르토 베니니의 연기나 엔니오 모리꼬네의 음악도 매우 훌륭해요.

K 자, 이제 정리합시다. 나의 베스트는 레비나스의 《시간과 타자》, 발자크의 《고리오 영감》, 필리프 쥘리앵의 《노아의 외투》예요.

P 내가 선정한 베스트는 생텍쥐페리의 《어린 왕자》, 미국 학자 두 명이 쓴 《아이는 어떻게 말을 배울까》, 로베르토 베니니의 영화 〈인생은 아름다워〉예요.